U0930318

ACTIVATE

激活人才

人力资源管理效能突破

THE TALENT

管 奇 黄红发 冯婉珊 编著

中国铁道出版社有限公司
CHINA RAILWAY PUBLISHING HOUSE CO., LTD.

图书在版编目（CIP）数据

激活人才:人力资源管理效能突破/管奇,黄红发,冯婉珊编著.—北京:中国铁道出版社有限公司,2020.10
ISBN 978-7-113-27132-9

Ⅰ.①激… Ⅱ.①管… ②黄… ③冯… Ⅲ.①企业管理-人力资源管理 Ⅳ.①F272.92

中国版本图书馆CIP数据核字（2020）第142493号

书　　名：**激活人才：人力资源管理效能突破**
JIHUO RENCAI: RENLIZIYUAN GUANLI XIAONENG TUPO
作　　者：管　奇　黄红发　冯婉珊

责任编辑：王　佩　张文静　　　　**编辑部电话**：（010）51873022
封面设计：仙　境
责任校对：焦桂荣
责任印制：赵星辰

出版发行：中国铁道出版社有限公司（100054，北京市西城区右安门西街8号）
网　　址：http://www.tdpress.com
印　　刷：中煤（北京）印务有限公司
版　　次：2020年10月第1版　2020年10月第1次印刷
开　　本：700 mm×1 000 mm 1/16　**印张**：19　**字数**：310千
书　　号：ISBN 978-7-113-27132-9
定　　价：59.80元

1. 写作背景

随着人工智能、区块链、物联网、5G 等技术的不断渗透，企业的组织形态、商业模式、人才管理模式、生态链都将面临巨大的变革。商业环境变化越来越快，企业之间的竞争越来越激烈。在此状态下，企业必须积极推行变革与创新，围绕企业新的战略及时进行内部组织变革、人才变革、文化变革，以适应商业环境变化带来的挑战。

同时，如今的时代又有人称之为微利时代，大多数中小企业生存艰难，一方面生产成本、用工成本居高不下；另一方面员工劳动效率低下，产品同质化、生产过剩，销售利润微薄。唯有让管理回归本质，从粗放式经营向现代精益化、精细化经营转型，而作为人力资源管理更需要回归“管理”的本质。

在互联网时代下，传统的人力资源管理方式的弊端不断凸显。一方面不能有效激活人才，造成人效低下。随着职场 90 后、00 后的员工增多，传统管控式的管理方式已不能适用于新生代员工的管理；另一方面，老派的 HR 流连于事务性工作，强调人力资源技术与工具的使用，而不是聚焦于人效产出与员工的价值创造。要解决以上困惑，需要 HR 作出有效的思维转变与工作转型，主要体现在以下方面。

- 在角色定位上，HR 必须坚定地改变过去的“后勤角色”的想法，思考人力资源如何更好地为企业的经营带来更为直接的影响。紧抓人力资源管理的底层逻辑，人力资源管理的使命只有一个，那就是“推动经营”。人力资源管理要摆脱专业的职能型管理思维，树立综合型、以目标为导向的经营思维，成为老板的有力助手，成为战略与业务伙伴。

● 在人才管理方式上，我们要从人力资源管理到人力经营，紧紧围绕“人才激活——人才赋能——人效提升”三部曲开展人力资源相关的管理工作。经营的本质是把资源最大限度地变现为收益，而人才是企业最灵活的资源，HR 理应关注人力资源的投资回报率，把人力资源这门生意做好。

● 在人力成本控制上，通过优化流程、减少浪费、有效协同，优化组织模式及人才管理机制等来实现人力成本的有效控制。同时，人力成本控制维度最好的办法是通过人才增值、人效提升来降低成本。

● 在人效突破上，通过聚焦经营目标、人力资源的量化管理、流程改善、人才管理机制等系列方式，紧紧围绕人效下功夫。HR 不仅需要由过去的人力资源管理走向人力资源经营，关注最终的财务结果，更需要由财务数据，穿透到关注财务结果的驱动因素——人力资源效能。

● 在人力资源管理循环上，紧紧围绕人力资源经营的道、法、术、器四个维度进行讲解，突破传统的人力资源六大模块的管理视角，抓住人力资源管理的本质核心。通过激活人才以创造更多价值；以沉淀组织经验提升组织能力建设；以实现企业员工成长与组织发展的双赢局面。

● 在组织结构优化上，紧紧围绕企业的经营能力、组织的灵活度与人才价值的最大化做系统优化，从传统的科层制组织层级向平台化、小团队化、事业部制、合伙人模式、阿米巴模式等形式转变，以便更好地适应互联网时代商业环境的快速变革。

● 在人才赋能与激励机制上，要通过有效的人才培育与赋能方式加速团队人才成长；同时，要突破传统的员工激励方式，综合研究企业的员工特性及员工需求，构建全面的“薪酬管理”“有效激励机制”，可通过划小经营单位，更灵活化、全方位来激励员工，充分调动员工的积极性与主动创造性。

2. 主要特点

● 内容丰富，实操性强

本书将理论、案例、方法融于一体。理论由浅入深，逻辑性强；案例来源真实，提供的方法切实可行。

● 易读易懂，上手迅速

笔者在写作过程中尽量避开传统、理论的人力资源专业枯燥知识，内容通俗易懂，可以使读者迅速上手。书中提供了大量的工具、表格、图表，均来源于笔者多年的亲身实践，保证读者能够学得会、用得上。

● 聚焦本质，点线面结合

笔者力求打破传统人力资源的专业化思维观点，聚焦人力资源管理的本质，从行业高度、企业深度、员工角度点线面结合，紧紧围绕人效提升、组织效能突破，提升人力资源管理的高度，聚焦人力资源管理的本质，从而跳出传统人力资源管理的困局。

3. 以下读者可从中获益

- 人力资源管理各岗位专员、主管、经理、总监等相关人员。
- 人力资源管理专业或实务操作的初学者。
- 企业各级管理者和各类团队管理者。
- 从业务转向 HR 方向的 HRBP 工作者。
- 即将从事人力资源相关工作的人员。
- 各高校人力资源管理专业的学生。
- 其他对人力资源管理工作感兴趣的人员。

为了方便读者快速阅读、理解和记忆并应用，本书兼具理论性、实践性、趣味性，并列举出许多拿来就能应用的工具、技巧和方法。希望通过这本书，能够让读者快速了解互联网时代下新型人力资源管理的原理和实操方法，更主要的是帮助读者掌握新型人力资源管理的核心理念，去开拓自己的思维，结合实际去大胆实践，助力广大传统 HR 转型突破；助力广大管理者能够有效利用好人力资源这一杠杆，来充分激活人才，创新创效。

限于商业环境的变化之快，管理方式与方法皆具有一定的时效性，再加上笔者的水平有限，书中所写难免有不当之处，敬请读者朋友们提供宝贵意见，以便再版时匡正，在此表示感谢。

编　者

2020 年 7 月

目录

第1章 纵观全局，正确梳理人力资源管理的价值

本章主要介绍人力资源管理的基本内涵、工作重点、角色定位及素质要求；从企业价值链出发，有效梳理人力资源管理的价值；紧紧围绕“激活人才”，详细阐述如何实现人才激活、人力资本增值，如何将人才转化为企业的战略影响力。

1.1 理清思路，熟悉人力资源的工作内容

1.1.1 人力资源管理的各个模块与功能

人力资源管理是根据企业经营的需要，对内部和外部人力资源的获取、分配使用、开发和优化的一系列专业管理活动，这些管理活动必须符合“实现企业经营目标”的根本要求。根据其发展可分为四个阶段：行政管理阶段、人事管理阶段、人力资源管理阶段、人力资本管理阶段，这四个阶段同时也是人力资源的来源和发展趋势。

通用的人力资源管理一般包括六大模块，分别是人力资源规划、招聘与配置、培训与开发、绩效管理、薪酬福利管理、劳动关系六大模块，如图 1-1 所示。

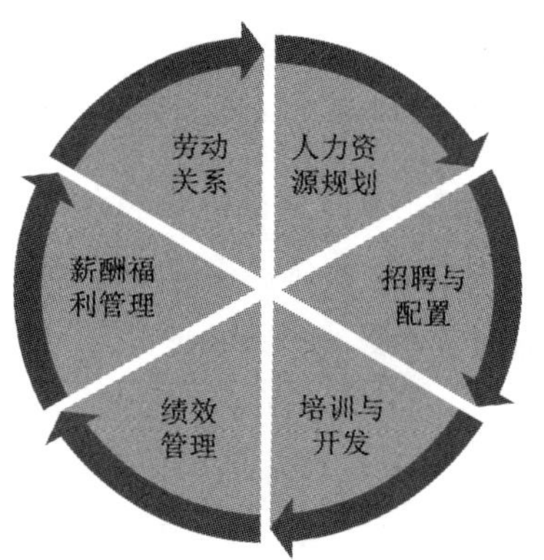

图1-1 人力资源六大模块

1. 人力资源规划

人力资源规划是针对某一时间、周期的企业经营目标与任务，进行统筹规划，使得人力资源管理工作能紧密地与企业的经营目标相连接。许多企业由于经营管理的随意性，缺乏规划性，使得人力资源管理工作只停留在“事务”与“灵活”两个层面，造成人力资源被动的工作局面。要做好人力资源规划设计工作，人力资源部门的最高管理人员必须直接参与经营目标的设定，对行业的情况非常了解，

否则人力资源管理者无法针对经营目标与业务情况提出与之适合的工作目标与人力资源规划，无法对目标进行有效的分解，不能合理设定组织架构与部门职责，更无法为各个部门找到符合企业需要的部门目标。

2. 招聘与配置

招聘是人力资源管理的基础工作，也是核心工作，我们经常说“选对人，才能干对事”，选人是后面几项工作的基础，人选不对，后续人才的管理与培养就会很麻烦，甚至出现选错人对企业造成毁灭性损失的事件。

知识经济时代，企业更加关注精英人才。HR 为企业招募、培养出企业所需关键人才为首要任务，人才供给是企业发展的基础与前提。

3. 培训与开发

日本松下电器公司有一句名言：“出产品之前，先出人才”，其创始人松下幸之助曾强调：“一个天才的企业家，总能不失时机地把对员工的培养和训练摆上重要的议事日程。”培训与开发是员工实现自我增值、快速适应时代发展的最好方式，而对企业来说，育人是企业文化内化、经验传承、留住员工的有效手段，可促使企业实现可持续性的发展。

4. 绩效管理

企业在面对外部压力与股东投资回报要求的时候，必须有一个发动机不断地推动企业向前运转。如果没有这个推动力，企业在运行一段时间之后，就必然会形成疲态而停滞不前。

推动企业不断向前的主要动力便是“目标管理”与“绩效管理”。绩效管理是根据企业设定的目标，对组织的各个部门、各个岗位进行有效分解之后，进行“目标、计划、实施、辅导改进”的一个循环体系。时下对绩效管理有两种截然不同的声音：一种是绩效致死，一种则是绩效是万能良药。我认为这两种对绩效的认知都有失偏颇，其实绩效考核是一个有效的管理机制，绩效管理能否落地主要在于企业的绩效管理流程、文化、机制的导入与贯彻执行程度，在于操作绩效管理的 HR 的专业程度以及各部门管理者的重视与推动程度。

5. 薪酬福利管理

薪酬福利是每个员工最关注的问题，也是提升员工满意度与敬业度的关键因素之一。然而薪酬、福利的设计与发放是一门学问，必须体现对内公平性、对外竞争性。公平性可以通过企业的组织、职位系统和评价系统完成；竞争性则可通过薪酬的市场调研，再结合企业实际支付薪酬的能力以确定员工的薪酬、福利的发放水平来体现。

6. 劳动关系

构建新时代和谐的劳动关系，是加强和创新社会管理，保障和改善民生的重要内容，是国家层面的要求，也是企业规范化运营的必由之路，构建和谐的劳动关系是企业正常运转的有力保障。劳动关系管理包括劳动合同管理、劳动纪律管理和员工奖惩、劳动定额与定员管理、工作时间与休息休假管理、考勤管理以及劳动争议管理等。

1.1.2 人力资源管理工作重点

一般来说，人力资源管理的工作内容主要有五项：选、用、育、留、评，人力资源基础管理工作都围绕这五个维度展开，不管企业处于什么阶段，可以没有人力资源管理部门，但必须有人力资源管理。人力资源工作内容不同于其他部门，其他部门研究的是“事”怎么做，而人力资源管理部研究的是“人”如何运用！比如如何甄选、培养人才，如何激发人的活力，从而提升组织效能。同时，人又是活性资源，可变性与可塑性极强，因此作为企业 HR，真正的专业性不仅仅体现在对人力资源的六大模块的熟知或是人力模型、工具的熟练掌握，而是要回归本质，从企业战略目标与业务要求出发，围绕“人”进行全方位的研究，包括人才的精确选配、培养使用、高效激励、团队打造、人效提升、文化与价值观塑造等。同时为了实现“人”的价值最大化，光研究“人”还远远不够，还需要将“人”这种资源充分利用好，这就需要将人、组织、流程组成一个有机体，人是做事的主体，组织是做事的环境，流程是做事的方法与系统。通过人与有机体的结合，形成良性循环来支持企业的持续发展，保证企业稳定发展和持续盈利。由人的发展、绩效的提升带来企业的发展、绩效的提升。

基于以上逻辑，人力资源管理的基础功能又可以定位为三类：服务、管理、引领，如图 1–2 所示。

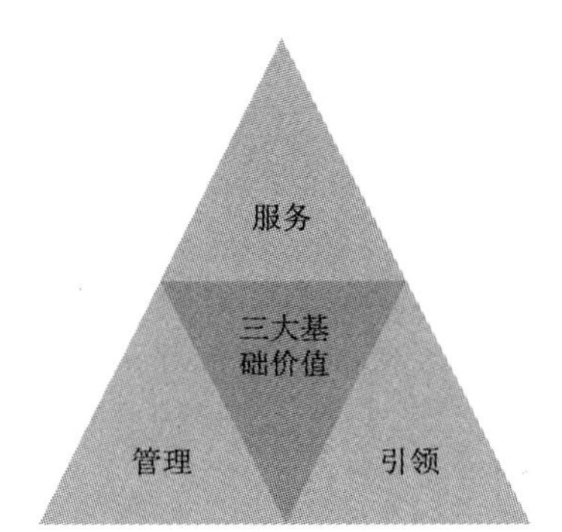

图1-2　人力资源管理三大基础功能

服务，即做好人力资源服务，包括日常人才的选、用、育、留及人力资源事务性工作，以形成业务部门的有效支撑；管理，即利用有效的规则和管理机制对员工进行奖罚、有效规范，保障企业的有序健康发展；引领，根据企业不同发展时期，协助领导做出具有前瞻性的企业决策，引领企业变革性发展，并做好有效的人力资源规划与未来关键人才的储备。

但不同的企业，由于企业发展阶段、人员规模、文化背景、市场产品都不同，所以每家企业甚至同一家企业在不同发展阶段的人力资源管理工作重心、HR 扮演的角色都是不一样的。人力资源管理工作不能是一成不变的一套管理模块，也不能死搬硬套一些管理工具，要因地制宜、灵活机动地提升人力资源从业者解决问题的能力，紧紧围绕企业战略目标实现和“人效”提升两大维度来展开工作。

根据我多年的企业管理实践与培训咨询经验，现列举企业不同发展时期 HR 的工作重点，如表 1-1 所示。

表 1-1　企业不同发展期 HR 的工作重点

发展时期	创业期	发展期	稳定期	衰退期
企业目标	活下去	快速扩张	持续盈利	变革转型或退出
HR 管理重心	招聘、制度规范、基础管理、关系调解	目标设置与跟进、人员的选用育留、人才复制	绩效 + 培训 + 员工关怀 + 企业文化建设	组织变革、再次激活为主、配合转型调整
选用育留重点	选人、留人	选人、育人、留人	选人、用人、育人	用人、裁人

续上表

发展时期	创业期	发展期	稳定期	衰退期
HR 角色	保姆 + 管家	专家 + 业务伙伴	专家 + 变革先锋	管理者 + 协调者
HR 工作内容	服务为主，监督为辅，事务性工作居多	服务为主，监督为辅，招聘、培训工作加强	监督管理为主，服务、引导为辅	人事工作逐渐剥离，转移至员工关系处理、引领转型上
管理方式	人治	人治 + 法治	法治 + 文治	文治为主，法治为辅

【案例 1–1】为何小型企业 HR 老抱怨自己是救火队员？

某 30 人左右的小型科技公司创业第三年，人力资源管理部门只有小张一个人，所以人员招聘、培训、劳动关系、工资核算都是由小张主办，更要命的是，他还要兼顾行政管理工作，平常的办公用品采购、后勤维修管理都要小张来做，小张觉得自己就是一个救火队长，工资又不高，心里很是郁闷。

点评：像小张所在的小型创业公司的目标是活下去，公司人员少，自然人力资源管理就没有那么规范，部门人数就少，往往是身兼数职，人力资源工作大多是事务性为主，企业考虑到成本也不可能分模块设置人力资源的各个工作岗位，但这样的企业也是 HR 全面成长学习的好环境，要求也不会像大企业那么高。

1.1.3 人力资源的“四种角色”与“三驾马车”

全球著名的人力资源管理大师戴维·尤里奇提出了“四种角色”模型，界定了人力资源的产出和需要扮演的四种角色。戴维·尤里奇认为人力资源的产出有四项：战略实施、员工贡献的提升、行政效率的改善、成功的变革。因此，人力资源应扮演四种角色：战略伙伴、变革先锋、员工卫士和行政专家，如图 1–3 所示。

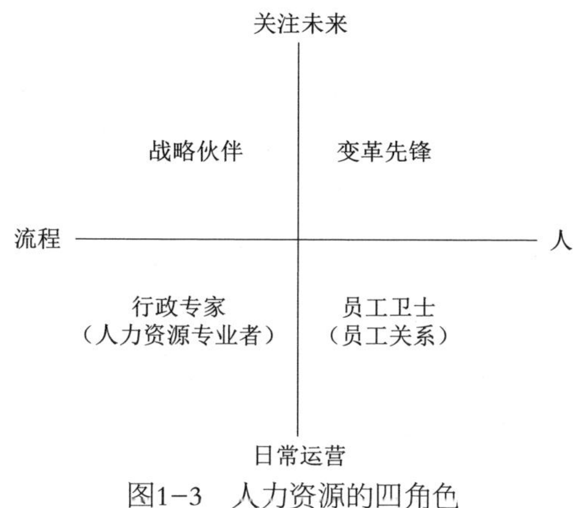

图1-3　人力资源的四角色

1. 战略伙伴

人力资源管理六大模块中第一大模块是人力资源规划，但要想做好人力资源规划，就必须熟悉企业未来的发展战略和发展重点。有人说，HR 为什么要成为战略伙伴？踏实做好自己的专业不行吗？请问，专业的价值何在？人才招聘与人才发展是人力资源的重要工作，但人才发展是短期能够达成的吗？这些人才是为企业当下还是未来服务？答案是为“未来”。如果你不知道企业未来的发展战略，何以知道企业应该培养或引进哪些方面的人才？何以知道哪些业务对于企业未来发展是重点？

作为 HR，你如果不了解企业的未来战略，你的工作一定会变得顺从与盲目，这样很难成为一个优秀的人力资源工作者，因此，成为企业的战略伙伴，并不是要求老板重视你，而是你要关注老板的需求，他才是你在企业中的真正大客户，这样才能提升你在企业中的价值。

2. 变革先锋

知识经济时代社会变化越来越快，越来越复杂，现在企业唯一不变的就是变。只有良性的变革，企业才能充满活力，才能创新，才能持续发展，立于不败之地。因此，人力资源管理必须紧紧跟随企业的脚步，要主动思变。例如，考虑组织机构如何配套、组织流程如何跟进、薪酬如何改革、人员能力如何提升、新生代员工如何管理等，而不只是跟随。因此，时代告诉我们，要想有价值，HR 首先要思变、嬗变，并主动应变，这样才能真正发挥人力资源管理的价值。

3. 员工卫士（员工关系）

人力资源工作者的工作对象是员工，关注人是人力资源管理的一个显著特点，关注人就要关注人性。经营企业是经营人，经营人的核心是经营人心。因此 HR 要懂得如何激发员工的潜能，通过激励、绩效管理、员工关怀、保障机制等手段达成这些目的，同时，人力资源管理者还要关注员工工作与成长的环境，做好员工与管理者之间的润滑剂，充当一个“员工卫士”的角色。我们成为员工卫士并不是仅仅站在员工或企业某一方的角度上，而是更多地关注劳资双方利益上的平衡，做到彼此间的理解、信任，进而帮企业打造一个良好的雇佣关系，实现企业、员工的双赢。因此，作为员工卫士的角色，打造和谐的劳资关系，减少用工法律风险，尤其是高风险、劳动力密集型生产企业，人力资源充当员工卫士的角色更为明显。

4. 行政专家（人力资源专业者）

做 HR 的大部分是非人力资源专业出身，甚至相当一部分 HR 是从行政转型至人力资源，或者同时兼任行政管理的角色。我在一次授课休息之余与一位企业的 HRD 聊天，他说，HR 工作感觉越来越没有价值，而且越来越难干，什么事情都要管，天天忙得不可开交，还不讨领导喜欢。的确，人力资源从业者的进入门槛不高，但要做好并不容易，因为这个岗位不但烦琐，需要事无巨细，而且专业要求越来越高，因此，人力资源资源管理者首先要成为一名专业人士，用专业的方法帮助企业、部门、员工解决实际问题，同时要有打持久战的准备，因为人力资源管理工作的价值需要一定的时间沉淀才能见到成效。

对于人力资源管理者来说，上述四种角色缺一不可，人力资源管理四角色模型给我们很多懵懂的 HR 从业者指明了方向，犹如车子的四个轮子驱使 HR 工作不断向前走。

除了这四个角色之外，人力资源管理还包含“三驾马车”，这是目前大家比较推崇的人力资源管理模式，通常也被称作“HR 三支柱模型”，即 HRCOE[①]（专家中心）、HRSSC[②]（人力资源共享服务中心）、HRBP[③]（人力资源业务合作伙

---

① Human Resource Centre of Excellence or Center of Expertise，简称 HRCOE。

② Human Resource Shared Service Centre，简称 HRSSC。

③ Human Resource Business Partner，简称 HRBP。

伴）。这三者之间各有侧重，专家中心如同咨询机构，每个人都是人力资源模块专家，他们都可以根据业务需要，做出专业方案，他们精深但宽度不够；共享服务中心如同服务中心，凡是能够通过资源整合，提升组织效率的事宜，均由这个部门来负责；业务伙伴也就是我们所说的 BP，这个角色是连接人力资源与业务部门的关键纽带，HRBP 也是近几年 HR 圈里热议的一个岗位，这个岗位的人既要懂专业，又要懂业务，同时还要学会有效的协同作业，如图 1-4 所示。

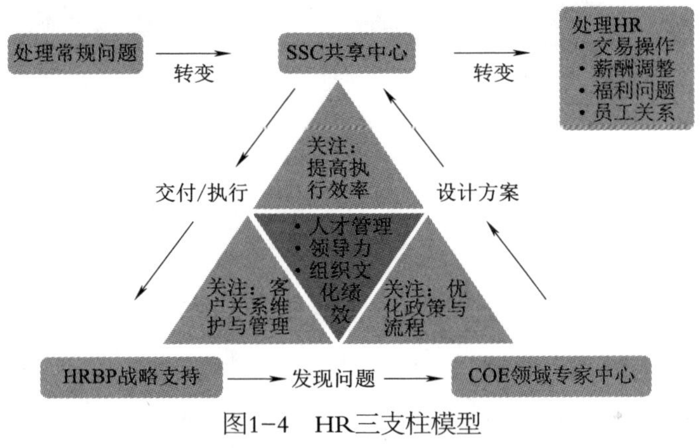

图1-4　HR三支柱模型

“三驾马车”的核心思想，是将人当成一种“资本”而不是一种“资源”，并将“人力资本”当成一项具体业务运营，即要求人力资源像其他业务单元一样运作，以实现该项业务的增值。这样要求 HR 不仅要懂专业，更深更精，能做内部人力资源咨询专家，又要懂业务，与业务部门协调运作，把“人力成本”变为“人力资本”，大大提升人力资源的效率和效能。

1.1.4　人力资源工作者的素质要求

人力资源管理贯穿着企业管理的各个层次、各个部门，管理层次多、幅度大，对从业人员的综合素质、能力、知识面和情商、逆商都有较高的要求，如图 1-5 所示。

在企业管理中，有两条重要的资源管理线：人力资源管理和财务管理，这两条线贯穿着企业的经营与管理，贯穿着股东、干部和员工，贯穿着内部管理与外部沟通的整个过程。而人力资源管理的对象是“人”“团队”“人所做的事”和“团队要达到的目标”，因此不仅要求专业性强、实用性高，而且沟通范围广、层次多，所以对从业者要求非常高，具体如下。

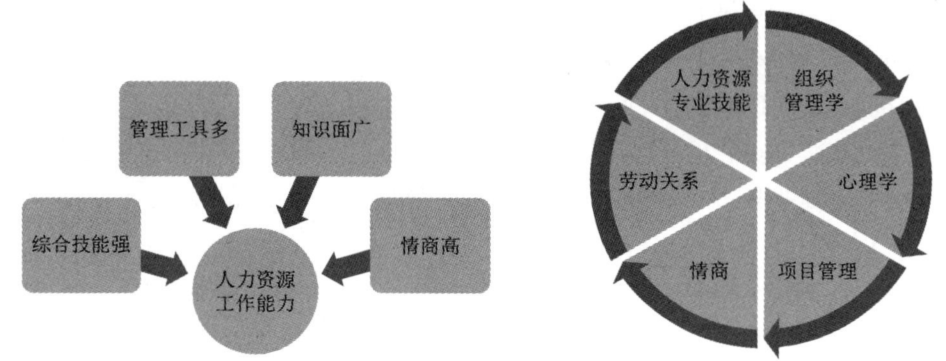

图1-5　人力资源管理者素质模型

综合技能：语言表达、公文写作、活动组织策划、内外协调、项目管理、综合管理等。

知识面：人力资源、心理学、沟通管理、组织行为学、项目管理、法律与劳动仲裁知识、社会科学、经济学、情绪管理、EAP① 心理辅导、职业生涯等。

管理工具：性格分析、职业锚、天赋优势、目标管理工具、分析工具（SWOT②、5WHY③、鱼骨图、思维导图）、决策工具（决策树、六顶思考帽、矩阵分析法）、时间与计划管理（四象限时间管理、WBS④、甘特图）、绩效管理（目标管理关键绩效管理指标平衡计分卡、目标与关键成果、360 度评估）、结构化表达、流程管理组织发展工具等。

情商：情绪控制、意志坚定度、忍耐力、专注力等。

平衡协调：沟通、上下协调、人际敏感度、知进退、冲突化解、法律纠纷与仲裁协调。

在现实企业中，大多人力资源从业者都是半路出家，著名人力资源专家彭剑锋博士在一次论坛上讲到“中国前 100 位最优秀的人事总监，基本上不是人力资源专业出身。为什么优秀的人力资源从业者，并非来自人力资源管理专业？因为

① EAP：Employee Assistance Program，简称 EAP，即员工心理救援。

② SWOT：Strengths Weaknesses Opportunities Threats，简称 SWOT，即优劣势分析法。

③ 5WHY：又称“5 问法”，是指对一个问题连续多次追问为什么，直到找出问题的根本原因。

④ WBS：Work Breakdown Structure，工作分解结构。即把工作按阶段可交付成果分解成较小的，更易于管理的组成部分的过程。

过去 40 年，中国培养了众多科班出身的人力资管理者，人力资源管理队伍经过多年的发展，培养出一批有专业特长的专家型人才，但大部分人力资源管理者没有系统学过营销、战略，没有搞过经营，很难有人力资源经营者思维。到目前为止，绝大部分企业的人力资源管理正处于事务和专业职能层面，尚未上升到帮助企业转型层面，尚未能够推动企业战略转型、变革及业务增长，尚未满足现在新生代员工的需求。”

那么，究竟什么样的人适合做 HR ？我认为 HR 一定是一个综合能力者，是一个多面手，优秀的 HR 往往是了解老板需求、懂战略与运营、掌握人的心理、专业性强、知进退、善平衡的高手。其实人与人之间的差别很小，但不同的思维方式、行事方式及不同的心态却可导致人与人之间产生较大的差距，用心理学的话来说：思维决定行为，行为养成习惯，习惯决定命运。优秀 HR 与普通 HR 的思维方式、行为方式截然不同，导致结果与价值也截然不同。常规的 HR 在做制度流程、招聘、考核、劳动关系，侧重于在企业内部运作，事务性工作居多；而优秀的 HR 不仅懂得埋头拉车，更要懂得抬头看路，懂得向外部学习、交流，站在行业的外围和前沿，研究行业动态，揣摩员工心理、熟悉老板特质与企业业务发展要求，以人为师，向行业高手请教，不仅学习能力强、知识面广，而且综合能力强，尤其在懂不懂业务、知不知人心、能否协调内外部关系、情商与逆商高低方面，是区别一般 HR 与优秀 HR 的核心点，如图 1-6 所示。

图1-6　优秀HR的工作要求

1.2 认识价值，正确梳理人力资源管理的价值链

1.2.1 企业人力资源的价值链条

如果将企业比作人，财务管理是企业的血脉循环，信息系统是企业的神经，组织体系是企业的骨骼架构，企业文化是企业的灵魂，那么人力资源就是企业运营的命脉。企业经营必须设计一个好的管理系统，这个系统必须包括三个方面：如何花钱、如何赚钱、如何分钱。从企业价值创造链接来看，人力资源一直处于企业价值链条之中，是保障链接更加顺畅有效的重要一环。人力资源管理价值链为“资源配置—价值创造—价值评价—价值分配”，如图 1-7 所示。

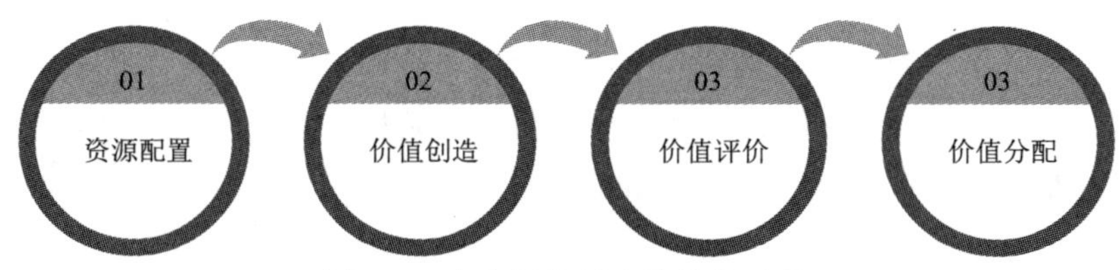

图1-7 企业经营创造价值的过程

人力资源管理的根本目的，是让每个人成为价值创造者（利润中心），有价值、有成效地工作，因此人力资源管理的核心内容是价值管理循环——全力创造价值、科学评价价值、合理分配价值。企业的任何活动、战略规划的直接目标是价值量的增加——价值创造，在分解企业行为的过程中，要明确谁创造了价值、谁可以创造价值、参与创造价值的过程元素是什么，最后应该怎么促进价值创造，这一环节落实到企业的具体制度中就形成了企业的目标牵引与工作规范，主要包括职位说明书、关键指标库等。这一基础性工作要考虑外部合作的可操作性，职位分析要清晰，指标说明要科学并尽量量化。价值评价要以价值创造为依据，进行创造结果的认定，落实到具体的工作中就是绩效考核与职位评价体系。价值分配是在价值创造与价值评价的基础上，对所创造的价值进行分配与再分配，落实到具体的工作中价值分配包括工资、奖金、红利、股权，还包括职权、学习、机会等，其中最重要的是薪酬体系的设计。

根据我多年经验，将人力资源管理的核心价值与作用总结如下。

（1）形成自上而下的管控系统，提高团队的执行力，实现管理的目的。

（2）建立标准文化与制度约束，提升专注，减少内耗与运营风险。

（3）实现有效的人才管理系统，精准选配人才，加速人才成长，提升人效。

（4）建立规范系统的评价体系，科学量化价值创造，做到分配科学、公平。

（5）设计科学有效的激励机制，激发员工的潜能，实现人力资本的增值。

（6）建立自动自发的系统，打造优秀的团队，保障企业持续经营的人才源泉。

管理者最重要的工作是对绩效负责，人力资源管理贯穿人才的选、用、育、留整个环节，知人善用、系统设计、目标管控、有效激发、绩效考核、合理分配是人力资源管理的有效手段，通过人才的选、用、育、留，有效激活、利益捆绑，从而打造员工与企业的三个共同体：事业共同体、利益共同体、命运共同体。

人力资源管理的核心价值与作用如图 1–8 所示。

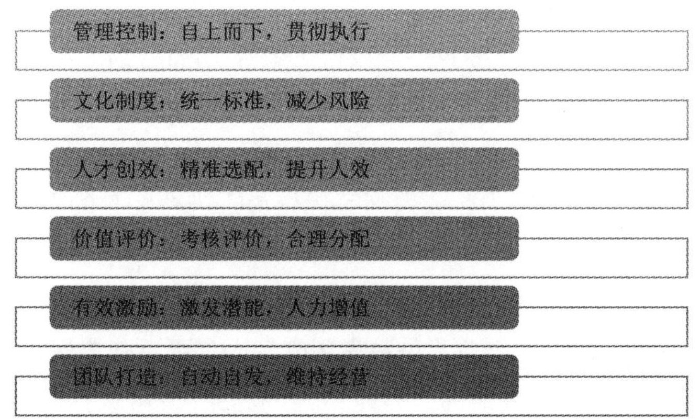

图1–8　人力资源管理的核心价值与作用

1.2.2　从人力资源看企业的基础管理

1. 组织、岗位、流程

现在每天关于管理类的文章层出不穷，随时可能遇到各种刷屏，今天学阿米巴，明天学彼得·德鲁克，后天学华为、阿里，但现实中的许多企业，为什么到头来管理还是做不好？尤其是一些创业或发展期的中小微企业，管理一片混乱。究其原因，没有弄清管理的基础究竟是什么，管理究竟对什么负责。

管理学专家陈春花教授曾说过："管理，只对绩效负责。"如果一家企业的管理能力大于经营能力那叫管理过度，管理是为了经营服务的。也就是说管理是一种手段，企业经营的目的是持续赚钱，不是为了管理而管理。经常听到一些HR或朋友抱怨企业管理基础不好、老板学历低、格局不高等。那么，所谓的管理基础究竟是什么呢？

我认为企业管理的基础是把组织、岗位和流程的标准搭建好。

首先是组织构架基于企业战略、企业目标进行正确的设计，让企业组织架构、部门职责清晰明确，做到人人有事做，事事有人管。管理基础差的企业，最常见的就是组织架构三天一小改，五天一大改，最后连人力部门都不知道最新的组织架构图是哪个，老板一天一个想法，刚成立不到一个月的新部门又撤销了，请问这样的管理基础怎么能牢固？

其次是岗位标准，从员工的岗位说明书、任职资格出发，清晰告诉员工：做什么、怎么做以及做到什么程度员工才是称职的。定好岗位的标准才能做绩效考核、员工培训、人才盘点、高潜人才挖掘。彼得·德鲁克曾说过，"没有基准就没有管理"，所以明确标准是有效管理的第一步。有了标准才能把员工的能力、业绩进行区分，根据优质绩效员工的技能、素质进行员工岗位胜任力建构。同时，可进一步对业务高手、技术能力、绩效高等优秀员工进行经验的萃取与案例沉淀，形成内部学习的标杆。

最后是流程，很多管理认为靠制度管人是王道，于是设计了一套套奖惩制度来约束员工，但纵观优秀的企业不单是靠制度管人，更重视流程管人，麦当劳创始人提出："一流的标准 + 三流的人才 = 一流的结果"，可见标准与流程的价值。富士康创始人郭台铭也说过，"富士康的系统管理就是表格 + 流程。"我一向认为"制度是道路两边的电网，而流程才是让你到达终点的途径，制度是保障流程顺畅的手段"。因此流程管理、机制管理往往比制度管理更重要、更有效。

2. 目标、指标、考核

企业管理就是制定目标，并带领员工完成目标的过程。企业发展有四种力量：目标的牵引力、考核的推动力、员工的内生动力、技术的变革力。目标与指标有两个方面的作用：第一个是牵引力，第二个是预先控制。目标的设置不当会直接影响企业的经营；过高，大家都觉得达不到而失去干劲；过低，就没有激励的价值。很多企业设置目标是拍脑袋式的。比如，去年某公司创造了1亿元的销售额，理所当然今年要做1.5亿元～2亿元，或者按照公司现在的人员能做多少业务去推，实际上这个逻辑是错的。

首先，我们做目标设计的逻辑应该先梳理产品线、公司状况，基于具体产品往期销量、同期竞争对手销售以及对市场环境的调研，去制订年度、季度及月度目标。基于如何支撑业务目标，再对部门、人员、资源进行调整。

其次，是检查与考核，员工只会做你检查、考核的事情，不会做领导期望而不检查考核的事情。通过检查考核让管理落实到一线，让年度目标分解到部门、季度、月度，逐一落实达成。所以在企业培训辅导中，我经常告诉管理者："业绩是盯出来的！能力是逼出来的！"

3. 组织能力建设、战略方向

著名的杨三角理论：企业的成功 = 战略 × 组织能力。在战略正确的情况下，组织能力建设是企业管理的重点。组织能力不是个人能力，而是一个组织所发挥的整体战斗力，是一个组织的竞争力，是一个团队明显超越竞争对手、为客户创造价值的能力，如图 1–9 所示。

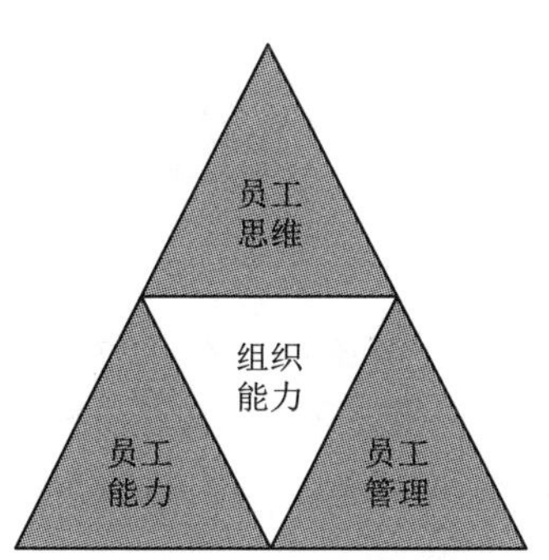

图1–9　组织能力杨三角框架

如何运用杨三角理论打造组织能力，从 3 个方面入手：

（1）打造员工能力（解决员工会不会）。

- 胜任力模型：需要怎样的人才？需要具备什么能力和特征？
- 人才盘点：企业目前是否有这样的人才储备？主要差距在哪里？
- 人才选用育留：如何引进、培养、保留、借用合适的人才和淘汰不合适的人才？

（2）塑造员工思维（解决员工愿不愿）。

- 确定理想员工的思维模型。
- 澄清企业的使命、价值观。

● 审核现在员工思维模型是否符合，从而采取不同的变革战略。

（3）改进员工管理（解决企业允不允许）。

● 流程再造：打破企业按照职能部门设置的管理方式，代之以业务流程为中心的管理方式，重新设计管理企业过程。

● 组织重组：重新调整组织结构，通过部门调整、合并等来实现组织扁平化和合理化。

1.3 激活人才，让人才为企业赋能

1.3.1 定义人才，将人才转化为战略影响力

在 VUCA（Volatility，Uncertainly，Complexity，Ambiguity，简称 VUCA，指一个不稳定、不确定、复杂、模糊的世界）时代，社会环境日新月异，变化无穷。过去，企业处于主导地位，好的管理者能驾驭变化，他们决定企业何时以何种方式应对外部世界的变化做出反应；以前管理者的管理方式是以假设为前提，认为变化是可控的，管理者关注的是可控性和可靠性；他们在管理上的所有作为，都是努力为了消灭可变性，避免承担风险，从而使企业运营可靠、可预测和可升级。这种想法是不科学的，世界唯一不变的就是变，而且互联网时代的变化是非线性的、复杂的，那么我们管理者就要学会快速迭代、微创新，在变化中实践，在实践中调整。

万事万物处于复杂变化中，但也总有一些本质上的东西是不变的。经营企业也是一样，社会环境在变、商业模式在变、运营方式在变，甚至管理方式都在变，但在贯穿于这所有变化中的核心是人，是人们的思维方式、生活与消费方式、人的价值观在发生变化带来的连锁反应。我们对比一下 70 后、80 后、90 后和 00 后的价值观、生活方式、思维方式，能看出明显不同，那么作为企业中与人打交道的 HR 自然要因时而变、因境而变，不断去研究企业大部分人群的价值观、所思所想。VUCA 时代，人才是第一生产力，唯有把人才战略上升为企业战略，主动去适应变化、甚至引领变化，把人才转化为战略影响力才能使企业立于不败之地。

老子在《道德经》中说道："无，名天地之始，有，名万物之母。故常无，欲以观其妙，常有，欲以观其徼。"在没有人的概念之前，万物就已经存在，有了人的概念，才开始对事物和现象进行分类。《西游记》中记载："周天之内有五仙，乃天地神人鬼；有五虫，乃蠃鳞毛羽昆。"然后又谈及四猴混世，有一类是六耳猕猴。分类和细化是自古就常用的方法。作为 HR，分类细化与评价能力是基本功，HR 在招聘、人才盘点、绩效考核、高潜人才管理都需要应用到分类细化与评价能力。

不同的企业，在选人、用人上的标准是不一样的。比如，京东的创始人刘强东认为，公司在选择人才时候，价值观是放在第一位的。在京东，那些能力非常强但价值观与公司不匹配的员工，被归为"铁锈"，对公司文化和团队文化的破坏性最强，是需要第一时间被淘汰的。无独有偶，在阿里巴巴的用人体系中，也是绩效和价值观各占 50%，那些绩效很强但是价值观与公司不匹配的员工，被归为"野狗"，也是需要被首先淘汰。根据我的实践经验，我认为企业在选人、用人时要基于四大基本标准，如图 1–10 所示，价值观与态度决定去留，能力与绩效决定升降，人岗匹配决定人才价值的发挥程度。

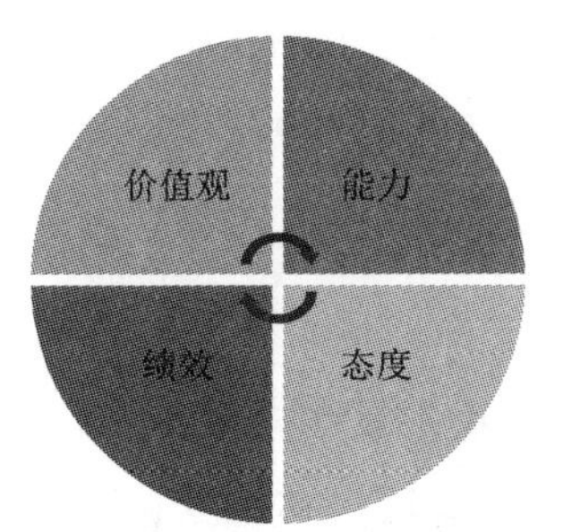

图1–10　企业选人、用人四标准

（1）选用价值相同的人。

价值观是一个人对周围客观事物的意义、重要性的评价和看法，通常表现为价值取向、价值追求，凝结为一定的价值目标。选择与企业有着相同价值观，并适应企业文化的人才进入企业，有着相当重要的意义，用时下流行的一句话说："人对了，企业就对了。"雷军的小米公司之所以发展神速，和有着共同价值观的团队有密切的关系，共同的梦想将他们紧密联系在一起；还有马云和他的"十八罗汉"，尤其是蔡崇信当年放弃 300 万元年薪加入月薪 500 元的阿里，用马云开玩笑的话说："蔡崇信可以买下几十个当时的阿里巴巴"，而随着 2014 年阿里的上市，蔡崇信的身价将近 57 亿美元。

因此，在企业，选人、用人第一标准是价值观，尤其是中高层领导，如果价值观不同，很难在企业形成共同的理想，也很难发挥真正的价值来，甚至个别能力强但价值观不合的中高层人员可能会给企业带来灾难。

（2）用能力卓越的人。

庄子曰："吾生也有涯，而知也无涯。以有涯随无涯。殆已！"能力卓越的人总是擅长学习。网络时代的技术并不神秘，但卓越技能者总是少数，所以在新时代"工匠精神"尤显可贵。互联网时代，选择技术应用型人才，能让团队快速提高效率，突出优势，而掌握卓越技能的人才价值尤显重要。华为更是重视技术人才，经常破格提拔优秀的年轻技术工程师或管理人才，在全世界以高薪酬挖掘各类能力卓越的员工、关键人才。

（3）用有承担、全心投入的人。

《资治通鉴》中曾记录唐太宗论举贤："君子用人如器，各取所长。古之致治者，岂借才于异代乎？正患己不能知，安可诬一世之人。"任何团队，人才总是不足的，要用人之所长，避人之所短。有承担、全心投入是优质员工的一项基本素质，也是职业化的表现。全心投入意味着尽职尽责，把任何事情当成自己的事情来做，工作态度很大程度上决定你的工作结果。

有这么一个故事。

一天，一头猪和一只鸡一块儿散步，鸡看一下猪说："哥们儿，我们合伙开一家餐厅怎么样？"猪回头看一下鸡说："好主意，那你准备给餐馆卖什么呢？"鸡想了想说："我们发挥自己的优势，咱们卖火腿煎蛋怎么样？""我觉得不合适"猪说，"我全身投入，连命都搭上了，你只是参与而已。"

有人问马云："老板和职业经理人的区别是什么？"他回答："有两个人上山打野猪，一枪打出去，野猪没死，它冲了过来。那人把枪一扔，往山上跑的，就是职业经理人；那人如果连续向冲过来的野猪开枪，子弹打完了，他把枪一扔，从腰上拔出刀和野猪拼命的，准是老板。"老板无路可逃，只能血拼。职业经理人与老板最大的区别在于：职业经理人干得不爽可以跳槽，而老板不可以。所以企业用人一定要用有承担、全心投入的人。

（4）用高绩效的人。

以“态度”“能力”两个标准划分为四个象限，态度好、能力强且能出绩效的“才”称之为“人财”，“人财”成为企业的核心竞争力。但在企业中往往存在有能力、没态度或者既没有能力也没有态度者。一般企业在选人时首先看重品德，然后看企业处于什么阶段，在创业与发展期，选人标准应在品德基础达标的情况下，以能为先。管理者的首要责任是对绩效负责，因此企业在用人时，应选用高绩效者，往往能快速得到企业想要的结果，高绩效意味着高贡献价值，持续高价值产出能带来更多的企业利润。

企业人才价值四象限如图 1–11 所示。

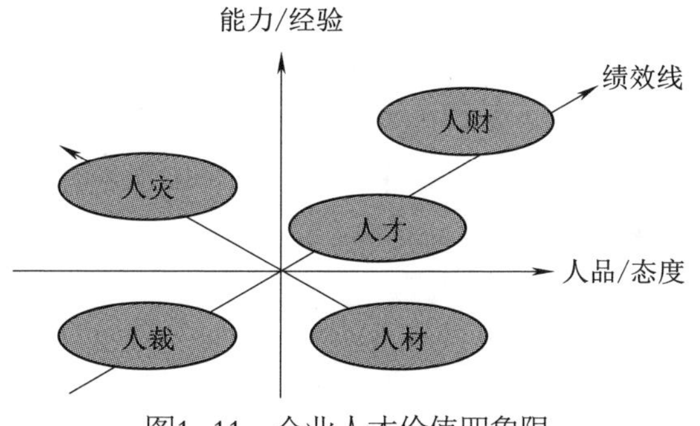

图1–11　企业人才价值四象限

1.3.2　激活人才，提升人力资源投资回报率

任何投资都讲究投资回报率，比如我们投资股票、基金还是投资某个项目。同样人力资源也讲究投资回报——人力资源的产出 ROI（Return On Investment，简称 ROI）。但目前我们大部分企业已经达到重视人力资本投入的阶段，但是还没有进入人力资本的产出阶段。很多企业都在加大人力资源的投入，比如加大人才的招聘、培训、薪酬与福利，但投资回报率很一般。据某杂志调查统计数据显示，大部分用于培训的费用打了水漂。于是很多企业老板抱怨：员工的工资、培训费用不断上涨，员工的投资回报率却不见上涨，业绩也并没有明显提升，企业的负担越来越重。

同时，人力资源的 ROI 不像其他资本的投资回报率那么好衡量，人力资源作为一种活性资源或无形资本，它的 ROI 衡量特别困难，经过多年的发展，行业内总结了衡量人力资源 ROI 的三大关键衡量指标，分别是人岗匹配率、人才成长速度、人效提升，如图 1–12 所示。

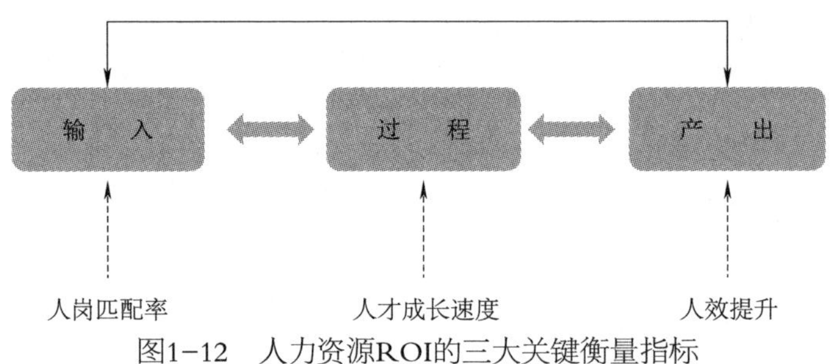

图1–12　人力资源ROI的三大关键衡量指标

1. 人岗匹配率

不管内部人才还是外部人才选拔到一个岗位，人力资源管理部门首先应该关注的一个问题就是这个人合适吗？这个人能干好吗？这就是人岗匹配率。据调查数据显示，目前中国企业人岗匹配率平均 30% 左右，中国较高人岗匹配率的企业是华为公司也只能达到 76%。早在 1980 年，凯利普的一项调查就发现“人岗不匹配”的普遍性，调查显示有近七成的员工并不是处在最适合、最能发挥他们潜能的岗位上，这种不匹配的情况会对公司的生产力和员工的士气带来负面的影响。

造成人岗不匹配的主要原因有：①对从事该岗位的人员所需具备的特质、能力和任职资格缺乏足够的了解；②人员选拔缺乏标准，面试选拔精准度不够；③对岗位的工作内容缺乏清晰、有效的说明；④缺乏有效的管理，员工发挥工作效能的环境与条件存在问题；⑤缺乏有效的方法来衡量员工的效能。

因此，我们可以从以下 5 个方面来提升企业人岗匹配率，如图 1–13 所示。

（1）建立岗位用人标准。明确该岗位所需人员的基本要求，包括个性特质、学历、岗位经验、能力素质、个人价值观、综合能力等。

（2）提升选人精准度。选人一般有两大维度的基本标准，第一个维度是该岗位的能力素质匹配，第二个维度是个人的价值观是否与企业的核心价值观一致。根据这两个维度标准选拔出适合企业的人才，尤其是找到匹配企业核心价值观的人才。同时，我们面试官要系统学习各类面试技巧，包括 STAR（Situation Task Action Result，简称 STAR）行为面试法、结构化面试、无领导小组讨论、情景演练面试法、测评考核法等。

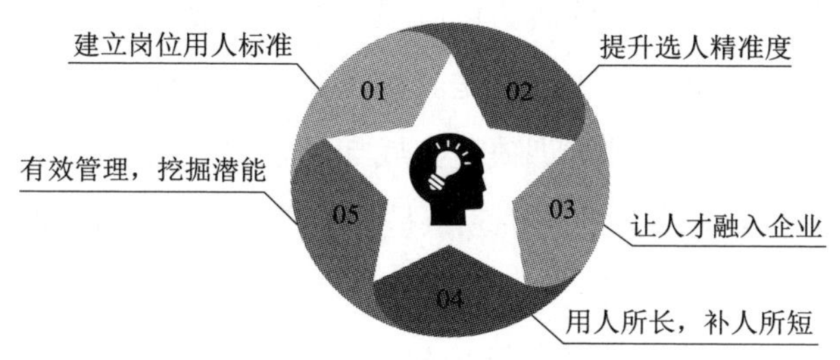

图1-13　提升人岗匹配率的五招

（3）让人才融入企业。选对人才是第一步，更重要的是让人才融合组织，才能为企业创造价值，很多企业的招聘就像一个大型漏斗，一头拼命地狂招，一头大量地流失，这个问题要引起重视。人才招入企业，要把他留下来并融入组织发挥价值才是核心，“用薪招人不如用心留人”，要关注新员工的动态管理，加快他们融入企业的速度，可通过新员工培训、导师带徒、团队文化吸引、人力资源管理部跟踪辅导等方式来实现员工的快速融入。

（4）用人所长，补人所短。彼得·德鲁克曾说过，“用人所长是卓有成效的管理者必须具备的一种素质，是组织工作是否有效的关键。”金无足赤，人无完人，每个人都有优缺点，如果光盯着员工的缺点将无可用之人，只有发挥员工长处，并优势互补、有效组建团队才是管理的核心，团队组建的原则是：价值趋同，优势互补，上下一心，形成合力。阿里巴巴把这种人才搭配的做法称为“政委制”，华为则称之为“狼狈计划”。

（5）有效管理，挖掘潜能。影响员工绩效的因素包括员工的态度、能力与环境，态度是想不想干，能力是会不会干，环境与机会是允不允许干。通过有效的管理，一方面加速员工的成长，提升能力，更重要的是打造员工想干事、干成事的平台，做得好的奖励，做得不好的实施惩罚，拉开员工差距，实现“干好干坏不一样、干多干少不一样”，从而形成有效的员工管理与激励正向循环。

2. **人才成长速度**

没有人才的成长就没有企业的成长。在VUCA时代下，对人才成长的速度提出了更高的要求，往往是企业人才成长的速度远远满足不了企业发展的需要，比如某连锁企业老板想多开几家分店，可放眼一望竟发现身边无可用之人，这种人才发展困惑情况在中小微企业比比皆是。许多企业的培训费用节节攀升，但培训效果却依然堪忧，主要原因是培训缺乏实战与场景化，把员工培训当成一个静态的产品来做，实际上真正有效的培训应该是训战结合，用战斗力来检验培训结果，并要致力营造一个良好的学习氛围，这就要求我们从过去的“培训管理”转变到“人才发展”的思维。要做好人才加速成长，须掌握两个原则和五大方法。两个原则是：因材施教与学以致用。五大方法包括：一把手工程，快速复制，训战结合，聚焦重点、快速突破，培训效果与员工利益挂钩，如图1-14所示。

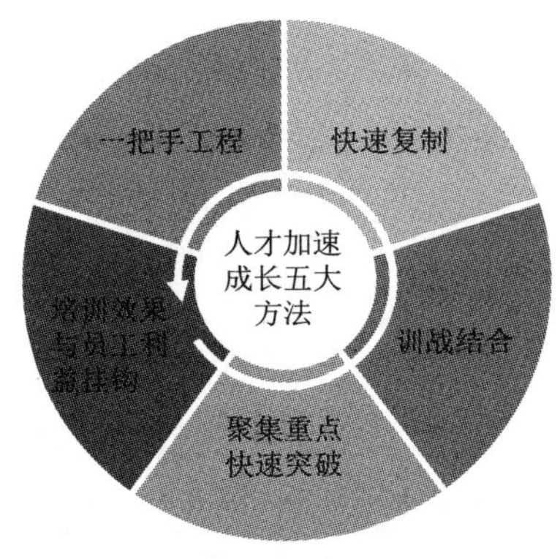

图1-14　人才加速成长五大方法

3. **人效提升**

人效是衡量人力资源投资回报率（ROI）的重要指标，也是衡量企业综合竞争力的关键指标。人岗匹配、人才加速成长后理应表现在人的价值产出增加，也就是人效提升。如果不围绕“人效提升”来做人力资源工作，便会舍本逐末。

人效的定义其实很简单，就是人均产出或人均劳动效率，一般用人均销售额或人均毛利等来表示。人效高意味着人均的劳动效率或人均创造的利润高，人力资源的投资回报率就高。如今，在人工成本递增、利润空间递减的趋势下，人效的高低直接影响企业的盈利水平。因此，人效理应是HR重点关注的指标，人效提升理应是 HR 关注的重点工作。

1.3.3 实现人力资本增值的六种有效途径

人力资本的增值指通过对人力资本的积累、投资和扩充，促使人力资本的价值得以提升。实现人力资本增值的途径主要有以下六种，如图 1–15 所示。

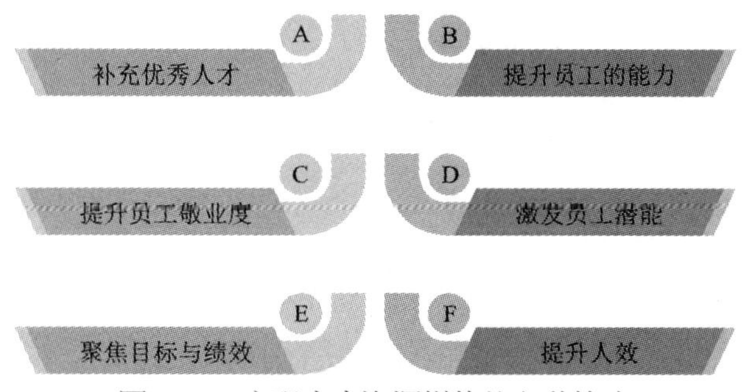

图1–15 实现人力资源增值的六种策略

1. 增值策略 1：编制——补充优秀人才

为企业补充人才，尤其是关键人才，是实现人力资本增值的重要途径，重点要做好关键岗位的人才补充和企业人员的内部动态平衡，减少人员空缺或冗余。

（1）动态均衡。

可采用静态 + 动态的人才补充策略，一方面通过定岗定编预测岗位人员需求，及时补充；另一方面在人员变动情况下，做内部动态平衡，进行内部选拔或平行调配，避免增加用工成本，实现人力资本内部增值。例如华为的做法是建立内部人力市场，允许和鼓励员工更换工作岗位，实现内部竞争与选择，促进人才的有效配置，激发员工工作的积极性，最大限度发现和开发员工潜能，如表 1–2 所示。

表 1–2 动静结合的人才补充策略

	静态	动态
适用时段	业务裂变下的人员编制策略，做加法	人员变动逻辑下的人员编制策略，内部动态平衡
优点	提前预测，及时补充，做增量	动态调整，快速补位，内部优化，避免增加成本

（2）3B（Buy Build Borrow，简称 3B）人才补充模型。

企业人才的补充可采用招聘、培养、借用三种有效的基本手段来实现。一是把好入口关，为企业招聘到合适的人才是实现人力资本增值的基础，就好比选择优质股票。二是人才的培养与开发，提升人效，减少人员缺口数量。三是借用，例如企业的新业务或新部门在人员不足的情况下到内部其他部门借用人才，既优化了内部业务结构，又节约了人力资本。

3B 人才补充模型，如图 1–16 所示。

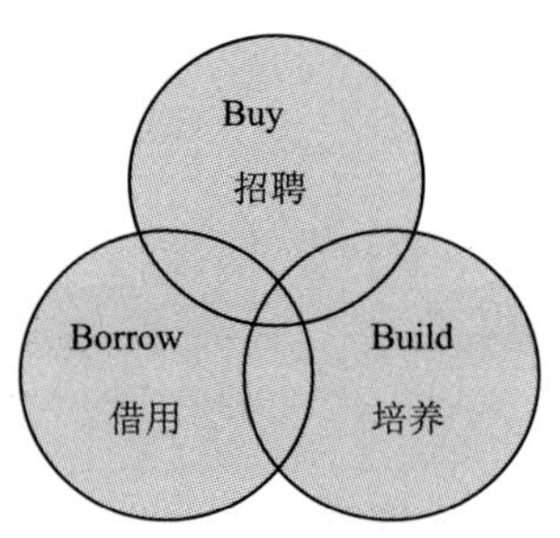

图1–16　3B人才补充模型

2. 增值策略 2：技能——提升员工的能力

（1）员工培养的 721 法则。

所谓“721 法则”，即员工 70% 的能力来源于实践，20% 的能力来自导师与同事的帮助，10% 来源于课堂的学习。

70% 需要在工作中不断实践、练习与提升。假如通过一堂 Excel 培训课，课堂上大家掌握都很好，但一个月后再对大家进行考核，结果会大不一样。没有重复的练习就会很快被遗忘，因此培训结果如何，关键在于员工在工作实践中是否获得更多，是否刻意练习应用。

20% 需要自己在团队中去看、听、问，收集经验，听从导师的教导，从而整合成自己的知识经验，也就是说在业务能力提升的道路上需要导师、同事给我们带路。

10% 课堂学习很关键，10% 是用来帮助我们建立知识框架与标准、要求，去验证我们的经验，提炼理论高度，形成实践—反思—概念化—再实践的正向学习循环。

（2）三位一体培训模式。

根据 721 法则，我们可以很好地设计“理论学习 + 实践操作 + 师带徒”三位一体培训模式，理论学习常态化，实践操作场景化，师带徒培训标准化，进一步完善培训学习的系统性与落地性，培训一定是循序渐进的长期投入，“做中学”是最好的人才培养方式，以问题为导向，聚焦难点，重点突破，把学习工作化，工作学习化。

（3）培训项目落地。

培训项目的成功实施一定要以问题为导向，以学员为中心，聚焦员工能力提升与绩效产出，做好精心策划与流程设计，项目执行落地一般包括 6 个步骤：问题诊断、方案设计、经验萃取、开营培训、落地复制和检核应用，如图 1–17 所示。

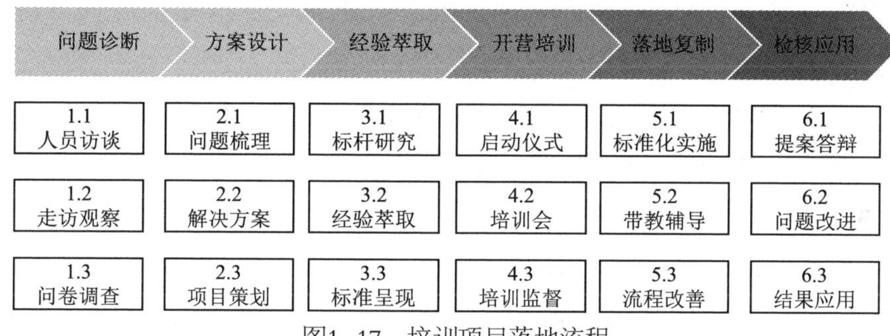

图1–17　培训项目落地流程

问题一般有两个表现，在客观上可能是产品质量下降、生产进度放慢、安全事故和消费者投诉增加等，主观上表现为企业内部员工的不满情绪增加、消极怠工、配合效率低和相互抱怨等。而对同一个问题，不同级别、不同部门岗位的人反映的情况、认为的原因也可能不一样，要想解决这些问题，往往需要我们在大量表象问题的背后识别更为深层次的原因。基于问题的梳理和诊断，我们要设计出整体的培训落地方案，包括培训的主题、目的、内容、流程及时间规划等。经验萃取主要有三种方法，可通过问题访谈、情景模拟和跟随观察三种方式萃取“三高人群”（高意愿、高绩效、高能力）的优秀经验、案例和标准化操作流程等。

经过经验萃取，形成可复制和落地的知识范本后（课件 PPT、微课、流程工具等），开始对员工进行针对化培训、辅导，并加强培训的过程管理，丰富培训的内容与形式，让学员乐于接受，喜于应用。最后一步是考核检验与监督落地，对学员的培训效果进行考核并与薪酬奖金、晋升等挂钩，促进培训效果落地的正向激励。

3. 增值策略 3：意愿——提升员工敬业度

关于敬业度，从 20 世纪 80 年代的盖洛普就已经开始布局，后续研究也接踵而至。敬业度的研究告诉我们，良好的态度有助于提升员工行为效率。在如今大裁员、提升人效的大环境下，敬业度的改善无疑是提高人均产能的最好方式。关于员工的态度始终不变的主题：如明确的使命感、对于价值或文化的共识、心理安全感以及对未来的信心；看到某个人、某个团队表现出这一系列的态度，就可以称之为“敬业度高”。

通俗地来解释，“敬业”实际很简单，主要表现在工作中，就是员工不再是“要我做”，而是“我要做”。但敬业不会凭空产生，很多老板天天在口头上呼吁员工要敬业，要有执行力。

一次某小型制衣厂请我去给员工讲一堂《高效执行力》的课，问及老板为什么要上这堂课，老板给出的理由是：最近发现员工敬业度差、抱怨多，离职员工也较以前多了。

后来经过我去现场调研，发现他们公司 3 个月没有给员工发工资了，员工抱怨、离职自是当然。于是我果断放弃这次授课，并给老板反馈：在目前情况下，公司员工敬业度差、抱怨多，通过授课解决不了问题，目前最重要的是提升销售，催收回款，及时给员工发工资。

试问员工都快饿死了，何来敬业度？因此说，敬业不会凭空产生，想要员工敬业，那就首先要保证员工置身于一种“敬业文化”中，其次要让员工有更多的安全感与成就感，做好员工的有效管理、薪酬福利保障及员工职业生涯规划；再次是要做好有效的员工激励。

4. 增值策略 4：激励——激发员工潜能

企业经常会出现三种情况：第一种情况叫“出工不出力”，第二种情况叫“出力不出活”，第三种情况叫“既不出力也不出活”。

我在 HR 培训中经常给大家分享一个观点：如果员工“出工不出力”，可能是企业的薪酬分配、激励机制出了问题；如果员工“出力不出活”可能是员工的技能或企业的管理模式出了问题；如果既不出力也不出活，可能是企业的激励机制、管理文化或员工本身出了问题。

彼得・德鲁克说过，管理方法论虽然重要，但是用方法论让员工“能干”之前，关键是让他们“想干”。稻盛和夫也曾说过，成功 = 能力 × 热情 × 思维方式。因此提升员工的主动性，关键在于设计一套激励机制和有效的考核方法，激励的本质是：发现需求，满足需求。

目前市面上流行的考核、激励机制有：KPI（Key Performance Indicator，关键业绩考核，简称 KPI）、BSC（Balanced Score Card，平衡计分卡，简称 BSC）、OKR（Objectives and key Results，绩效考核，简称 OKR）、一线员工积分制、阿米巴、股权激励、分红、内部福利等。

【案例 1–2】管理司机的困惑。

曾经听一位做人资总监的朋友分享，他所在的公司以前在车辆管理上做得一团糟，由于车辆是属于公司的，司机拿着固定工资，所以司机都不爱护公司的车辆。车辆的维修费用很高，一辆新车平均 5 到 6 年就要报废。除了费用太高，司机经常公车私用。公司虽然采取了一些监督措施，但不见其效，反而导致部分司机离职。最后，公司老板想到一个办法解决了这个问题：老板和每个司机签订协议，协议上规定每个司机配一辆车，公司对车的使用年限是 5 年，5 年后车归司机所有，但是公司不再负担车辆 5 年内的维修费用。

自从公司和司机们签订了这个协议后，公司的车辆管理发生了翻天覆地的变化。车辆维修率低了，公车私用的现象也减少了，并且每天车都擦得干干净净的。公司从此节省了一大笔费用，利润贡献自然也就提高了。

5. 增值策略 5：绩效——聚焦目标与绩效

管理者最重要的工作是对绩效负责，可以为苦劳鼓掌，但是为功劳付钱。人力资源管理者自然要对绩效负责，无论是知人善用、设计系统、设立 KPI 考核、薪酬激励、制度流程等，最终要体现在绩效上，企业才能生存与发展。为什么很多 HR 不受老板重视，因为大多 HR 只活在自己的专业里，不懂业务、不懂老板的心理，只想着用专业的工具、模型来搞定人、搞定老板，这是舍本逐末。试问有多少 HR 懂业务、能看懂财务 3 张报表，能到一线进行现场指导？

聚焦绩效、进行有效的目标分解是管理者的核心任务之一，员工对任务负责，管理者对目标负责，人力资源管理部门要围绕公司年度目标的分解与落实来开展人力资源工作，配套相关资源，做好业务部门的有效支撑，让人力资源真正体现出有效的价值来。

【案例 1–3】如何让培训真正有价值？

曾先生在一家禽类产品连锁型公司担任培训经理一职，刚开始公司领导尤其是业务部门领导不太重视培训，认为门店业务繁忙没时间抽调人员来参加培训，以前公司也举办过一些培训，大多没有效果。于是，曾先生花了近三个月时间，深入业务部门熟悉业务的流程、工艺，通过访谈、调研找出业务部门的痛点、难点，萃取优秀门店店长、导购员经验成为公司的业务案例，有针对性、有序地开展系列业务技能培训（门店促销、业务员能力、产品知识、销售礼仪、沟通技巧、经验交流）、门店业务技能比武大赛等活动，经过一年多的培训，沉淀效果明显，取得了业务部门领导及公司高层的信任与支持。从第二年起，公司便加大了培训经费用于业务类、生产类培训，有效地支撑了培训工作的开展，2020 年公司还筹建了商学院，公司的培训工作开展得如火如荼。

6. 增值策略 6：人效——提升人数

人效即人的效率，是用来衡量企业人力资源价值，形成一种计量现有人力资源获利能力的指标。人力资源管理部门不仅要关注人才的培养，更要关注人效的提升，即用最少的人力成本获得最大的收益。“人效”用一个公式来表示：人效 = 年度销售收入 ÷ 年度企业员工人数。调查数据显示，国内华为公司的年度人效高达 500 万元 / 人，而大部分的企业的年度人效还达不到 50 万元 / 人，这样一对比，你就清楚地知道你所在公司的人效水平处于行业高位、中位还是低位。

马云曾提出他的“人效思维”：3 个人干 5 个人活，拿 4 个人的工资，这样公司省钱，员工还可多拿钱。而华为的人才增值核心思想是“减员、加薪、增效”，即 5 个人的活 4 个人干，发 5 个人的钱。当然大部分公司很难模仿阿里、华为的人效思维来操作人力资源管理。因为真正的人效提升是一个系统的工程，需要从人效分析、岗位梳理、人力成本、薪酬绩效、人力潜能、组织机构优化等多方面来加强运作。

持续激活人才最重要的手段是关注人才的培养与挖潜，尤其是关注关键人才的培养与激发。一般企业都会给员工做 IDP（Individual Development Plan，个人发展计划，简称 IDP），管理者和 HR 应对继任者与关键员工的 IDP 做重点跟踪。同时，HR 要定期组织企业人才盘点：指标包括员工敬业度、调研得分、组织健康调研得分、关键岗位的内外部招聘比例、关键岗位的人才主动离职率、高潜人才的主动离职率、关键岗位具备短期和长期继任者的比例等。

1.4　正确定位，HR 的核心能力修炼

1.4.1　人力资源管理的职责分工与定位

“人力资源”一词最早由彼得·德鲁克在《管理的实践》中提出，在此书中，彼得·德鲁克提出管理更为广泛的三个职能：管理企业、管理经理人员、管理员工及他们的工作。从某种意义上说，企业管理说到底是人力资源管理，而人力资源管理是企业管理的代名词。因此，所有的管理者都应该是人力资源管理者，因为管理者也要参与招募、面试、培训、绩效面谈、薪酬福利、员工培育与辅导等工作，而不仅仅把人力资源管理工作归咎为 HR 部门，因此说，每位经理人首先应是人力资源经理。

因此，在企业中我们经常把人力资源管理分为两类：一般人力资源管理者和专业人力资源管理者，一般人力资源管理者指直线管理人员（直线经理人），他们是人力资源管理实践活动的主要承担者；而专业人力资源管理就是人力资源管理部门管理人员（人力资源管理部经理人），他们是人力资源管理程序、方法、政策的制定者。在人力资源管理实践活动中，人力资源经理人与直线经理人是相互协调、配合工作，一方面人力资源经理要求直线经理提供信息，给予更多支持；另一方面直线经理要求人力资源经理在人力资源管理实务上，不光是监控与评价的角色，更多的是应起到服务与咨询的作用，具体职责分工如图 1–18 所示。

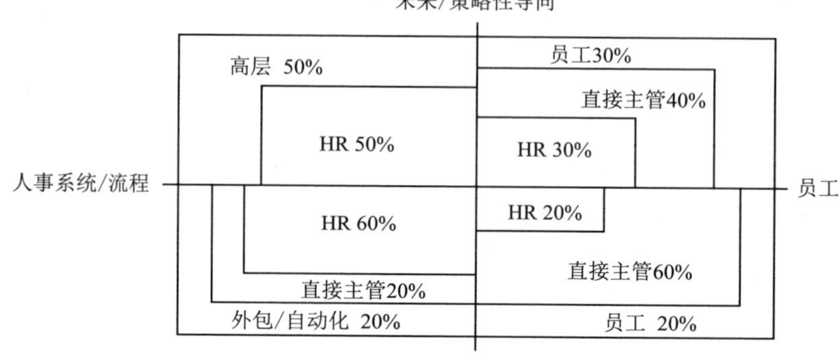

图1-18 人力与职能部门的责任分工

因此，人力资源经理人应懂得沟通、具有亲和力，善于处理投诉，帮助解决问题。在企业内部，人力资源管理部门表面上看是一个有“权力”的部门，但实质上是一个没有“权力”的部门，因为真正的权力落在直线经理人身上，人力资源管理部只是配角，处于二线，起着顾问的作用。

1. 直线经理人员承担的角色与职责

各部门直线经理人是人力资源管理和公司文化最直接的体现者，应承担起相应的职责，其角色定位是：人力资源政策与制度的执行者、人力资源具体措施的制定者、人力资源管理氛围的营造者。其主要职责有：

（1）把合适的人分配到合适的岗位上。

（2）引导新员工尽快融入公司。

（3）有计划地组织员工进行培训与开发。

（4）通过辅导，提高员工的绩效，鼓励员工的士气。

（5）协调、处理好各种工作关系。

（6）解释公司各种政策与工作程序。

（7）保护员工的工作健康，改善工作环境。

（8）控制劳动成本。

2. 人力资源经理人员承担的角色与职责

人力资源管理部门的角色应定位为：人力资源管理政策、制度、方案的制定者，人力资源政策、制度的监督者、创新者、变革者。人力资源管理部门的主要职责有：

（1）配合战略，制定公司人力资源规划与方针。

（2）根据公司发展，对公司组织结构和岗位设置进行设计和调整。

（3）优化人力资源配置，提高人力资源的有效性。

（4）根据用人部门的需求，及时有效地开展招聘、选拔。

（5）制定员工培训计划，有效地开展培训与开发工作。

（6）制定、监控和管理公司的绩效管理体系。

（7）建立与实施公司的薪酬、福利体系。

（8）进行企业文化建设，提高公司凝聚力。

（9）人力资源数据库建设与管理。

（10）和谐劳动关系的构建，减少用工风险与职业安全风险。

（11）引领企业人力资源管理的变革，优化组织系统，提升企业管理效益。

1.4.2　HR的自我核心能力修炼

人力资源管理者的工作，与其他部门的管理工作区别很大，除了自身的专业性外，最大的差别就在于 HR 的工作对象是人而不是事。因此，HR 从业者不仅要掌握专业的技能外，还必须掌握与人相处、有效沟通、自我管理等通用技能。如图 1–19 所示，HR 职业能力分为专业技能、通用技能和天赋潜能，专业技能以安身，通用技能以增色，天赋潜能以立命，不断提升自己的综合能力，以更好服务企业，同时拓宽自己的职业生涯，做更优秀的自己。

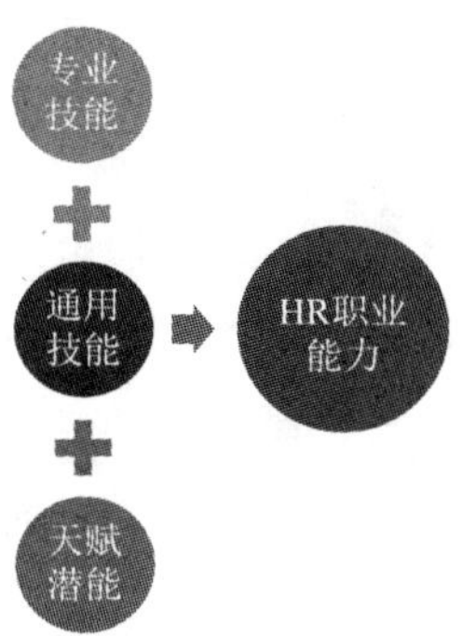

图1–19　HR职业能力图

1. 通用技能

HR 工作者通用技能主要有 5 项：学习思考能力、高效沟通能力、为人处事能力、分析决策能力、自我管理能力。

（1）学习思考能力。

学习力是万力之源，思考力是万力之本，作为 HR 首先应该具备的通用能力是勤于学习、善于思考，不断总结复盘。HR 作为综合型人才，需要了解与掌握的知识面非常广泛，就这要求 HR 有比较好的学习能力，及时掌握人力资源前沿的工具、方法，又要不断学习与人相处。

我们要学会自我总结、思考分析，经常自我剖析，鸡蛋从内打破是生命，从外打破只是一道菜，人靠自我剖析获得的成就和成长，与靠外面的压力被迫成长完全不同。不断逼迫自己、自我加压，做自己不愿做的事情叫突破，做自己不能做的事情叫成长。因此说，HR 的成长是一场自我修炼与外力逼迫你修炼的过程。

（2）高效沟通能力。

在管理中，有一个著名的双 50% 定律，即 50% 的时间都用在了沟通上，比如开会、谈判、指示、评估、协调等，与此同时，在工作中也有 50% 的障碍是在沟通中产生的。因此，HR 管理者缺乏有效沟通这项核心能力，就很难顺畅地开展自己的工作。沟通技巧是 HR 用在招聘、绩效面谈、目标分解、员工谈心、劳动关系处理上的一项不可或缺的技能，沟通的最终目的是达成有效协议并取得双赢的结果。因此说，沟通能力就是 HR 工作者的生产力。

【案例 1–4】不会沟通的 HR 不是好 HR。

某医药公司总经理是销售出身，非常强势，做事独立专行，公司 HRD（Human Resource Director，简称 HRD，即人力资源总监）王某系人力资源本科毕业，专业性强、做事认真，在工作方面没得说，但在沟通上经常与总经理发生冲突，原因是王某为人耿直、说话直率，认为总经理只会业务不懂人力资源管理，沟通时经常坚持自己的人力资源专业性意见，经常向总经理建议：要进行薪酬改革、要进行人才储备、要多培训、规范员工福利与保险之类，而总经理认为作为一个发展型公司（200 人规模），业务应放在第一位，一切要节约成本，效益最大化，部分人力资源管理工作可以先放一下。如此一来，两人关系搞得比较僵。

此案例中的情况在许多中小微企业中经常性发生，一方面高层不重视人力资源，另一方面 HR 不懂业务，老喜欢拿一些专业术语跟领导沟通，导致沟通不同频。HR 作为服务型工作者，一定要走进“老板与员工心里”，一方面要努力让自己了解企业业务、经营模式，另一方面要与高层领导、各部门管理者进行有效沟通，有针对性地协助其解决问题。

（3）为人处事能力。

HR 从业者每天都要与人打交道，经常给人以“光动嘴，不动手”或者“指手划脚”之感。这就要求 HR 必须学会“为人”，也就是说，要想要求别人严格遵守企业的各项管理制度，自己就必须先做到，否则就难以服众。此外，HR 部门在企业中属于间接的职能部门，所表现出的“服务内容”要大于“指挥内容”，即将服务工作做好，因此必须做到：尊重员工和具备“舍己为人”的精神。

不仅要会“为人”，更要会“处事”，HR 管理者要在具体的管理工作中学会“让位”，而不是“越位”或“抢位”。因为，HR 管理者处事越低调，就越容易被员工接受，开展工作也就越顺利，进而形成一个良性循环。

（4）分析决策能力。

HR 工作者虽说事务性工作较多，但管理性工作也不少，比如制度的监督执行、员工的效能管理与人才的选拔、培育等。所以，问题分析与解决、有效决策是 HR 工作者尤其是管理人员的核心优势，HR 要在工作中不断总结一套自己分析与解决问题的方法论，并通过科学训练提升有效决策能力，减少在管理决策中的误差。常用的问题分析工具有：SWOT 分析、5WHY 分析法、力场分析法、鱼骨图分析法、六顶思考帽、结构性思考、批判性思考、逆向思考等，常用的决策工具有：决策树、德尔菲法、KT 法、基于数据的决策等。

（5）自我管理能力。

自我管理包括自我时间管理、目标管理、情绪管理、关系管理等，这是我们 HR 快速成长与发展的基础，也是优秀 HR 与普遍 HR 成长发展的本质区别。史蒂芬·柯维在《高效能人士的七个习惯》一书中提到一个成熟的方法论，即从依赖到独立期，最终达到互赖期的两个阶段和七个习惯。高效能人士的七个优秀习惯包括：主动积极、以终为始、要事第一、双赢思维、知己知彼、统合综效、不断更新。

首先养成有效的时间管理技巧，平时与企业的一些 HR 聊天，我都会给他们推荐一些好的书籍，但很多 HR 抱怨：“哪来的时间看书？我们都忙疯了。”他们每天都在忙着人才招聘、入职员工培训、考勤与工资统计、规章制度设计与推行、员工离职办理、邮件处理、开会等，无休止地在处理日常工作，这时就要学会高效的时间管理技巧，做到“要事第一”，掌握有效的时间管理矩阵工具：以“重要性”“缓急程度”把时间划分为二维四象限，针对不同象限的事情，应该使用不同的策略：主动干掉“不重要也不紧急”的事情，拒绝大部分“紧急但不重要”的事情，专注“重要但不紧急”的事情。

同时，要养成以终为始的目标管理技巧。有一个故事：三只猎狗追一只土拨鼠，土拨鼠钻进了树洞。树洞只有一个出口。突然，从树洞里钻出一只兔子，飞快地爬上一棵大树。兔子在树枝上没站稳，掉下来砸晕了正仰头看的三只猎狗。最后，兔子逃脱了。

这个故事有什么问题吗？

有人说：兔子不会爬树。有人说：一只兔子不可能同时砸晕三只猎狗。这些都是问题，但是有没有人注意到：土拨鼠哪里去了？

土拨鼠就是目标，我们很多 HR 面对复杂环境或繁多事务时，常常迷失自己的目标。

为什么有的 HR 经过 2 到 3 年就晋升为主管、经理，而有的 HR 做了 5 到 8 年还在做专员的工作，这都源自 HR 个人的目标管理与自我学习能力。目标引领我们前行，它是我们前行的航向标，只有“以终为始”，专注于目标，专注于“要事第一”，心无旁骛，我们才能快速成长。三流高手靠努力，二流高手靠技艺，一流高手靠专注。太多的聪明人死于不专注，而专注恰恰是高手的第一利器。HR 要坚持走自己的路，不断在企业深耕实践，最终才能成为高手。

2. 专业技能

HR 工作者除了 5 项通用核心技能的学习外，更应熟练掌握 10 项专业技能，如图 1-20 所示。

图1-20　HR的10项核心专业技能修炼

10 项核心专业技能包括：战略规划能力、高效招聘能力、知人善用能力、薪酬绩效管理能力、有效激励能力、员工培育与辅导能力、关键人才识别与留用能力、文化塑造能力、组织优化能力与组织效能管理能力 10 项核心专业技能。这 10 项核心专业技能是 HR 工作者必须修炼的基本功，并通过刻意练习把自己训练为人力资源方面的专家。

有一次在听知名职业生涯咨询师赵昂老师培训分享时，他所说的一句话让我印象深刻：要像训练特工一样训练自己，把知识转化为技能，任何技能的训练掌握都是需要逼出来的。《刻意练习》一书中写道，要成为一个领域的高手，在具体训练专业技能的时候，只有一个方法：刻意练习。大家都知道一万小时定律，但重复的劳动量并不能让你成为 HR 专家，刻意练习除了时间与量的积累，更重要的是有明确的目标与有效的教练反馈。为什么有的 HR 在职场进步神速，而有的 HR 几年甚至十几年停步不前，区别在于是否通过刻意练习将自己的专业技能、通用能力以及天赋潜能发展起来，是否找到有效的老师或同行高手进行学习、反馈，从而快速获得成长，最终在企业的平台上发挥出真正的价值，受到领导赏识，从而获得晋升。

3. 天赋潜能

盖洛普公司将人的能力分为知识、技能、才干，我们又称为能力三核，盖洛普公司认为知识可能通过学习获得，而技能就必须实践，才干是类似品质的优势，与自己融为一体的天赋、特长、个性、品质等，需要在平日的表现中挖掘和提取。英文把天赋叫 Gift，即上天赋予的礼物。在天赋中，有一部分表现特别好的，与别人相比是优势，我们称之为“竞争优势”，在这些竞争优势中，又可以区分出特别杰出的优势，称之为“才干”，经过长时间的训练，表现出来的才干更像是与个人特质绑定的产物。每个人都有天赋，在做不同事情的时候，又体现着资质的不同，我相信这么一件事，做到 85 分，努力就够了，但要想做到 95 分以上，有时非要天赋不可。所以，有些技能不是简单的训练就能掌握。

因此说，每个人的能力优势是不一样的，作为 HR 在自己的能力修炼中要学会扬长避短，发挥优势。

有这样一个经典的段子，老婆给做程序员的老公打电话：“下班顺便买一斤包子带回来，如果看到卖西瓜的，买一个。”当晚，程序员老公手里拎着一个包子进了家门。老婆怒道：“你怎么就买一个包子？”老公答曰：“因为我看到了西瓜。”虽然这个错误是逻辑思维的错误，但也看出了作为技术人员的老公的优劣势。

作为不同的人才，可将其分为通才与专才，技术型人才与管理型人才。华为的任正非、阿里巴巴的马云、搜狐的张朝阳，他们在通信领域、电子商务、计算机等方面都没有做到专才，而是通才；同样，小米的雷军也是一个通才、全才，他不仅精通互联网、也精通经济、技术。通才有通才的好处，专才也有专才的妙用，我们 HR 也应清晰地知道自己属于什么类型的人才，从而找到属于自己的发展职业路径。

电影《一代宗师》中，把高手成长之路分成三个阶段：见自己、见世界、见众生。

第一个阶段是“见自己”：你得理解自己的优势与劣势，知道自己想要什么，受不了什么，持续地走出舒适区，扩大自己的能力。

第二个阶段是“见世界”：带着这些对自己的理解上路，进入工作实践，你开始理解时代的趋势、社会的规则，看到各种人生的可能。

第三个阶段是“见众生”：高手当久了，输赢胜负之间，你终于理解，要把自己学到的、理解到的、坚持的传播出去，帮助更多的人，这样才能从高手变为一代宗师。

第2章 观剑识器，做好人才招聘与选拔

本章主要阐述人才招聘的步骤、流程及有效的面试技巧。选对人才能做对事；选对人是实现人效突破的前提。

人才的招聘是HR的基础与核心工作，在如今的大环境下，用人成本剧增，招人难度也越来越大，许多企业已经把人才的招聘作为一项战略工程，一个优秀的企业一定是人才招得进、用得好、留得住。但在现实企业管理中，企业往往是招人没渠道、用人没标准，留人没方法，这三点往往也是许多HR与老板的痛点与困惑。

本章从招聘流程的角度，对确定招聘岗位是否空缺、招聘分工、面试技巧与工具的运用、入职流程、培训与入职风险防范等内容进行详解。

2.1 步步为营，厘清岗位空缺早规划

企业平常在招人时，一般由老板或用人部门提出招聘需求，然后由人力资源管理部去实施人员招聘，往往用人部门巴不得今天提出招聘需求，明天就希望人力资源管理部招到合适的人，结果人力资源管理部陷入无休止的招人循环中。为了避免人力资源长期处在随时、突发的工作状态，应将招聘工作规范化、常态化，并建立起企业编制管理制度，以减少由于随意性招聘导致的人力成本增加，有利于人才招聘的常态化，以便长期储备企业所需要的人才。

《礼记·中庸》说道："凡事预则立，不预则废"。当用人部门提出需求时，HR首先要判断岗位空缺的真实性。比如企业经常会出现这样一个不良循环：用人部门提出用人需求，HR完成招聘，但到企业年末人力盘点时，用人部门发现人太多需裁员；而到了第二年开工时，用人部门又发现人不够，于是又申请招聘。招聘、盘点、裁员、再招聘……无休止地循环，可企业的业绩并没有因为人员增多而提升。还有一类生产型企业，生产任务具有明显的季节性，当订单旺季时满世界去招人，一旦订单处于淡季，员工没活干又需要大面积裁员，像这类的企业，HR一定要了解行业特性，要做到未雨绸缪，提前规划，把招聘与人员规划工作做到前面。

首先，企业要做好定岗定编工作。哪怕企业只有几十个人，作为HR都应在年初根据当年企业的年度销售任务、部门及岗位情况，做出简单、有效的定岗定

编计划及相关制度。在此基础上，进行规范的编制管理，一般包含人员编制汇总表和岗位说明书两方面内容。同时，在编制管理规划阶段，关于人员的招聘流程也必须清楚，才能有效实施编制的管理控制。表 2-1 为某公司的年度人员编制汇总表。

表 2-1　XX 公司人员编制汇总表

序号	部门	编制人数	现有人数	缺岗人数	急需招聘	发展储备	说明
1	公司领导						
2	办公室						
3	人力资源管理部						
4	财务部						
5	投资发展部						
6	研发部						
7	生产部						
8	市场部						
9	营销部						
10	客服部						
11	后勤部						
统计							

注：公司实际在编人数______人，共计编制______人，缺编______人，急需______人，储备______人。

编制管理并非僵化的管理手段，而是将人员的增减、调整变化纳入流程化管理，以避免沟通障碍和增加管理成本。同时，企业人员编制可根据实际情况报请企业领导进行适当增减，它不是一成不变的，当企业业务发展壮大或大幅缩水，需要新增或减少部门时，当然要对企业相应的人员编制进行调整。

其次，当用人部门提出招人需求时，HR 需要用有效的方法来判断某岗位是否真的缺人，这要求我们从组织架构图、岗位说明书、工作量化表、员工编制表进行鉴别，如图 2-1 所示。同时需要我们 HR 判断某岗位是临时性缺人还是长久性缺人。比如，某快消品贸易型公司 6 ~ 9 月订单旺季，极缺物流送货员与驻商场促销导购员，HR 部门根据多年的行业特性及市场用人环境，发现这类岗位只是暂时性空缺，刚好这几个月是大学生放假期间，于是通过多种渠道招募一批大学兼职暑期工，这样一方面减少了用工裁员的风险，另一方面节约了用工成本，因为学生的工资期望相对成熟的职场人来说要低一些。

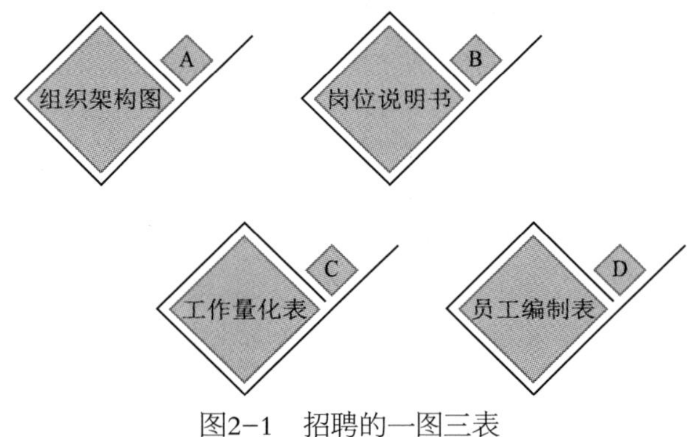

图2-1　招聘的一图三表

第三，多与老板沟通，充分理解领导的战略规划。作为 HR 凡事应打提前仗，平时多与老板沟通，了解老板的想法与战略规划，熟悉业务，了解企业近期的生产、运营情况，提前做好人员的储备。另一方面多熟悉市场上的招聘渠道，比如某类人员该用什么渠道能快速招到，市场上此类员工的行业薪酬标准多少，这样一来，当领导一提出招聘计划，我们 HR 已提前做好了准备，这样就能很大程度上减少招聘的压力。

【案例 2-1】HR 如何协助老板做好用工规划？

一次行业聚会中，一位 HR 经理聊到他们公司一个有趣的招聘现象：2018 年他们公司一段时间内业务剧增，生产部门经常是需要加班加点还满足不了客户的订单需求，于是 9 月份时老板决定再增加一条生产线，于是吩咐人力资源管理部提前招聘新增生产线的员工 50 人左右；截至 10 月底全部员工招聘到位进入培训，可从 10 月底开始，公司业务（公司主要生产面向欧洲市场的咖啡壶）受国外经济危机影响大量缩水，老板不得不放弃这条新增的生产线，于是造成大量员工剩余；于是私下找 HR 负责人商量如何想办法把这批人解雇。

【案例解读】

出现此类情况，是老板与 HR 都不曾想到的事情，好像是偶然现象，但偶然现象背后又似乎有规律可循。HR 针对此类情况我们要做好如下工作：

（1）平常多与老板沟通，多了解老板的想法，同时作为 HR 多了解下公司的业务情况，比如平常多到营销部门了解情况，对企业在人员的需求方面做到心中有数，如发现老板有业务投入方面太过冒进从而导致用工成本剧增，可以及时提醒老板。

（2）在员工招聘时跟员工讲清楚公司的情况及招聘意图，做好提前沟通，减少员工的抱怨以及用工纠纷。

（3）逐步招聘，分阶段培训，一方面关注生产线的建设情况，根据生产的进度逐步把人员招聘到位，另一方面对于前期新进的部分员工可以安排到原生产线工作，减少原生产线工作人员的压力，甚至可以替换少部分工作不积极的老员工。

2.2　未雨绸缪，做好招聘流程好分工

HR 作为企业招聘的主要负责人，对于招聘的流程、招聘渠道及各部门在招聘过程中的分工应当非常熟悉，既能做到各部门间、各面试官之间沟通顺畅，又要能做到对招聘过程、细节的完美把控，把工作做到实处。

2.2.1　招聘流程

完整的招聘流程包括用人需求管理、招聘管理、甄选管理、录用管理、试用管理等，如图 2–2 所示。

在整个招聘流程中每个环节都很重要，很多 HR 简单认为招聘就是打电话邀候选人来面试，其实不然，从上面招聘流程图来看，它是一个完整的过程。即使在面试环节也分为初选、中选、最终决策，不同的企业面试环节可能不同、面试的形式也不同，一般面试环节建议为 2 ～ 3 轮，不宜太多，太多轮面试环节让候选人觉得太烦琐；面试轮数太少，又让候选人觉得企业面试不正规，也难免出现面试过程中看走眼现象。

招聘流程图
用人部门
人力资源管理部
管理层
用人需求管理
新项目工作分析
拟定新增用人需求
员工离职缺岗
拟定补员用人需求
审批用人需求/定岗定编
审批用人需求
招聘管理
电话/邮件通知面试
储备人才查询
查看/筛选简历
分析招聘渠道
发布招聘信息
拟定招聘方案
审批招聘方案（含预算）
甄选管理
人力资源管理部初试
部分岗位高管复试
YES/NO
用人部门复试
Y
YES/NO
专业测试/测评
Y
背景调查
YES/NO
Y
录用管理
录用意向洽谈
YES/NO
确定录用人选
YES/NO
录用审批
Y
Y
入职面谈
发放“OFFER”
新员工入职培训
报到/办理录用手续
试用期管理
制定试用期目标
试用考核部门审批
部门指导与面谈
试用考核人力资源管理部审批
试用考核公司领导审批
职业生涯规划
考核结果通知
试用期小结/自评
办理转正手续/存档

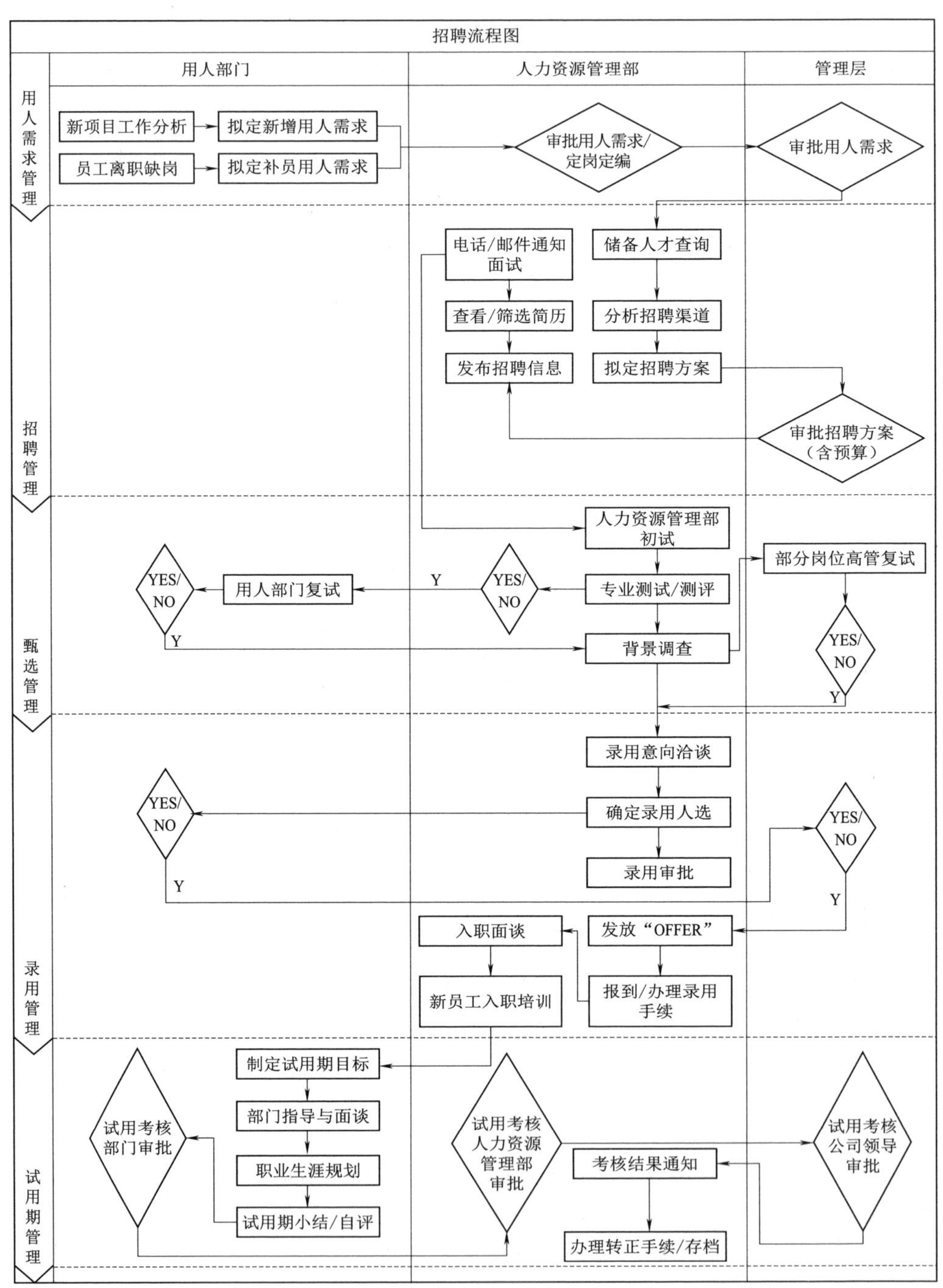

图2-2　员工招聘流程图

2.2.2　招聘渠道分析与运用

1. 招聘渠道的分析

人才招聘的渠道一般有网络招聘、校园招聘、社会招聘、猎头招聘、内部招聘、传媒招聘、派遣招聘、政府协助招聘八大类，不同招聘渠道的精细分类、招聘形式、适用范围、优劣势分析如表 2–2 所示。

表 2–2　招聘渠道分析表

招聘渠道	招聘形式	适用范围	优势	劣势
内部推荐	由内部员工推荐具有潜力的内、外部人才	各类人才均适用	招聘成本低、速度快，对新招员工比较了解，且比较稳定	容易导致“近亲繁殖”，形成内部拉帮结派
招聘网站	本地区人才招聘网站、全国性招聘网站，如 58 同城、智联招聘、前程无忧	各类人才均适用	简历更新速度快，成本较低，适用面广，局限性小，选择空间大	投简历者随意性大，无效简历较多，针对性较差，竞争激烈，有可能一个候选人接到多家企业邀约
报纸媒体	报纸广告 电视广告 公交车广告	一般为中基层岗位	受众较多，注意度高，反馈迅速，有利于扩大企业的知名度	成本较高，时效性差，有一定的区域局限性，且需要一定时间的沉淀才有效果
新媒体	微信、抖音、H5①、移动 App②、脉脉、职业帮等新媒体传播	一般为中基层岗位	新颖，吸引眼球，符合 90 后、00 后新员工的招聘，有利于扩大企业的知名度	招聘效果相对来说较差，招聘信息不系统、不完整
校企合作	学校和企业实施项目合作，联合培养	储备人才 一线岗位 管培生	有针对性地培养，用工成本低，几乎不需担心离职	学生经验少，需培训，培养周期长
高校招聘会	校园宣讲会 校园招聘会 校园公益讲座	储备人才 一线岗位 管培生	招聘成本适中，可以宣传企业形象，候选人思维活跃，具备一定的创新能力和学习能力	应届毕业生稳定性差，学生普遍缺乏社会经验，可能难以适应企业文化

① H5，即 HTML 5，是一系列制作网页互动效果的技术集合。

② App，（Application，简称 App），一般指手机中的第三方应用软件。

续上表

招聘渠道	招聘形式	适用范围	优势	劣势
社会招聘会	参加城市招聘会或社区招聘会	中基层岗位	招聘成本较低，人员类型多样，选择余地大，初筛空间大，能够及时沟通，方便集中面试、入职和培训	招来的人才参差不齐，求职人员的选择余地大，有一定的区域局限性，且现在线下招聘候选人员锐减
猎头招聘	与猎头合作，由猎头顾问推荐人才	中高端人才，特殊岗位人才	针对性强，吻合度高，能够迅速找到企业需要的人才	招聘费用高，外来高端人才不容易被引进，空降人才容易水土不服
派遣招聘	利用劳务企业做劳务派遣或者委托招工	一般适用于一线操作人员或者文化程度要求较低的岗位	招聘成本低，便于管理，降低用工风险，减少劳动争议	人员流失性大，劳务工不容易融入本企业文化
政府协助	利用当地政府、工会、残联等帮助宣传和吸纳劳动力	一般适用于一线操作人员	利用资源，扩大影响力，具备良好的社会效应	招聘效果一般，有一定的局限性

2. 招聘方式的选择

不同的企业或不同的 HR 喜欢用不同的招聘渠道去招聘适合自己企业的员工，不过也存在一些招聘通用的特征。

（1）日常招聘工作，一般 HR 喜欢选择网络招聘，如 58 同城、智联招聘、中华英才、本地人才招聘网站，以年付费方式完成。

（2）大批量的一线用工（生产操作工、餐饮服务员）可通过线下现场招聘会、纸质媒体进行招聘，宣传的周期一般需要达到一段时间以上，才会有较好的招聘效果。

（3）中高端人才招聘工作，一般通过猎头、猎聘网站、同行及朋友推荐完成。

（4）大学生招聘工作，应安排在学生毕业季，每年的 5 ~ 7 月、10 ~ 12 月进行，最好提前到上一年的 9 月开始启动，联系高校，组织专门的高校供需见面会，提前到学校进行宣讲。

（5）由本地人力资源中介公司或政府组织的现场招聘会，是宣传企业和人才招聘的良好方式，可以定期参加现场招聘会，提高雇主品牌。

（6）同行挖掘：一些有一定技术含量的营销人员、技术型人员可想方法到同行去挖掘。

（7）新型自媒体工具的应用：微信朋友圈、移动 App、职业帮、脉脉、抖音等自媒体工具的应用，加大招聘宣传的渠道。

（8）以赛代招：通过技能大赛、青年创业大赛等项目形式，以赛代招，既招到合适的人才，又加大了企业的雇主品牌建设。

2.2.3　用人部门与HR部门在招聘中的分工

在确定要招人后，就可以进行招聘工作了，在具体的分工时，必须强调人力资源管理部门和用人部门分工的合理性。

1. 用人部门负责的工作

作为用人部门对招聘需求有明确的解释权，对候选人的确定有最终决策权。在招聘流程中的主要工作有几个方面。

（1）制定并填写员工岗位说明书、岗位考核表、工作量化表及招聘需求申请。

（2）出具专业的面试题，提供面试时候选人的具体要求标准。

（3）中选时的决策，待部门确定后报企业高层领导审批意见。

（4）梳理好新员工进入工作岗位时的流程，协调老带新或给新员工安排导师。

牢记每个部门的负责人首先应是本部门的人力资源第一负责人。用人部门在面试筛选时要综合考虑候选人的基本情况、能力、性格以及与上级、团队的融合度。

2. 人力资源管理部在招聘中的工作

人力资源管理部在招聘过程中对整个流程的把控应负主要责任，在协调候选人与用人部门之间关系起着重要的作用。

（1）严格审核用人部门的招聘需求，提请企业高层领导批准执行。

（2）组织招聘活动、开发与选择招聘渠道，发布招聘信息，进行电话邀约。

（3）简历筛选，入选简历送用人部门进行选择，商定初次面试时间和内容等。对候选人进行第一轮的面试，了解应聘者的基本情况、从业经历以及应聘者的能力、性格、价值观是否与企业的要求一致。

（4）对甄选过程的组织与协调，对面试官进行培训，把控面试的每一个过程。

（5）确定新入职员工的薪酬福利，对新员工进行培训与沟通。

（6）收集新员工入职资料，办理入职手续，指引新员工到新的岗位。

（7）建立完善的新员工档案，并跟踪新员工的试用期的表现。

2.3 水到渠成，做好面试前的准备工作

2.3.1 面试官的自我修炼

面试官的自我修炼特别重要，在候选人面前，你要显得专业、靠谱、真诚、沟通能力强、分辨能力强。有人说，企业的招聘是给候选人打开的一扇天窗，而面试官就是这扇天窗的眼睛，他代表了企业的形象，传递的是企业的文化，这句话一点都不夸张。对于候选人来说，所接触的应聘公司的第一个对象就是面试官。在面试过程中，面试官不仅扮演着“伯乐”的角色，更重要的是承担着“形象代言人”的责任，起着宣传、推广公司的作用。所以，面试官的自我修养非常重要，这是提升公司雇主品牌，吸引候选人加入公司的一个重要方面。

第一，在与候选人接触过程中要遵循“尊重、真诚、靠谱”三原则，处处让候选人感受到尊重，感受到你的专业与自信。

第二，建议从以下 3 个方面进行自我提升，为成为优秀的面试官打好基础。

（1）提升自我形象。

作为面试官，我们候选人踏入面试区域的那一刻起，就已经在心中对候选人的形象打分了。同样，候选人进入面试区域时，也在心里为面试官的形象打分。

面试官的自我形象，着装是一个方面，礼仪也是一个方面。做好面试接待工作中的三件事：主动迎接、安排面试等待、送离公司。

在我个人的求职生涯中，对去求职的某大型公司的一位女性面试官的印象特别深刻。当时，那位面试官到公司的前台去迎接我，一路上将我引导到面试区域，倒水、示意入座，面试官做得十分得体到位，面试结束后还特意站起来同我握手，送我走出公司大门口。在整个面试过程中，我感受到了充分的尊重与友善。这样的面试官很难不给候选人留下深刻的印象。

后来，我自己在做面试官时也尽量做到这些，给候选人留下一个好印象。

面试官在自我形象提升方面要努力做到两点：一是穿着装扮同公司企业文化相匹配，不得穿奇装异服或穿着随意。二是职场礼仪要举止得当。做到这两点，不仅会给候选人留下一个好的印象，有利于面试的顺利进行，还会让候选人对企业形象有一个好的评价。

（2）学会深度倾听，培养欣赏意识。

在面试过程中，以倾听为主，尽量让候选人多说，以方便我们对候选人有更全面的了解。面试是一个很严肃的场合，在这个场合中，候选人往往有一定的压力感，一个优秀的面试官，在面试候选人时，要学会带着欣赏的眼光看候选人，无论他是高级人才，资深“面霸”，还是初出茅庐的应届毕业生。有时不专业的面试官，在面试过程中发现候选人不符合公司招聘岗位的要求时，面试官表现出轻蔑或不耐烦的形态，这是不对的。在整个面试过程中要体现对候选人的尊重与欣赏，哪怕你在面谈过程中发现候选人根本不符合公司要求，但在整个面试沟通过程中也要做到尊重候选人，毕竟他们能来公司参加面试其实也代表对于公司的一份信任。

（3）修炼专业的面试技巧

作为面试官我们应掌握基本的面试技巧，尽量做到面试官的每一个提问都显得专业、有力量。尤其是当面试官遇到经常求职面试的“面霸”，这个时候你要显得比他更专业、更自信。同时，面试官在整个面试过程中要掌握好自己的情绪，当候选人的价值观或说辞与我们想的不一致甚至出现严重分歧时，要学会自我控制，不要跟候选人有过多争执、语言上的冲突，面试官的情绪掌握能力特别重要。

2.3.2　如何筛选求职者的简历

通过招聘渠道获取的简历需要快速进行筛选，用一些简单有效的标准或“门槛”除去不符合条件的应聘者简历，榨干简历中的水分，以降低招聘时间成本和虚假风险。简历筛选原则与关键点如下。

（1）简历是否干净整洁、内容描述详细，从简历上可以基本看出候选人的态度、求职意向。

（2）简历内容与招聘岗位的任职要求是否符合，主要包括学历、年龄、专业、从业经历、能力素质等。

（3）学历分类与验证：学历是统招全日制还是其他学历方式，通过学信网是否可以查询。

（4）工作经验：考查其在以往工作中掌握的能力，如成功或失败案例描述、特长及自我优劣势评估等。

（5）离职原因描述：职业的变更是正常的，常言道“铁打的营盘流水的兵”，但一个员工频繁地离职跳槽那就要考虑这名候选人的稳定性了，通过对离职原因的探究，可以深挖求职者的内心思想、观点，了解“冰山”以下的内容，以及对应聘者进行真实知识、能力和心态的完整考察。

（6）简历里人物关系的梳理：通过对求职者简历里描述的人物关系，可简单推断候选人的家庭情况、资源背景等，也可从中判断出候选人的经济压力情况，工作与家庭的平衡情况。

（7）不可完全相信简历的内容，一般来说求职者的简历或多或少存在“水分”，HR 在筛选简历时不可完全相信简历内容，而应该只当成一种初步的参考，因此不要单凭简历内容就过于武断地判断求职者究竟是否符合公司的要求。

2.3.3 面试前的准备材料

作为面试官，在面试之前一定做好充分的准备工作，尤其是作为 HR 部门一定要做好面试前的细节工作。

1. 明确面试目的与要求

面试前，面试官首先应该明确企业需要招聘什么样的人才，岗位的具体工作是什么？检查应聘职位的匹配程度等。同时，作为面试官要清晰此类岗位的企业薪酬、工作标准等内容。

2. 提前阅读候选人的简历

通过提前阅读候选人的简历，了解候选人的基本情况、行业背景、从业经验等相关信息并标识简历中的疑点与错误点。比如，如果发现应聘者工作衔接出现空档时，面试官就要追问细节找出具体原因；如果应聘者频繁换工作，就要追问应聘者频繁离职的原因。

3. 设计考题，熟悉面试技巧

在面试开始之前要设计好考题，理清思路，有目的地提问，有针对性地进行情景测试。对一些技术性强的工种一定要设计特定工作场景的模拟考题，以验证候选人的能力。

同时人力资源管理部门应组织相关面试官开展面试技术的相关辅导培训，对常见的面试考核技术应该了解与掌握，比如结构化面试、行为面试法、无领导小组讨论、放松面试法、压力面试法、测评法等，让公司面试更专业，面试沟通过程更顺畅、高效。

4. 懂业务，熟悉公司运作情况

在与候选人沟通过程中，候选人往往会问及公司的业务、运营情况，即使候选人不问，我们也要将公司的基本情况向候选人做一些简单的介绍，所以作为面试官应对公司的业务熟悉，对公司的产品、运营情况都要相当了解，不然当候选人提问时我们却一问三不知，很容易让候选人认为我们不专业，甚至认为公司不规范、不完善。

5. 面试场地的布置

对面试场地提前进行设计与安排，根据不同的面试方法、面试者的人数对场地进行相应的设计，比如结构面试与无领导小组的两种面试就应采用不同的面试场地布置。同时要综合考虑应聘者的特性，为应聘者提供一个开放、规范、高效的面试场所。

2.3.4　有效的电话邀约技巧

电话邀约作为招人的一个重要方法，非常重要也非常不容易。许多 HR 一天打邀约电话 100 多个，答应来面试的候选人却寥寥无几，简直是心力交瘁。在电话邀约过程中，许多 HR 抱怨：现在的应聘者“放鸽子”现象比比皆是。一听到招营销人员尤其是保险类、金融类电话销售人员，马上就挂断电话，明明答应入职上岗，第二天却不来了。有些应聘者电话沟通，一上来就问你公司的薪酬待遇怎样，薪酬待遇不符合他们的要求就不跟你谈了。

为什么会出现以上种种现象，要想提高邀约面试到场率，HR 真的应该认真进行自我修炼，打铁还需自身硬。

（1）熟悉公司业务。如果 HR 对应聘职位工作内容和业务不熟悉，很容易被面试者提问从而导致尴尬的情形。这种情况下邀请对方来公司面试，很容易被“放鸽子”。换位思考下，当对方看到你连职位和业务都不熟悉，多半会认为应聘公司是骗子或在挖坑让他跳，尤其是保险类、金融类岗位更容易让应聘者产生认知偏差。

（2）突出公司优势。在电话沟通中突出公司优势，可以从公司发展历史、高层理念、发展前景、员工福利、行业优势、工作环境等多维度进行介绍，突出与其他公司的差异性，比如我们公司有交通和住房补贴，周边交通便利，每年全员旅游两次，年轻同事多等。

（3）真诚交流。公司的优势是必须要重点讲解的，但是，存在的不足也可以适当说明，比如，公司也存在一些问题，中基层管理层队伍年轻化，需要进一步加强学习与精进。当面试者问及薪酬，HR 要有技巧性地回答对方，比如当应聘者的薪资要求超过公司规定，你又特别想要应聘者来面试，你可以这样技巧性回答对方：其实，我看了你简历上的薪资要求在我们公司规定的能力范围内，至于具体多少，需要你过来面试时具体商定，视你的个人能力而定。

（4）语气语调，礼貌用语的把握。我们在电话邀约时，在可能的情况下，可安排声音好听、语调柔和、性格温和、熟悉业务的女性 HR 来打电话邀约。拿起电话时注意对方的称呼，“×× 先生 / 小姐您好，我这边是 ×× 公司，我在 ×× 网站收到你的求职简历，有个工作机会想和您沟通，现在讲话是否方便?”接下来自报家门，介绍公司及岗位的相关情况，再跟对方约定面试时间。如果对方近期没办法安排时间面试，可加对方微信进一步跟进，沟通具体的面试时间。

（5）手机及微信的应用。我个人建议大家打招聘电话时把座机换成手机。因为现在很多诈骗电话都是用座机打过来的，使得人们对陌生座机号码有一种强大的警惕心理。

同时，用公司申请的手机可以注册一个专门用于公司招聘的微信，在朋友圈发布一些公司近期的招聘岗位信息、公司的照片，尤其是公司的福利、旅游照片。更重要的是，通过微信跟应聘者沟通起来非常方便，一方面用微信沟通不影响应聘者原有的正常工作，另一方面通过微信发送信息不断跟进，方便与对方约定具体面试时间、发送公司地址定位等。

2.4　熟练技术，面试官的五大面试技巧

2.4.1　结构化面试法

结构化面试就是根据特定职位的胜任特征要求，遵循固定的程序，采用专门的题库、评价标准和评价方法，通过考官小组与应试者面对面的言语交流等方式，评价应试者是否符合招聘岗位要求的人才测评方法。

1. 结构化面试的特点

结构化面试法吸收了标准化测验的优点，也融合了传统的经验型面试的优点。它是在工作分析的基础上精心设计与工作有关的问题和各种可能的答案，并根据被试者回答的速度和内容对其做出等级评价的面试，是一种比较常见的规范面试形式，有效性和可靠性较高。但由于是事先设计好的题目，可能在整个面试过程中缺乏应变性，也有部分提问会使得应试者感觉到些许唐突。

2. 结构化面试的要领

（1）根据工作分析的结构设计面试问题。

在结构化面试中，面试的目的是要将对职位更合适的应试者选拔出来，这种面试方法需要进行深入的工作分析，以明确在工作中哪些事例体现良好的绩效，哪些事例反映了较差的绩效，由执行人员对这些具体事例进行评价，并建立题库。结构化面试测评的要素涉及知识、能力、品质、动机、气质等，尤其是有关职责和技能方面的具体问题，更能够保证筛选成功。

（2）向所有的应聘者采取相同的测试流程。

在结构化面试中，不仅面试题目对报考同一职位的所有应试者相同，而且面试的指导语、面试问题的呈现顺序、面试的实施条件都应尽量相同。这就使得所有的应试者在几乎完全相同的条件下接受面试，保证面试过程的公正、公平。

（3）面试要有规范的、可操作的评价标准。

从行为学角度设计出一套系统化的具体标尺，每个问题都有确定的评分标准，针对每一个问题的评分标准，建立系统化的评分程序，能够保证评分一致性，提高结构有效性。

针对每一个测评要素，结构化面试有规范的、可操作的评价标准。从而使每位考官对应试者的评价有统一的标准尺度。应试者的面试成绩最终是经过科学方

法统计出来的（即对每个要素去掉众多考官评分中的最高分和最低分，然后得出算术平均分，再根据权重合成总分）。

结构化面试不同于传统的面试，它更加注重根据工作分析得出的与工作相关的特征，面试人员知道应该提出哪些问题和为什么要提出这些问题，避免了主观上的归因错误，每个应聘者都应得到更客观的评价，降低了出现偏见和不公平的可能性，能够可靠、有效地在最短的时间内选聘到真正能够满足工作要求的应聘者。

（4）考官的组成结构。

在结构化面试中，考官的人数必须在2人以上，通常有3～5名考官。考官的组成一般也不是随意决定的，而是常常根据拟任职位的需要按专业、职务，甚至年龄、性别按一定比例进行科学配置，其中有一名是主考官，一般由他负责向应试者提问并把握整个面试的总过程。

总而言之，结构化面试具有试题固定、程序严谨、评分统一等特点。从实践来看，结构化面试的测量效度、信度都比较高，比较适合规模较大，组织、规范性较强的录用面试，因此，结构化面试已经成为录用面试最常用的基本方法。

2.4.2 无领导小组讨论面试法

1. 无领导小组的特点与实施过程

无领导小组讨论（Leaderless Group Discussion，简称LGD）是评价中心方法中经常使用的一种测评技术。它要求一定数量的被评人（6～9人），在规定时间内（约1小时）就给出的具体问题进行讨论，讨论中各个成员处于平等地位，并不指定小组的领导者或主持人。

无领导小组参与者得到相同的信息，但是都未被分配角色，要求他们分析有关信息并提出一个最终的解决方案，检测应聘者的组织协调能力、口头表达能力、辩论能力/说服能力、情绪稳定性、处理人际关系的技巧、非言语沟通能力（如面部表情、身体姿势、语调、语速和手势），以及自信程度、进取心、责任心、灵活性、情绪控制等个性特点和行为风格。

无领导小组讨论适用于挑选具有领导潜质的人或某些特殊类型的人群（如营销人员），如今无领导小组讨论的适用对象越来越广，不仅局限于“中高层员工”，例如大企业的校园招聘、公务员考试，都在使用无领导小组讨论的技术，大致原则是适用于那些经常跟“人”打交道的岗位，如中高层管理人员、人力资源管理人员、行政管理人员、营销人员等，对于 IT 人员、生产类员工是不适用的。

无领导小组讨论具有评价和诊断功能，既可以作为领导人才选拔的测评工具，也可作为领导人才培训的诊断工具。作为选拔工具时，对于通过初步筛选并需要继续具体考核的应聘者使用这种测评手段，了解应聘者的领导技能和品质，从所有应聘者中择优录取。

【案例 2–2】无领导小组的应用。

我在很多企业做 HR 辅导时，通常会对无领导小组讨论的形式给出如下建议：召集应聘者去小会议室，然后由 HR 中的任意一个同事通知在座人员，领导因为有事要迟一会儿才能来，请大家不要随意离开会议室。这时无领导小组面试就开始了，面试官可以暗中观察这些人在等待期间的言行表现，比如谁打破僵局主动进行沟通，谁在协调讨论问题，谁在推荐自己，谁在发展人际关系……

当这群人开始讨论后，从看似无目的的讨论中，可以看到有的人在讨论时政，有的人在讨论企业管理……根据当事人谈论的话题就能初步判断出这个人的兴趣点。如果一个人在无意识的情况下讨论管理方面的事情，那么说明这个人很求上进；如果他谈论时政，说明这个人比较关注时政热点……

再如，看谁能够快速提出一个共同话题，让其他人围绕着他提出的话题来展开讨论，这从一定程度上可以反映这个人具有快速型领导力，能够领导团队。

2. 无领导小组评价标准

无领导小组讨论面试法的评价标准主要包括 7 个方面。

（1）受测者参与有效发言次数的多少。

（2）受测者是否有随时消除紧张气氛、说服别人、调节争议、创造一个使不大开口讲话的人也想发言的气氛的能力，并最终使众人达成一致意见。

（3）受测者是否能提出自己的见解和方案，同时敢于发表不同意见，并支持或肯定别人的意见，在坚持自己正确意见的基础上根据别人的意见发表自己的观点。

（4）受测者能否倾听他人意见，并互相尊重，在别人发言的时候不强行插嘴。

（5）受测者语言表达、分析问题、记录整理、概括或归纳总结不同方面意见的能力。

（6）受测者的时间观念、纪律性等。

（7）受测者反应的灵敏性、概括的准确性、发言的主动性等。

2.4.3 行为面试法

行为面试法是从应聘者说话时表达出来的信心、表达技巧、听取别人意见时的表现，发掘应聘者潜在的才能。

行为面试法是通过一系列问题如“这件事情发生在什么时候?”“您当时是怎样思考的?”“为此您采取了什么措施来解决这个问题?”等，收集应聘者在代表性事件中的具体行为和心理活动的详细信息。基于应聘者对以往工作事件的描述及面试人的提问和追问，运用素质模型来评价应聘人员在以往工作中表现的素质，并以此推测其在今后工作中的行为表现。

通过对所收集信息的对比分析，可以发现杰出者普遍具备而胜任者普遍缺乏的个人素质即资质，也就是我们经常说到的冰山模型中水面以下的那部分素质。行为面试法可以较全面、深入地了解应聘者，从而获得一般面试方式难以达到的效果。行为面试主要有3种形式。

（1）根据求职者提供的简历，设计一系列标准场景，要求求职者从过去的工作经验、教育背景以及个人经历中选择具体事例，说明自己在其中承担的角色、采取的行动以及最后的结果。

（2）根据作为一个高级管理者或某一职务的责任人所需要面临的环境状况设计一个小案例，要求求职者当场做出决策或做报告等。

（3）由人力资源管理专家设计一系列问题，对应聘者进行现场测评，以作为评定个人情商与处理事情逻辑结构的依据之一。

例如，面试官会这样问：“请用一个具体的经历，谈谈你作为领导者如何激励团队成员?”接着面试官又追问：“当时的具体形势是怎么样的？你对最后激励的结果满意吗？被激励者是如何看待你的方法的？现在你有更好的思路去改善你的做法吗?”

从这个角度，可以知道行为面试关注的是对方具体做了哪些，而不是对方该做些什么或者发表空谈。与对过去表现的询问相对应，在行为面试中，也常常会考察求职者是否可以自如地应对未来可能出现的工作场景，比如某企业面试官曾经问过这样的问题："你新进入一个部门担任管理者，你知道部门的员工对以前的领导印象非常好，大家都认为正是你的到来才挤走了原来的领导，面对这种情形，你应该如何开展工作？"

2.4.4　压力面试法

压力面试指有意制造紧张，以了解求职者将如何面对工作压力与各种复杂工作情境。面试官故意通过提出刁难的、不礼貌的问题使候选人感到不舒服，针对某一事项或问题做一连串的发问，打破砂锅问到底，直至求职者无法回答。其目的是确定求职者对压力的承受能力、在压力前的应变能力、人际关系、情绪控制能力。

常见的压力面试题与需要的注意事项如下所示。

（1）告诉我，你最大的弱点是什么？

回答这种问题的秘诀在于不接受这种否定暗示。不要否认你有缺点，没人会相信世界上有完人；相反，你应该承认一个微不足道的弱点或一个小小的缺点，然后再说那都已经成为过去了，表明自己是怎样克服这个缺点的。

（2）你认为自己的哪项技能需要加强？

麻烦又来了，你不可能宣称自己无所不能，但如果你简单地承认自己在哪方面需要改进，高压面试主考就会像嗜血的鲨鱼一样一口咬住你。你该重新定义一下这个问题以便躲开这一点："既然谈到这儿，我想说我已具备了这份工作所需的所有技能。这也是我之所以对这个职位感兴趣的原因。"你可以借机再把自己简历中的闪光之处再炫耀一番。

（3）你认为什么样的决定尤为难做？

如果你用他问题中的这些词来回答，就只能对自己不利了。面试官会立刻猛扑上来。那回答的秘诀是什么呢？要摒弃那些否定性的词汇："我没发现有什么决定特别'难'做，但确实有时做一些决定要比做其他的决定要多费一些脑筋，多做些分析。也许你把这叫作'难'，但我认为我就是做这些事情的，就是为企业解决问题的。"

（4）过往工作所获得的薪水如此低，你是如何在一线城市生活的？

这个问题的目的是引你说出一些个人生活上存在的问题和财务危机。当然，也许面试官所说的不错，然而你一定要回避这个问题："你见过哪个像我这个岁数的人对工资已经很满意呢？当然，我想得到更高的薪水，这也是我到这来参加面试的原因。至于现在嘛！我还可以付账并保持收支平衡的。"

（5）你与现在的老板相处很久了，为什么不继续干下去了呢？

假设说面试官已经击中了你的要害，他说的完全是事实，但这并不意味着你就非得同意他问题中对你不利的因素。"我喜欢现在这份工作是因为它既稳定又有挑战性。而在那里我已经不可能有更大的发展了，因此我来应聘。我希望换一家公司以便更好地发挥自己的才能。"

（6）你不认为自己的年龄应该早就升到更高的位置了吗？

这是个刺激人的问题。但也可以不那么看，而把它当成是对你的能力和成绩的一种赞美。"我干这份工作只为了长远打算，要收获就必须付出，这正是我所做的。在这份工作中我已经获得很多经验，打下了坚实的基础。现在我来此应聘正是为了把学来的这些有益的东西派上用场。"

（7）你为什么要辞掉现在的工作？

这是在高压面试中极为常见的问题，但比别的高压问题更为难答。值得庆幸的是，求职顾问已经总结出了应付这个问题的一条妙语，很容易记住，即使紧张也不会忘记，它是指挑战、职位、进取、金钱、尊严及安全。你既可以单独拿出一个作为原因，也可以都拿出来以便使对方相信你离开现在的岗位是合情合理的，是经过深思熟虑的明智之举。

（8）现在这份工作你最不喜欢的是哪一点？

又是典型的用否定词表述的高压问题。但即使这样，也要避免其中的否定因素。面试官可不管是不是他促使你如此挑剔的，他只能记住你是一个爱抱怨的人。更糟的是，他对这次面试的印象也会是否定的。再说，你对现在工作的不满确实说明了你另换工作的原因，但却没有满足现在老板的需要。你应该时刻把握老板的需要。"我觉得现在的工作各方面都不错，但是我正准备迎接新的挑战，等待肩负起更重的担子，取得更大的成就。希望把自己之所学运用到更富挑战性、更能发挥自己才能的岗位上。"

（9）你认为在工作中曾遇到过的最艰难时刻是什么时候?

不要搜肠刮肚地找出这个问题的答案。你最不想做的就是道出以个人失败和集体受难而告终的经历。即使参加的不是高压面试，你首先也应该料到会被问这个问题，然后带着一个对你和你的公司来说结局皆大欢喜的故事去参加面试。给你一些忠告：不要谈及个人和家庭的困难，不要谈及与领导和同事的摩擦，你可以讲一次与下属产生的矛盾，并且说明自己是如何创造性地解决了矛盾，最后做到皆大欢喜的。你也可以讲一次对你来说极富挑战性的经历。

2.4.5　情景面试法

情景面试也算是结构化面试的一种，包含一系列与申请职位或工作相关联的场景问题，这些问题有预先确定的明确答案，面试官对所有应聘者询问同样的问题，应聘者同样可以问与工作关联的问题。这些来自岗位本身的案例，有利于面试官对应聘者的素质、价值取向进行准确判断，是一种非常好的面试方法。情景面试要求面试官能够准确地描述案例，并且扮演案例中的一方，与面试者进行PK。能否准确地将这种情景演绎出来，是面试是否成功的关键要素。你会发现一旦你熟练掌握情景面试技巧，并且适当“创造”压力氛围，面试者的动机、价值取向、决策判断能力将会完全展现在你的面前。

【案例 2-3】情景面试法的应用。

面试者角色：人力资源总监

直接上级：总经理

情景：

公司研发副总经理李总找到你，希望就他当前工作中遇到的困惑寻求你的帮助。

研发中心的助理是公司 3 年前招聘的大学生，近期再次和他提到待遇问题，希望公司给她加工资。李总了解情况后发现，这名员工不但和他提了此事，还在其他部门员工中间发牢骚，说同期来的大学生同事的工资都比她高，想起自己在公司工作 3 年了，工作也很努力，也和上级提过几次待遇问题，但始终没有得到解决，觉得没什么发展前途，这次如果再不加工资就要走人。

李总评价这名员工是自己亲自培养的，目前工作能够胜任，其间也曾经按公司的规定调过工资，但幅度不大，可能离她的期待值有一定差距。之所以没有给她额外加工资是因为希望她能够表现得更加优秀一些，为此也曾多次和员工本人沟通，但收效不大。这次到其他部门发牢骚，影响非常不好，如果给她加了，会给其他同事造成不好的印象；如果不加，又要重新招聘培养人，部门工作会受到影响。希望人力资源能够从专业的角度给出建议。

【问题】是否挽留这名员工，请给出明确的意见（留或不留），并说明理由。

【考察点】

（1）人际理解能力。分析理由时应当能够考虑到研发副总经理、秘书、人力资源总监三个不同的角色。

（2）决策判断能力。在两难情景中的价值取舍及决策能力。

（3）专业技能。如何给非直接上级提建议、员工岗位胜任能力分析与提炼能力等。

HR 总监通常会面对直接上级、非直接上级、直线部门、员工等多个不同的角色，很多 HR 会把工作理解为在公司和员工中寻找“平衡”。其实，HR 必须在深刻理解公司经营战略的基础上有清晰的价值导向，并且努力在公司内部推动这种文化。本案例中，单纯认为应该给员工加工资的候选人在实际的工作中将会碰壁，并且可能引起更大的麻烦。良好的胜任力特征表现在以下 5 个方面。

（1）首先能够给出明确的判断，这种情况下不能够给员工加工资，是否挽留则根据沟通后的具体情况判断。

（2）能够指出这名员工在职位胜任力上存在问题，作为公司高层领导的秘书，稳重、保守机密、能够在压力下控制情绪是基本的职位要求。在这点上，强势的候选人会认为这名员工不能胜任岗位工作，建议离职或者调岗；相对稳重的候选人则会建议技术副总通过沟通和进一步观察决定，以免影响部门工作。

（3）建议由 HR 找员工本人谈话，指明员工在对待工资问题上存在的问题（尤其是到其他部门表达不满意情绪的做法），同时说明公司的薪酬策略。

（4）能够就案例中员工离职后的后续人选提供备选方案，如在不影响工作的情况下尽快展开招聘、内部调岗等，优秀的候选人会从人才梯队的角度提供备选方案。

（5）在人际理解能力方面，候选人分析员工不能胜任工作时要能够考虑到研发副总经理“这名员工是自己一手培养的，目前工作能够胜任”的心理基础，避免造成误会和沟通障碍。此外也要能够在谈话中有策略地了解造成员工关系紧张局面的原因，以探讨的方式给出研发副总经理建议。

实操要点：

面试官要将自己置身为研发副总经理，现场演绎并适当制造压力气氛。如当候选人指出员工胜任力不足时，可直接发问：“你是说我培养了三年的人并不适合这份工作？我的培养方法有问题？”候选人提出辞退员工时可发问“那你要马上给我一个能够胜任的人，否则我的工作会受到影响怎么办？”候选人提出找员工谈话时发问“我都找他谈过不知道多少次了，你是怀疑我的谈话水平？”在这种压力气氛下，候选人的底子深浅会完全流露出来。

在运用此案例时，经验不足的 HR 通常会选择给员工加工资，当我们追问如果加了工资其他部门员工也来效仿，并以辞职威胁公司时如何处理，候选人回答员工有能力就应该加工资，表现出分析判断问题时的狭隘和局限性；也有候选人认为不能加工资，且反复强调能够通过谈话说服员工，这种候选人往往过多考虑个人层面，没有顾及研发副总经理的感受，认识到员工错误行为造成的后果。还有的候选人提出给员工处分，避免这种行为在公司滋长，这些都是单一角度的做法，还不能够成为一名成熟、站在专业和公司文化的角度看问题的优秀的 HR。

通过胜任能力分析，大家可以看到，针对性强的情景面试案例能够非常有效地帮助面试官判断候选人的能力素质，配合相应的技巧，可以完全避免在结构化面试过程中由于候选人充分的“准备”导致的面试可信度和准确率低的问题。

2.5　规范流程，做好员工入职管理

2.5.1　面试通知与录用风险防范

在发放面试通知与录用新员工时为有效防范用工风险，HR 应掌握如下知识要点。

（1）录用通知书具有法律效力，一旦发出就对企业产生相应的约束，如操作不当就会发生风险。录用通知书的法律效力从《中华人民共和国合同法》（以下简称《合同法》）原理来看，属于一种要约性质，即企业发出录用通知书送达求职者之时要约生效。只要求职者对《录用通知》做出回应，用人单位就有责任履行其中承诺。

通常很多企业会先给求职者发一份录用通知书再签订劳动合同，录用通知书内一般也包括和劳动合同相近的条款，如工作职责、工作地点、薪酬福利，甚至有些单位的录用通知书的格式内容和劳动合同几乎一样，但两者适用的法律是不同的，录用通知书受《合同法》约束，而劳动合同受《中华人民共和国劳动合同法》（以下简称《劳动合同法》）的约束。但根据《合同法》第十六条的规定，企业发出录用通知书的行为类似于要约，因此录用通知书法律性质可以认定为要约行为而不能等同于劳动合同。

（2）根据《合同法》十六条规定的“要约送达要约人生效”来判断。只要书面寄出的信件或者电子邮件到达求职者的手上或者电子邮箱中，录用通知书就生效了。《合同法》十七条规定：“要约可以撤回。撤回要约的通知书应当在要约到达受要约人之前或者与要约同时到达受要约人。”即企业在录用通知书发出后只要再发一封要约撤回函，并且早于或者同时与录用通知书到达求职者手上，录用通知书可以撤回。

除录用通知书上明确可以撤销或撤回的情况外，用人单位不得随意撤回或撤销，否则就属于单方面撤销合同，如求职者证明因用人单位违约行为遭受损失，那么用人单位就应该对该损失承担赔偿责任。

（3）录用通知只对用人单位产生法律约束。企业发出录用通知书后，如果求职者没有给出承诺或者求职者已经另谋他就，都会导致录用通知书失效。

目前一些中小型企业在录用通知上没有注明录取通知承诺的限期，这会导致如果求职者过了几个月再接受承诺，但此时企业也因为一直没有得到求职者的承诺而另招他人入职，这样企业就处于尴尬的境地。因此，企业在发出录用通知书时一定要写明两点：一是要在录用通知书中写明要约的有效期，如果超过规定的时间后求职者再给企业承诺的话，承诺无效；二是在录用通知书上应强调求职者的承诺应当是书面的或者电子邮件方式的，这样做有利于万一发生纠纷不会有因为举证不能而承担不利的后果。

（4）录用通知书经常与劳动合同不一致，因此必须在劳动合同中明确以劳动合同为准。

2.5.2　员工的背景调查

求职者往往存在虚假的经历，更有甚者有意进行伪装，特别是重要岗位，例如：中高层管理岗、财务岗、法务岗等，需要进行对员工的诚信度和信息的真实性进行核实。在招聘工作中，面临的种种风险可以归纳为岗位胜任风险、法律风险、职业操守风险、成本风险四大类。

录用人才的主要风险来自应聘者素质与企业要求之间的差异，而来自内部的风险不仅是试用期员工给企业造成的成本损失及企业顾主品牌形象风险的可能，还可能危害及企业内部员工，客户与股东的利益。这些风险最后集中于人力资源管理部的招聘工作。

【案例 2-4】未做背景调查的财务经理案例。

深圳某微电子厂在招聘财务经理时，由于对录用人员的背景不够了解，就办理了该员工的入职手续。半年后，该公司发现账上的 100 多万元现金不翼而飞，而财务经理不久后便不知所踪。虽然后来公安机关对此事做了处理，但给公司短期内造成的损失是无法弥补的。

造成该事件的主要原因在于：现今面试把握主要在求职者的简历、学历及面谈结果，对于应聘者的背景资料不了解，对拟录用员工的诚信度、犯罪记录等不知晓，对此，企业应当对重要岗位进行背景调查，充分了解拟录用员工的过往经历，尤其是调整该员工的工作经历、学历教育、工作情况、同事或原公司对该员工的评价、职业道德、业绩状况等，深入了解被调查者的工作能力、诚信状况等，能有效降低企业的资金、技术和人员损失等风险。

一份全面而合法的员工背景调查报告，可以为企业节省未来不必要的开支，规避用人风险，减少企业招聘和培训以及再培训相关的费用开支，更重要的是为企业选用可靠的人才，避免对公司和客户造成损害从而促进企业产生更大的效益。

1. 员工背景调查的内容与注意点

员工背景调查内容一般可包括如下 3 个方面。

（1）求职者的基本信息调查。包括求职者的身份信息、教育背景、学历真伪、工作经历、离职原因、原单位工作业绩等，针对一些专业岗位，像财务或其他技术类岗位，可能还会对求职者提供的专业资格证书进行验证。

（2）前公司关键人员的评价。由于背景调查是针对求职者的职业经历，所以员工前公司的几个关键人物可以进行沟通了解。第一个人是求职者原公司的老板，对候选人前一阶段的工作能力和专业水平给出评价。第二个人是前公司的 HR，对候选人之前的绩效表现、工作考核评定给出参考；第三个人是前公司的同事，背景调查时，求职者的同事或下属对候选人的评价也可作为参考。

（3）关于求职者职业道德与操守的调查。特殊岗位的应聘者，比如财务、管理人员、关键技术人才需要对求职者的职业道德、诚信度、犯罪记录、网贷等进行调查。

当然不同岗位的求职者背景调查的侧重点是不一样的，基层员工和毕业生重点验证包括学历在内的基本信息；中高层管理岗位，在背景调查时要更加注重求职者的职业素养与能力，例如专业能力、管理能力、沟通能力、决策能力以及过往的经历；如果中高层管理岗位会涉及企业的关键信息和核心技术，还可能会对一些敏感信息（是否可能是同行过来的卧底）做背景调查。

2. 背景调查的方式与登记表

求职者背景调查的主要方式有三种：第一种是电话调查；第二种是委托调查机构调查；第三种是利用 HR 行业联盟调查。在调查过程中注意只调查与工作内容相关的情况，不要调查求职者的私人生活，并且尽量做到客观、真实，避免主观偏差。

同时，HR 在实施背景调查后要完善相应的背景调查表格登记，如表 2–3 所示。

表 2–3　重要岗位员工背景调查表

<table>
<tr><td>姓名</td><td></td><td>性别</td><td></td><td>年龄</td><td></td><td rowspan="4">（照片区）</td></tr>
<tr><td>学历</td><td></td><td>调查时间</td><td></td><td>电话</td><td></td></tr>
<tr><td>应聘部门</td><td></td><td>岗位</td><td></td><td>职级</td><td></td></tr>
<tr><td colspan="2">被调查单位及个人</td><td colspan="2"></td><td>调查方式</td><td></td></tr>
<tr><td colspan="7">1. 该员工原单位名称：</td></tr>
</table>

续上表

<table>
<tr><td colspan="2">2. 原单位工作时间：　　年　月　日至　年　月　日</td></tr>
<tr><td colspan="2">3. 原月薪标准：　　　　　　原年薪标准：</td></tr>
<tr><td colspan="2">4. 员工的品行是否良好？　　　是□　　否□</td></tr>
<tr><td colspan="2">5. 员工在原岗位上的业绩表现：</td></tr>
<tr><td colspan="2">6. 与原单位的同事、上司关系如何：</td></tr>
<tr><td colspan="2">7. 原单位是否有奖惩记录：　奖□　　罚□　　无□</td></tr>
<tr><td colspan="2">8. 离职原因：　自动离职□　辞退□　解除劳动合同□　其他□</td></tr>
<tr><td colspan="2">9. 家庭状况：</td></tr>
<tr><td colspan="2">10. 有无不良（犯罪）记录：　是□　　否□</td></tr>
<tr><td colspan="2">11. 其他补充内容：</td></tr>
<tr><td>对被调查人的综合评价：</td><td>是否聘用该员工：
是□　否□</td></tr>
<tr><td colspan="2">部门负责人意见：</td></tr>
<tr><td colspan="2">人力资源管理部负责人意见：</td></tr>
<tr><td colspan="2">总经理意见：</td></tr>
</table>

2.5.3 员工入职资料的收集与手续办理

1. 新员工应递交的入职资料

新员工入职时 HR 应尽量收集员工相关的资料，以避免后期再次向员工索要资料的麻烦，同时可以有效规避一些风险，具体来说新员工入职应递交的相关资料包括以下几项，如表 2-4 所示。

表 2-4 新员工应递交的入职资料

新员工应递交的相关入职资料	
需递交复印件	1. 身份证；2. 毕业证书；3. 学位证书；4. 职业资格证书；5. 银行卡复印件
需递交的原件	1. 离职证明；2. 体检报告；3. 个人照片；4. 社保及公积金转出手续单；5. 原企业培训服务期责任说明；6.《录用通知书》；7.《劳动合同》签订；8. 公司规定上交的其他材料

2. 新员工入职手续办理

新员工正式入职公司，HR 要为其办理完善的入职手续，主要有以下工作要做，HR 可对照清单执行，如表 2-5 所示。

表 2-5 员工入职手续清单

个人资料	姓名		性别	
	部门		职位	
	直接领导		员工代码	
入职前确认以下项目				
序号	项目	确认状态	负责人	签字
1	入司日期			
2	向公司同事介绍			
3	介绍管理层			
4	照片收集			
5	身份证、学历证复印件			
6	履历表			

续上表

序号	项目	确认状态	负责人	签字
7	胸卡、工号、工服办理			
8	部门参观			
9	新员工培训			
10	确定调档时间			
11	岗位职责培训			
12	名片、文具等物品领取			
13	办公桌、住宿安排			
14	保险办理			
15	员工档案建立			
16	其他入职前工作			

2.5.4　新员工的入职引导

新员工的入职引导是 HR 的基础工作，绝大多数的公司和 HR 都会做，只是做的深度和细致度不同。入职引导在入职培训之前，更多的是在新员工报到入职第一天、第一周和第一个月要重点做好的工作，它可不是带着新员工转一圈认识一下同事这么简单，而是需要做好许多方方面面的细致工作，正所谓“细微之处见真情，细节之上显专业”，入职引导做到热心和细节很重要。

现在大多数公司都在推行导师式（或者师徒制），入职引导由 HR 和新员工的导师（师傅）来共同完成，导师一般由部门的有责任和有经验的老员工或直接主管担任。

1. 新员工入职引导人力资源管理部的工作

（1）指导并协助新员工办好入职手续，帮其办好工牌、门禁、饭卡、登记考勤指纹等，有住宿舍需求的还需办理入住手续，安顿好新员工。

（2）公司周边地理环境、交通乘车、银行医院、租房、餐饮等信息介绍，公司内部办公环境指引，如各部门办公区域分布、洗手间、茶水间位置指引等。

（3）提前安排好其办公室或工作座位，办公用品领用发放、电脑/内外网/邮箱配置、OA 系统等账号建立和密码设置等。

（4）公司概况介绍，五险一金缴费扣款、发薪日等的介绍，公司考勤制度、办公室 5S（Seiri，整理；Seiton，整顿；Seiso，清扫；Setketsu，清洁；Shitsuke，素养 5 个项目，简称 5S）、宿舍管理制度、员工手册等规章制度和企业文化的简单培训（入职培训时还会全面详细介绍）。

（5）引见部门负责人及导师，将新员工移交给用人部门管理。

2. 新员工入职引导导师应做的工作

（1）带领新员工认识部门同事和相关领导，熟悉部门工作环境和氛围，介绍部门工作目标和方向，团队成员组成和工作分工等。

（2）岗位试用期工作目标确定、任务安排，岗位工作职责和流程培训，试用期转正考核标准和方式的确定等。

（3）入职第一天陪新员工共进午餐，熟悉食堂就餐流程或公司周边餐厅状况等。

（4）新员工试用期工作指导，帮助其解决碰到的困难和问题等。

（5）做新员工生活好帮手，担任公司文化价值观的第一宣导者和新员工日常行为规范的教导员。

（6）新员工心态关注和试用期工作考核监督等。

入职引导需要 HR 部门和业务部门的通力协作，需要 HR 和导师的共同努力，像对自己的亲人一样给予新人无微不至的关怀和指导，新人快速融入和上岗就自然水到渠成了。

3. 入职引导的四个基本要求

第一，制度保证。公司在招聘管理办法中，对新员工入职引导进行规定，对公司 HR 部门和用人部门进行统一的要求，一是 HR 部门要依据入职员工的职位进行相应的公司级入职培训，并经书面考试合格，并如实回答入职员工的疑问；二是用人部门必须为其指派一员“师傅”，时长为试用期，指导其工作，对其工作表现进行时时跟踪并如实传达给上级，并给表现优秀的“师和徒”给予物质奖励。既可以及时发现试用不合格人员以做出处理，又可以发现优秀的或人岗不匹配的情况进行提前转正或转岗等处理。

第二，统一对待。入职引导的“师傅”都是新员工的直接上司，“师傅”们利用平时的交流沟通、分派工作、开会、汇报等形式对新员工进行入职引导，同时对其业绩和综合表现进行跟踪，个别直接上级不方便处理的事，将会同 HR 部门或其他领导出面共同处理。在引导中，技术和销售人员是比较容易出问题的，他们大多认为自己有能力，对其他人包括上级都不一定看得上眼，所以就需要对他们多进行沟通交流、团队协作方面的培训和指导，让其真正明白，不管自己个人能力多强，一个人也做不了多少事，都需要别人的配合和支持，团队的力量才是最大的。

第三，及时跟踪。HR 部门对每位新员工的表现都要求用人部门及时反馈，可以是书面反馈也可以是口头反馈，如果过了试用期再来反映说试用不合格，用人部门需承担“不作为”的责任。同时，HR 部门也会对某些重要岗位新员工进行调查和抽查，以弥补用人部门可能造成的工作失误。

第四，及时处理。对“师傅”们反馈说新员工表现欠佳或建议以试用不合格不予录用的情况，HR 部门应及时了解情况，如新员工认识到自己的不足愿意改正，与用人部门协商后可再给一周左右的观察期，如合格则继续试用，如不合格则劝其离职；对“师傅”或用人部门反馈说表现优秀建议提前转正的，HR 部门必须深入调查，坚持以事实和证据为准，如确属优秀，同意部门意见呈上级批准，如属一般表现，则讲明理由，不予同意。

2.5.5　新员工的入职培训

1. 迎新仪式

一般的中小型企业，可以以月为周期对入职的新员工进行批量培训，由人力资源管理部统一安排迎新仪式，由总经理致辞，人力资源管理部做培训动员，新员工代表发言。人力资源管理部引入团队合作与竞争的意识，对新员工随机分组，采取小组竞争的形式进行新员工入职培训，事先公布竞争规则。

2. 新员工入职培训

（1）人力资源管理部全面负责新员工的入职培训工作，收集、编写、整理新员工入职培训课件，负责培训期间的考勤、纪律等。

（2）入职的新员工，由人力资源管理部组织相关部门进行入职培训，培训内容包括：公司发展历程、规章制度、公司文化、职业态度及职业心态、办公室礼仪、5S 基础培训、安全意识等。培训结束后，由人力资源管理部组织考核。

3. 培训总结仪式

（1）新员工入职培训后，由人力资源管理部组织相关部门对学习内容进行考试，并在一个工作日内进行评分。

（2）每月入职的新员工，由人力资源管理部组织召开培训总结仪式。对入职培训中成绩优秀者进行表扬，组织各小组进行团队才艺展示，组织传帮带导师和新员工现场签订《传帮带协议书》，组织“最佳传帮带导师”与新员工进行座谈，交流工作中的心得体会，优秀企业文化展示等。

4. 传帮带导师制

（1）“传”：传授工作技能、传承企业文化，强调知识、技能、文化的传播和师徒之间的良好沟通。

（2）“帮”：帮助新员工解决实际困难（生活中、工作中）、指导员工从思想上树立正确的观念。

（3）“带”：带领新员工学习、带动新员工进步。传帮带导师要充分发挥模范带头的作用，言传身教，以实际行动来影响新员工。

第3章 知人善用，发挥人才最大价值

本章主要介绍如何进行有效的职业测评、人岗匹配；如何根据不同员工的特性与价值点做好人才搭配；如何组建团队，发挥 1+1>2 的效果以及如何实现组织优化，提升人力效能。

3.1 知人善用，把合适的人放在合适的位置

3.1.1 岗位分析与人员分析

杰克·韦尔奇曾说：“用人之道，其精髓就是将合适的人放在合适的位置上，使其长处得以发挥，短处得以克服。这样个人和组织都能得到持续的发展。”

“知人善用”的核心是人岗匹配，它是根据“岗得其人”“人适其岗”的原则，根据不同个体间不同的素质将不同的人安排在各自最合适的位置，从而做到“人尽其才，物尽其用”。人岗匹配能有效实现个人与企业的双赢，对个人而言能实现职业发展的最优化，对企业而言能实现人才作用的最大化，能有效发挥员工能力，激发员工工作动力。

人岗匹配一般包括：知岗、知人、匹配三部曲，如图 3-1 所示。

图3-1　人岗匹配三部曲

1. 知岗——工作分析

人岗匹配的起点是知岗，如果脱离了岗位的要求和特点，单纯从人员的角度来分析人岗匹配显然是不科学的，而知岗最基础也是最重要的工作是工作分析。所谓工作分析，是对某项工作，就其有关内容与责任的资料，进行汇集及研究、分析的程序。

工作分析的内容主要包括：该岗位基本资料、岗位工作任务分析、岗位工作职责分析、岗位关系、工作环境分析、岗位对员工的知识、技能、经验、体能等必备条件的分析。

工作分析是一项复杂而又细致的工作，其工作程序主要包括以下 7 个步骤：

（1）制定岗位调查方案，明确调查目的、对象，确定调查项目、表格、时间及方法。

（2）进行思想动员，建立项目小组、组织学习。

（3）收集、汇总分析企业现有的背景资料，如组织架构图、各部门职责、公司业务、公司岗位序列等。

（4）全面展开岗位调查、访谈，对岗位进行认真细致的调查、分析。

（5）在调查、分析的基础上，形成岗位职责说明书。

（6）由项目小组内部审核、修改。

（7）与岗位的直接上级领导、公司分管领导进行最终修改、确认。

工作分析的流程图，如图 3–2 所示。

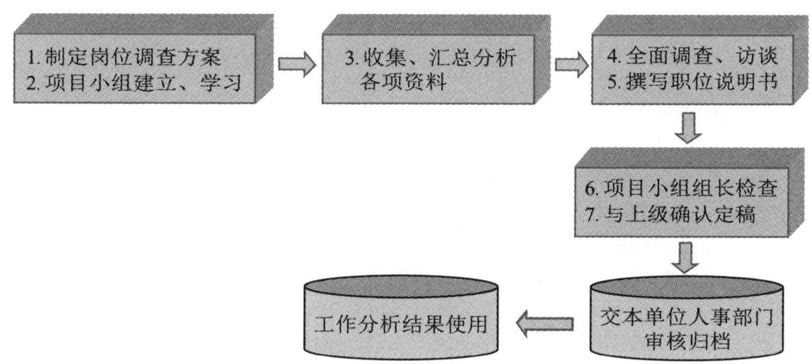

图3–2　工作分析的流程图

工作分析的直接结果是岗位职责说明书，它是人力资源管理科学化的基础，在人岗匹配中起着重要的作用，分别如下：

（1）明确岗位所需要人员的条件。

（2）确定岗位招聘人员所需的资历。

（3）根据岗位职责确定岗位薪酬。

（4）根据岗位所需技能制定该岗位现在人员的培训发展计划。

岗位职责说明书主要包括岗位基本资料（包括岗位名称、岗位工作编号、汇报关系、直属主管、所属部门、工资等级、工资标准、所辖人数、工作性质、工作地点、工作岗位分析日期以及岗位分析人等）、岗位工作概述（简要说明岗位工作的内容）、岗位工作职责（包括直接责任与领导责任，列出任职者的工作职责）、岗位工作资格（从事该项岗位工作所必须具备的基本资格条件，主要包括学历、个性特点、体力要求以及其他方面的要求等）。岗位说明书范本如表 3-1 所示。

表 3-1　招聘主管的岗位说明书

职位名称	招聘主管	**所属部门**	人力资源管理部
直接上级	人力资源管理部经理	**直接下级**	招聘专员
职位概要	制订并实施公司各项招聘计划，完成招聘目标		
任职资格	学历专业：专科及以上学历，人力资源管理、培训管理以及法律等相关专业，受过现代人力资源管理技术、劳动法律以及财务会计基本知识等方面的培训		
	工作经验：3 年以上企业招聘工作经验		
职责	根据现有编制及业务需求，协调、统计各部门的招聘需求，编制年度人员招聘计划 建立和完善公司的招聘流程和招聘体系 利用各种招聘渠道发布招聘广告，寻求招聘机构 执行招聘、甄选、面试、选择、安置工作 进行聘前测试和简历甄别工作 充分利用各种渠道满足公司的人才需求 建立后备人才选拔方案和人才储备机制 及时解决新人培训过程中出现的问题，保证培训工作的顺利进行 与外部单位建立良好的合作关系，满足公司员工外部培训的需求 为公司员工创建良好的学习机会与氛围 完成上级领导交办的其他与招聘有关的工作		
技能技巧	对人才的发现与引进、组织与人员调整、员工职业生涯设计等具有丰富的实践经验 对人力资源管理事务性工作有娴熟的处理技巧 熟悉企业的招聘流程及各种招聘渠道 熟悉计算机操作办公软件及相关的人事管理软件		
能力素质	人际关系良好，具备很强的责任感和事业心 具有较强的管理能力、人际沟通与协调能力、计划与执行能力 较高的敏感度及一定的判断和决策能力 性格外向，有良好的职业道德和职业操守 善于沟通与协调，良好的团队合作意识		

续上表

考核指标	年度员工的招聘计划的执行情况 部门对空缺岗位实际到岗的满意程度 部门员工对外部门培训计划的满意情况以及效果 领导的满意度
工作条件	工作场所：办公室以及招聘场地 环境状况：舒适 危险性：无危险，无职业病危险

注意：编制工作说明书，是为企业的招聘录用、工作分派、人岗匹配、签订劳动合同等提供原始资料和科学依据。因此，在编写工作岗位说明书的过程中，为了保证其科学性，应当严格按照工作岗位说明书的标准进行编写，用统一的格式，由专门的工作小组负责汇总，填写规范，字迹清晰，用语规范，职责明确。

工作分析常用的方法有：观察法、问卷调查法、访谈分析法、工作日志法、关键事件法、管理职位描述问卷法等，如图 3-3 所示。

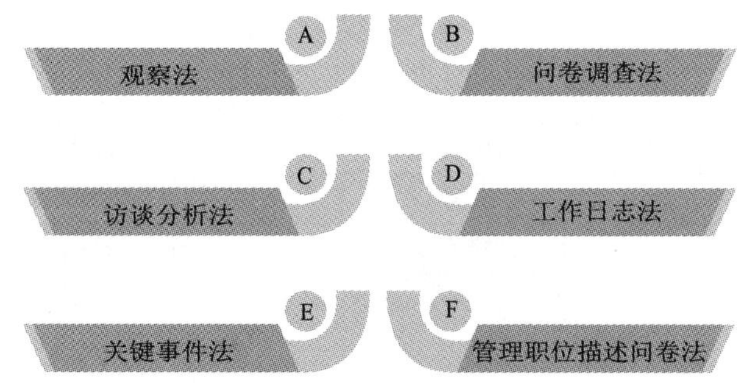

图3-3　工作分析常用方法

（1）观察法。

观察法指在工作现场直接观察员工工作的过程、行为、内容、工作能力等，并进行记录、分析和归纳总结的方法。观察法又可分为直接观察法、阶段观察法、工作表演 3 种。运用观察法进行岗位分析时，可事先拟定一个观察提纲并在观察过程中形成观察记录，其示例如表 3-2 所示。

表 3-2　工作岗位分析观察记录表

<table>
<tr><td rowspan="2">基本信息</td><td>被观察者</td><td></td><td>岗　　位</td><td></td><td>所属部门</td><td></td></tr>
<tr><td>观察者</td><td></td><td>观察日期</td><td></td><td>观察时间</td><td></td></tr>
<tr><td>记录内容</td><td colspan="6">何时开始工作
工作前的准备工作有哪些
工作的时间与强度怎样
工作期间的工作内容有哪些
工作环境怎样
工作中用到的工具、技术有哪些
工作难度与机械化程度怎样
与内外部的联系怎样
本岗位是否需要别人的帮助与配合
本岗位的价值点主要在哪里</td></tr>
</table>

（2）问卷调查法。

问卷调查法是根据工作分析的目的、内容等，事先设计一套岗位调查问卷，由被调查者填写，再将问卷加以汇总，从中找出有代表性的回答，以便对工作相关信息进行描述的一种方法。问卷样本如表 3-3 所示。

表 3-3　工作岗位分析问卷调查表

<table>
<tr><td>职位名称</td><td></td><td>职位系列</td><td></td><td>填表人</td><td></td></tr>
<tr><td>部门名称</td><td></td><td>工号</td><td></td><td>填表时间</td><td></td></tr>
<tr><td>直接上级</td><td></td><td>直接下级</td><td></td><td>审核人</td><td></td></tr>
<tr><td>工作职责概述</td><td colspan="5"></td></tr>
<tr><td>工作权限</td><td colspan="5"></td></tr>
<tr><td rowspan="2">工作关系</td><td>内部关系</td><td colspan="4"></td></tr>
<tr><td>外部关系</td><td colspan="4"></td></tr>
<tr><td rowspan="7">工作特征</td><td>工作环境</td><td colspan="4"></td></tr>
<tr><td>出差情况</td><td colspan="4"></td></tr>
<tr><td>工作时间要求</td><td colspan="4"></td></tr>
<tr><td>技能要求</td><td colspan="4"></td></tr>
<tr><td>需用到的设备</td><td colspan="4"></td></tr>
<tr><td>工作强度</td><td colspan="4"></td></tr>
<tr><td>危险（害）性</td><td colspan="4"></td></tr>
</table>

续上表

工作内容	重要性及工作难度	工作量
任职资格项目	**本岗位所需的最低标准**	
学历与职称		
专业知识和技术		
工作经验		
计算机与英语水平		
需接受的培训		
个性特质或性格要求		
领导能力		
策划能力		
营销能力		
人际沟通与合作能力		
文字处理能力		
语言表达能力		
创新能力		
公关与谈判能力		
本岗位应遵守的工作规范		
可升级、降级或可换岗位的职位		
岗位分析结果	例如，可综合得出本岗位的价值大小，是否应该设此岗位；此岗位应归为哪个岗位系列、哪个等级等（由岗位分析汇总人填写）	

（3）访谈分析法。

访谈分析法是访谈人员通过对某一岗位的访谈对象按事先拟订好的访谈提纲进行面对面交流和讨论并收集岗位信息的一种方法。访谈提纲的示例如表 3–4 所示。

表 3-4　岗位分析访谈提纲样表

被访谈者姓名：　　　　部门：　　　　访谈时间： 采访者姓名：　　　　审核人： 一、岗位分类 □管理类岗位　□销售类岗位　□技术类岗位　□职能类岗位　□操作类岗位　□外包岗位 二、工作目标与责权利 请用 2 ~ 3 句话概括您工作的主要内容是什么，以及要达到怎样的目标？ 本岗位的主要职责是什么？ 本岗位的主要权利有哪些？ 三、任职资格 从事本岗位所需具备的学历水平、工作经验、技能要求是怎样的？ 如果一个新员工或转岗的员工担任此岗位，您觉得他（她）需要多长时间才能适应此岗位？ 担任此岗位需哪些培训与能力训练？ 四、工作时间与强度 您正常工作的时间是几点到几点？ 平时工作量是否饱和？是否有加班？ 此工作岗位是否有危险（害）性？是否有可能患职业病倾向？ 工作期间出差多否？ 五、绩效标准与工作结果评定 衡量本岗位工作成效的绩效标准有哪些？是否可量化？ 您一般实际完成工作的情况与绩效标准之间存在何种差距？ 本岗位工作结果的显现是阶段性的还是长期性的？ 六、工作设备与机器操作 请您描述工作需使用哪些设备，并说明使用的频率。 1. 必须使用： 2. 经常使用：

（4）工作日志法。

工作日志法是通过让员工在一段时间内以工作日记或工作笔记的形式记录日常工作活动而获得有关岗位工作信息资料的方法。

采用该方法时，工作分析人员可事先设计好记录所需的工作日志表，让员工按照要求及时地填写职务内容，按时间顺序记录工作过程，然后归纳、提炼、总结，从而获得工作信息。工作日志如表 3–5 所示。

表 3–5　岗位分析—工作日志表

<table>
<tr><th colspan="2">工作内容</th><th>工作事项</th><th>处理时间</th><th>完成情况</th></tr>
<tr><td rowspan="4">每日例行工作</td><td rowspan="2">上午</td><td></td><td></td><td></td></tr>
<tr><td></td><td></td><td></td></tr>
<tr><td rowspan="2">下午</td><td></td><td></td><td></td></tr>
<tr><td></td><td></td><td></td></tr>
<tr><td colspan="2">临时交办事项</td><td></td><td></td><td></td></tr>
<tr><td colspan="2">本阶段重点工作</td><td></td><td></td><td></td></tr>
<tr><td colspan="2">分析结果（由岗位分析汇总人填写）</td><td colspan="3">一、本岗位重点工作内容
1.
2.
3.
……
二、本岗位的价值点在哪里
1.
2.
3.
……
三、胜任本岗位员工素质、性格、经验等
1.
2.
3.
……</td></tr>
</table>

（5）关键事件法。

关键事件法是一种行为分析技术，它要求分析人员、观察人员对被观察者工作过程的“关键事件”进行详细的记录，借此来考查某岗位员工的岗位差异处或技术难度处，如表 3–6 所示。

表 3-6 关键事件描述记录单

行为者		地点		时间		观察者	
事件发生背景							
事件者的行为							
行为的结果							
关键事件分析结果							
本岗位的核心与价值在哪里							
本岗位的难度在哪里							

（6）管理职位描述问卷法

管理职位描述问卷法（Management Position Description Questionnaire）是一种注重工作行为内容研究的技术方法，管理职位描述问卷的工作分析结果，对评价管理工作、决定该职位的培训需求、管理工作分类、薪酬评定、设计绩效评估方案等人事决策活动具有重要的指导作用。

2. 知人——胜任素质

在企业管理与实践中发现，“胜任素质”是帮助企业实现人岗匹配最有效的工具。“胜任素质”由著名心理学家、哈佛大学教授戴维·麦克利兰提出，它是被广大 HR 公认的最科学、有效的知人评价方法。它是从组织战略的发展需求出发，以强化竞争力，提高实际业绩为目标的一种独特的人力资源管理的思维方式、工作方法、操作流程。

胜任力素质模型在人力资源管理活动中起着基础性、决定性的作用，它为企业的工作分析、人员招聘、培训考核以及人员激励提供了强有力的依据，它是现代人力资源管理的新基点。胜任力模型的特点主要有以下四种：

（1）关注产生高绩效的关键性因素。

（2）与组织的愿景、价值观和经营战略紧密相关。

（3）形式简单，最多包括 4 ~ 6 项素质要求。

（4）通俗易懂，能够为管理者及员工接受。

一套完整的岗位胜任力模型应包括：胜任力模型、指标名称、指标定义、指标维度、行为等级及行为描述等，而简单的胜任力模型可以没有模型结构或行为描述。

胜任力模型构建的主要方法有：问卷调查法、行为事件访谈法、专家小组讨论法、工作任务分析法、标杆分析法、胜任素质辞典分析法、素质卡片简易建模法等，如表 3-7 所示。

表 3-7　构建胜任力素质模型常用方法

方法	简单说明	优缺点
问卷调查法	问卷调查可分开放式问卷和封闭式问卷两个维度设计，开放式问卷主要用于收集企业员工的行为范例，让胜任力模型的行为表现更具企业特色和个性语言；封闭式问卷只列出胜任素质的名称和定义，让调查对象选出他们认为最为重要的若干胜任素质	优点：操作便利、高效，能在大范围收集构建胜任力模型的素材，后台统计方便 缺点：不确定因素多，存在偏向性引导问题
专家小组研讨法	邀请一些胜任力专家，请他们进行头脑风暴、深度会谈，决定哪些是完成工作需要的胜任能力，或者杰出表现者的行为特征 专家组成：研究岗位的直属主管、该岗位的超级明星、外部专家、人力资源专家等	优点：①快速、有效收集信息；②专家参与和达成共识，对胜任力模型的后续应用支持有帮助 缺点：①可能使用传统认知里的价值观，对于能力预测无益；②专家团缺乏心理学或胜任力技术方面的术语，可能忽略重要的能力
工作任务分析法	分析员工或观察者在特定一段时间内，将工作任务、功能或行动详细列出来，以书面问卷、时间记录表、个人或团队访谈、直接谈话等形式	优点：①完整的工作分析可以帮助在工作设计、薪资分析和技能分析上产生完整的数据；②可以提供完整的“工作标准”；③可以确认佐证其他方法收集资料的准确性 缺点：过程复杂，难度大
行为事件访谈法	行为事件访谈法由麦克利兰博士结合关键事件法和主题统觉测验而提出，通过对访谈对象的深入访谈，收集访谈对象在任职期间所做的成功和不成功的事件描述，挖掘到影响目标岗位绩效的非常细节的行为。之后对收集到的具体事件和行为进行汇总、分析、编码，然后在不同的被访谈群体（绩效优秀群体和绩效普通群体）之间进行对比，从而可以找出目标岗位的核心素质	优点：目前胜任力建模过程中使用最为普遍的一种，科学规范，可操作性强 缺点：对访谈者的要求非常高，只有经过专业培训的访谈者才能在访谈过程中通过不断地有效追问，获得目标岗位相关的具体事件

3. 匹配——知人善用

人岗匹配的最后一步是知人善用，许多成功的管理者都是知人善用的高手，善于把合适的人放到合适的位置。

总结实践经验，人岗匹配主要可以从三个方面来综合分析：一是员工因素，包括员工的性格、价值观、自我期望（薪酬、自我发展、自我价值实现）、知识与技能及工作经验等。二是组织因素，包括组织氛围、组织行为模式、岗位自主性、领导管理风格等。三是环境因素，包括环境的稳定性与复杂性。人岗匹配又分员工导向与岗位导向两个维度，如果强员工导向那就是因人定岗，如果强岗位导向那就是以岗选人。人岗匹配“鱼形”模型如图 3−4 所示。

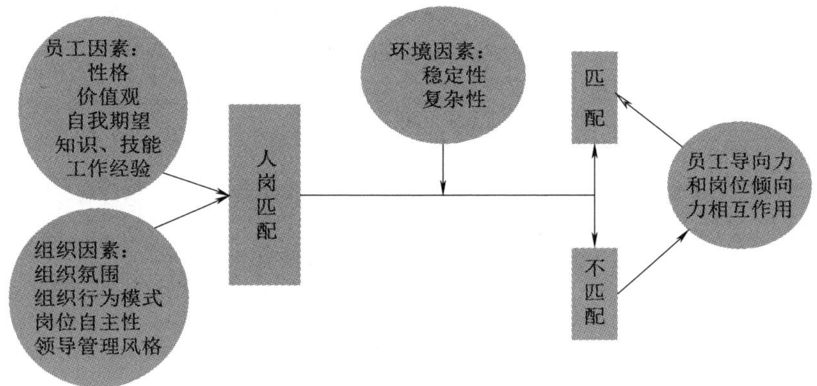

图3−4　人岗匹配“鱼形”模型

每个岗位有明确的要求，每个员工有不同的特性、经验、技能、天赋，不一定能力越强就越适合这个岗位，而是最符合这个岗位要求的才是最好的。很多企业喜欢用高配的员工，能力强又省钱，但这样的员工进入企业不久发现期望与现实相差甚远而选择离职。而过于低配的员工的能力远远达不到岗位的要求，结果白白浪费钱。因此，在岗位配置中一般的岗位用中配或适当低配的员工为佳，这样员工有上升的空间，企业效率也能得到保障。

除此之外，人岗匹配还要综合考虑员工与员工之间的匹配，员工与领导之间的匹配。比如一个部门全是男性员工或者女性员工，再招聘的时候就要选一个异性，就能起到很好的调剂作用。再比如，完美性格的领导配上一群大大咧咧的下属，那领导自然要“抓狂”。因此人岗匹配要综合考虑员工、岗位、组织环境、团队、领导等多重因素，知人善用的第一层级是让员工安心留下来，第二层级是发挥人才优势取得个人绩效，第三层级是团队搭配取得最佳组织绩效。

【案例 3–1】留不住人的招聘主管岗位。

一家小型公司创业 5 年，公司管理一直不太规范，公司高层领导要求变化快，以业务发展为重心，工作量大，人员变动也较频繁，在最近一年半时间，人事主管就更换了 6 个。

第 1 个待了不到 1 周，主要是员工个人感觉公司管理不规范，工作热情不高，个人情商也偏低，刚来公司几天就跟领导顶撞，自己离职了。

第 2 个在公司待了 3 个月，人力资源管理专业毕业 2 年的女生，本来想在公司好好干一番事业，首先分工负责招聘，发现公司招聘压力很大，新员工老留不住。后又安排她同时负责培训管理，事情多，忙得晕天黑地，老加班，在父母的干预下也离职了。

第 3 个是刚结婚不久的女孩，也待了不到 3 周，原因是她家庭条件很好，觉得工作辛苦，工资低，后经老公介绍去了更好、更清闲的公司。

第 4 个是经同事介绍，在公司时间待得长一点，但工作不太用心，有时会偷懒玩游戏，后被公司领导劝退了。

第 5 个是公司某领导介绍的亲戚，高中学历，对人力资源管理专业不太懂，也干了不到 1 个月，在自己多次要求下转岗了，原因是对这个岗位的确不太感兴趣。

如今第 6 个在公司待了 3 个月，也没有刚来时的干劲了，也有准备离职的想法……

【案例解读】

这个案例中出现的现象揭露出在人岗匹配中的种种问题。

（1）定标问题：公司没有明确的岗位用人标准、胜任力素质模型等，对于招聘主管这个岗位的要求不清、标准不明，岗位说明书也不量化。比如第 1 个情商低、眼高手低，第 5 个学历低、不太懂人力资源管理，这样的人选是不太适合做人力资源岗位的。

（2）选拔问题：企业在选人时要综合考虑员工情况，比如第 3 个刚结婚不久，家庭条件好，像这样的员工在筛选面试时，工作量、薪酬待遇方面应当事先向员工说明。

（3）匹配问题：员工与岗位的匹配是最为关键的，一个员工在某岗位上能否待多久，主要看员工的内驱力和核心胜任能力，内驱力是员工从事该工作的兴趣，核心胜任能力是员工从事该工作的技能水平，这两者不可或缺。第 4 个员工工作不用心，明显是工作的兴趣或动力不够。

（4）融入问题：新员工在企业能待多久，除了员工本身的岗位匹配外，还要看是否能快速融入团队，之所以前后多个员工离职，有可能说明这个企业的人力资源团队出现了问题，或者说上级人事经理或总监不会带人。另外公司的用人、留人文化可能也有问题。

3.1.2 职业兴趣测评与岗位匹配

1. 常见性格测评工具

性格是一种个体内部的行为倾向，具有独特性、整体性、结构性、稳定性等特点，对每个人外在的行为方式提供了统一的内在解释。从两千年前希波克拉底的“四液学说”开始，人类从未停止过对关于“性格”的研究，至今各学派林林总总，各有其美。根据多年的实践经验与广大 HR 的反馈，比较实用的性格测评工具有：PDP① 性格测评、DISC② 性格测评、MBTI③ 性格测评、卡特尔 16PF④、霍兰德职业测评、笔迹分析、九型人格等，如图 3-5 所示。

图3-5　HR常用性格工具汇总

① PDP：Professional Dyna-Metric Programs，简称 PDP，即行为特质动态衡量系统。

② DISC：Dominance Influence Steadiness Compliance，简称 DISC，是指对有关的人格特质对人进行描绘。

③ MBTI：Myers-Briggs Type Indicator，简称 MBTI。

④ 16PF：16 种人格因素问卷，简称 16PF。

（1）DISC 性格测评。

由 20 世纪 20 年代美国心理学家马斯顿博士提出，马斯顿设计了一种可测量 4 项重要性向因子的性格测验方法，这 4 项因子分别为支配（Dominance）、影响（Influence）、稳健（Steadiness）与服从（Compliance），这套测评以这四项因子的英文名第一个字母命名为 DISC。DISC 的性格测评将性格特征分为以下 4 种。

- D 支配型：外向、关注事，重视结果、目标性强，行动迅速、讲究效率、说话简要直接、不绕弯子、善于掌控局面、控制欲强、易怒。代表人物：拿破仑。
- I 影响型：外向、关注人，表现欲强、口才好、注重人际关系、说话语速快、肢体语言丰富，爱表现、喜欢标新立异、情绪波动大、爱好多。代表人物：克林顿。
- S 稳健型：内向、关注人，依赖团队、关注别人、喜欢和谐稳定、不喜欢改变、逆来顺受不懂得拒绝人、善于协调、有耐心、说话语速慢。代表人物：莫罕达斯 · 卡拉姆昌德 · 甘地。
- C 完美型：内向、关注事，注重细节、做事严谨、讲原则，重视逻辑、规则、高标准严要求、冷静、情绪变化不大，善于研究分析。代表人物：诸葛亮。

DISC 是目前市面上最流行的性格测评工具之一，简单易操作，已有 80 多年的历史，被众多世界 500 强采用。DISC 测评能系统地测评出“本我（内在）”“角色中的我（外在）”“他人眼中的我（总结）”，不仅能测评出员工的性格特征、决策与行事方式、管理风格，也能测评出员工的压力状况、能量值，从而判断员工的职场状态，从而做好离职防范。因此，DISC 测评广泛应用于：企业招聘、岗位匹配、人才盘点、团队管理、自我认知、领导力、沟通技巧、情感调节等，如图 3-6 所示。

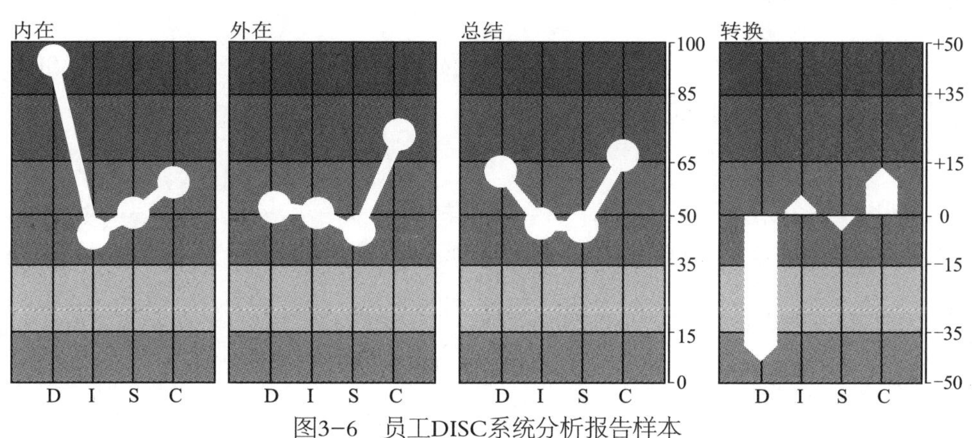

图3-6　员工DISC系统分析报告样本

（2）PDP 性格测评工具。

它是一个用来衡量个人的行为特质、活力、动能、压力、精力及能量变动情况的系统。PDP 根据人的天生特质，将人群分为 5 种类型，包括：支配型、表现型、耐心型、精确型、整合型。为了将这 5 种类型的个性特质形象化，根据其各自的特点，这 5 类人群又分别被称为“老虎”“孔雀”“考拉”“猫头鹰”“变色龙”，如表 3-8 所示。

表 3-8　PDP 性格类型

类型	动物	性格特征
支配型	老虎	权威导向、目标性强、实际、讲效率、勇敢、行动迅速、对事不对人、喜欢抓大方向、控制欲强
表现型	孔雀	同理心强、擅长语言表达、积极乐观、好玩；喜欢团队、喜欢与人有关的事、擅长激励、爱表现、创新能力强
耐心型	考拉	爱好和平、持之以恒、规律有耐心、喜欢做长远的考虑、不喜欢发生冲突与突发事件、喜欢团队合作，是和善、亲切、友好的倾听者
精确型	猫头鹰	喜欢精确，重视专业性，重计划，条理性强，注重规则、细节，完美主义、事必躬亲，保守严谨
整合型	变色龙	协调性佳、配合度好、团队的润滑剂、擅于整合内外部资源、兼容并蓄、人际关系较圆滑、不走极端路线

PDP 测试工具的信度与效度较高，且易于操作，便于记忆，也是被广大 HR 应用得非常多的一种测试工具。

（3）MBTI 测评工具。

MBTI 被誉为“性格测评之母”，是在瑞士心理学家卡尔・荣格（Carl Jung）的“性格类型理论”基础上，经心理学家凯瑟琳・碧斯母女发展而成。它有 4 个维度、16 种类型。4 个维度：①外向（E）和内向（I）；②感觉（S）和直觉（N）；③思考（T）和情感（F）；④判断（J）和知觉（P）。由 4 个维度衍生出 16 种类型，如表 3-9 所示。

表 3-9　MBTI 分类表

	感觉型（S）		直觉型（N）	
	思考型（T）	情感型（F）	情感型（F）	思考型（T）
内向型（I）				
判断型（J）	ISTJ	ISFJ	INFJ	INTJ
知觉型（P）	ISTP	ISFP	INFP	INTP
外向型（E）				
知觉型（P）	ESTP	ESFP	ENFP	EFTP
判断型（J）	ESTJ	ESFJ	ENFJ	ENTJ

MBTI 是最早被企业接触和运用的性格测评工具，用于考察被测评者在组织中的贡献、领导风格、偏好的工作环境、潜在的缺陷等个体特征与潜力。MBTI 的优势在于其理论的深度，但是其测评及计算较为复杂，16 种类型记忆也比较麻烦，故应用的灵活性稍差一些。

2. 职业兴趣与岗位匹配

在选择一份工作时，经常有人说："我对这个工作感兴趣"，在离开这个工作时，他们同样会说："我对这份工作不感兴趣"。职业兴趣指在职业上什么能引起员工的注意，并愿意投入去做事情，是员工职业生涯选择的重要依据。因此，作为 HR 在招聘员工、分配工作岗位时若能了解、满足员工兴趣将是岗位匹配的一个重要因素。当一个人对某岗位发生兴趣时，他就能发挥整个身心和积极性，就能积极地感知和关注该职业知识、技能与动态，并积极思考，大胆探索，增强克服困难的意志。反之，则很难在该职业上发挥个人的优势，做出贡献。

兴趣和能力的合理结合会大大提高工作效率。许多研究表明，如果一个人从事自己感兴趣的职业，则能发挥全部才能的 80% ~ 90%，而且长时间保持高效率并不感到疲惫。而对所从事工作没有兴趣，只能发挥全部才能的 20% ~ 30%。所以，兴趣是保证员工职业稳定、工作动力的主要源泉。

全球运用最广泛的职业兴趣测评工具之一是"霍兰德职业兴趣测评"。约翰·霍兰德认为，个人职业兴趣特性与职业之间应有一种内在的对应关系，根据兴趣的不同，人格可分为：现实型（R）、研究型（I）、社会型（S）、企业型（E）、传统型（C）、艺术型（A）这6个维度，每个人的性格都是这6个维度的不同程度组合。同时，工作环境也有6种类型，其名称及性质与人格类型的分类一致。

但在实际中往往可能一个员工有多种职业倾向，所以具体到每个员工可以根据员工的个性特点确定员工的职业兴趣分类，再结合员工能力特长将其分配到合适的工作岗位，提高人岗的匹配率，如表3-10所示。

表3-10　某电力公司员工职业倾向应用表

职业倾向分类	特点	适宜岗位举例
现实型（R）	喜欢从事包含着体力活动并且需要一定技巧、力量和协调才能承当的职业	线路检修工、变电检修工、高压电力维护工等
研究型（I）	喜欢从事包含较多认识活动（思考、组织、理解等）的职业	财务工作者、调度员、运行工程师等
社会型（S）	喜欢从事包含大量人际交往的职业	营业员、用电检查人员、客服人员、人力资源、工会、党群工作者等
企业型（E）	喜欢从事包含大量以影响他人为目的的语言活动的职业	管理人员、供电所所长、班组长等
传统型（C）	喜欢从事包含大量结构性的且规律较为固定的职业	会计、总务、物资供应等
艺术型（A）	喜欢从事包含着大量自我表现、艺术创造、情感表达以及个性化活动的职业	文体宣传、艺术工作等

3.1.3　彼得·德鲁克理论之“用人所长”

人岗匹配的目的是使得“人尽其才”“物尽其用”，最终聚焦绩效的提升。接下来我们分析如何才能做到“用人所长”和“聚焦绩效”。

从小我们被教育要德智体美劳全面发展，取长补短，而彼得·德鲁克却反其道而行，他倡导用人所长，并一针见血地指出：“一个管理者如果过于在乎下属不能干什么，而不在乎他能干什么，在乎如何去回避下属的缺点，而不是考虑如果去发挥他们的优点，这说明他本身可能是个弱者，因为自己不行，于是将别人的长处当成对自己的一种威胁。”

1. 打破“人才引进”套娃现象

著名广告公司奥美的创始人大卫・麦肯兹・奥格威是个很有个性的人。据说，有一次开董事会的时候，他给每位与会者送了一套从俄罗斯带回来的玩具——套娃。套娃是一种具有俄罗斯特色的纪念品，打开一个大的空心木娃娃，里面还套着一个小的空心木娃娃，再打开，里面还有一个更小的……一层层下去，通常能有 5 ~ 7 个。当董事会成员们打开套娃到最后一层，里面有一张字条：你要是永远都只任用比自己水平差的人，公司就会沦为侏儒；你要是敢启用比自己水平高的人，公司就会成长为巨人。

这个故事就是管理学界的“奥格威法则”——善用比管理者自己更优秀的人。

为什么企业会出现套娃现象？原因有三个。

第一，因为管理人员感到不安全，受到威胁。第二，容易沟通，下属不如上级，所以下属总是赞同、敬佩上级，这样一来管理者向下传达任务更流畅，自身也有成就感。第三，便于管理人员掌控团队局面。

那么，企业如何破解人才引进、任用的套娃现象？

首先，解决管理人员的安全感问题，公司给管理者提供更多的培训和独当一面的机会，给他们带来自信。在薪酬待遇或利益方面形成捆绑，部分优秀管理人员可以纳入股东或合伙人，这样使得管理人员心中容得下更优秀的下属。

其次，解决制度问题，直属经理的上级参与面试，避免直属经理的套娃心态，设定明确的选人标准，拟聘用人的能力水平必须超过团队的平均能力水平，才能正式录用。

再次，人才培养要求与有效奖励。公司形成人才梯队建设机制，每个管理人员必须培养 1 ~ 3 个后备继任人员才能获得升迁机会。设立导师带徒机制，每成功培养一位徒弟获得一定量的奖励等。

2. “用人所长”的机制保障

也许有人会说，说了半天“用人所长”不就是俗话说的“用人所长，容人所短”吗？还真不是“容人所短”。“容人所短”其实是从品行上讲的，但彼得・德鲁克讲用人，讲的却不是品行层面的“容人”，而是从机制上的“容人”，他强调：“组织有一种非常重要的属性，那就是它既可以使人的长处得以发挥，又可以使人的短处所带来的影响减少到最低程度。”组织的价值就在这里，我们可以让缺点与组织无关，彼得·德鲁克讲了三个机制。

第一，合作。不要一味地改造人，不是让有优点的人把缺点也改掉，而是去找到与他互补的人一起工作。

第二，制度与文化制衡。通过制定权力监督机制，建立道德与舆论的监督，与其相信个人良知，不如不给你犯错的机会。

第三，用人。若短处太明显，那就是用人之误，若长处到极致，那便无短处。

我们可以发现，以上三种情况下，都不需要对缺点的包容，而是建立机制让缺点与组织无关，同时，彼得·德鲁克还指出："所有致力于对员工弱点改造的行为，都是对组织的伤害。让员工的长处发挥到极致，而又让员工的短处不起作用，这才是组织的特性"。

对于别人的缺点，要选择——选择所长，合作——互补缺点，机制——让缺点对组织不发生或少发生作用。

3. "用人所长"的心态建立

"用人所长"并不意味着用能力强的人，而是用人的长处，作为管理者就要做到两点：第一，学会取舍；第二，不要老盯着下属的错误。

首先，要学会取舍，岗位的匹配不是候选人的能力越强越好，而是合适最好。

【案例 3-2】用人要学会取舍。

某房地产企业销售部准备招聘 1 名销售内勤，主要工作是客户资料整理、数据统计、为销售员提供有效的后勤支持等。公司 HR 部门面试了 2 个候选人，A 性格较为温和，是公司其他部门的领导助理，因为对销售的热爱，希望转入销售部门，但她的经验几乎为零。B 是名牌大学毕业本科生，毕业 2 年多一直在从事销售助理的工作，随男朋友的工作调动到本市工作，并且已经在几家大公司面试过，沟通和协调能力都比较强。如果你是领导，你会选择哪个候选人？还是两个都选？

【案例解读】

两个都不错，A 没有经验，但为人温和有耐心，积极乐观，肯吃苦;B 学历高，且有经验，能快速上手，但对自身发展也有一定的期待。乍一看，B 似乎是首选，但经领导们最终讨论，选择了留下 A，而不是 B，原因如下。

（1）目前的工作是需要一个有细心、耐心且能够静心做事务性工作的人，这份工作不适合一段时间后进行调整，更多的是希望岗位的延续。

（2）A 学历不高，对自身的定位清晰，没有 B 那么高的内心期望。

（3）用人所长，虽然 A 的学历、能力、灵活性目前都不如 B，但现阶段，公司需要的人员是踏实、稳重、能吃苦耐劳者，并且 A 对公司情况非常清楚，在内部沟通、协调方面更方便，同时，A 没有结婚没有男朋友，更能放心工作，所以 A 的稳定性比 B 要强很多，最重要的是可能工资要求也没有 B 高。

其次，作为管理者不要老盯着下属的错误。很多管理人员总要戴着放大镜在找员工的缺点，防下属就像防贼一样。盯着别人的错误是天性，因为发现别人的错误是证明自己聪明最有效的方法，但在管理的时候，必须克服这个天性。因为管理一直这么做，会让员工形成反感，产生对立意识。

3.2　打造团队，发挥人才协作价值

3.2.1　打配合做组合，组建最佳团队

企业的组织中分为高、中、基三个层级，不同层级的工作侧重点不同：高层着眼于未来重在战略，中层着眼于当下重在策略，基层着眼于现场重在执行。

在职场中，任何一个人的力量都是渺小的。只有融入团队中，与你的团队一起奋斗才能实现个人的最大价值，你也才能成就自己的卓越。职场从来不是一个人在战斗，团队则是为了实现一个共同目标而集合起来的团队，分工协作，优势互补，共同进步。

1. 团队角色认知

根据团队角色理论之父梅雷迪思·贝尔宾的团队角色分析，一个团队共有九种角色，如图 3-7 所示。每个团队成员扮演着一个或多种团队角色。例如具有支配力的人员勇于开拓，敢于接受挑战，因此他们是先锋人士；习惯于遵从的人员以其探究的特点符合分析者的角色要求。当然有些时候，每个人具有两种或两种以上的行为特质，有可能一个人担任多种角色，我们在组建团队时，需要求同存异，分析不同角色的优点和特殊技能，然后对此进行结构优化，最后打造出一支最优秀的团队。

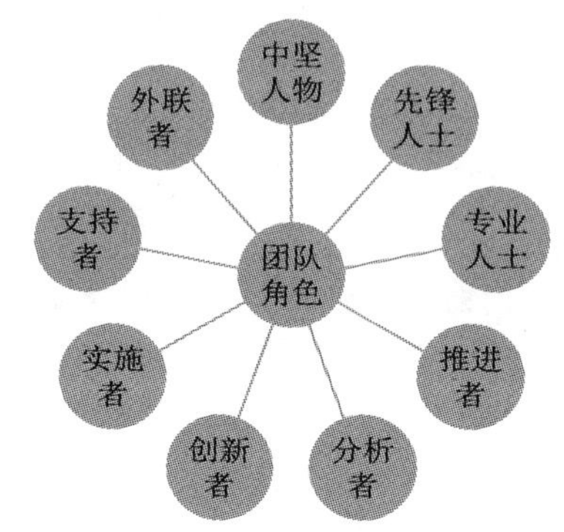

图3-7　贝尔宾提出的团队九种角色

2. 组建团队的五项原则

经过多年的经验与众多 HR 反馈，我们总结组建团队的五大原则，如图 3-8 所示。

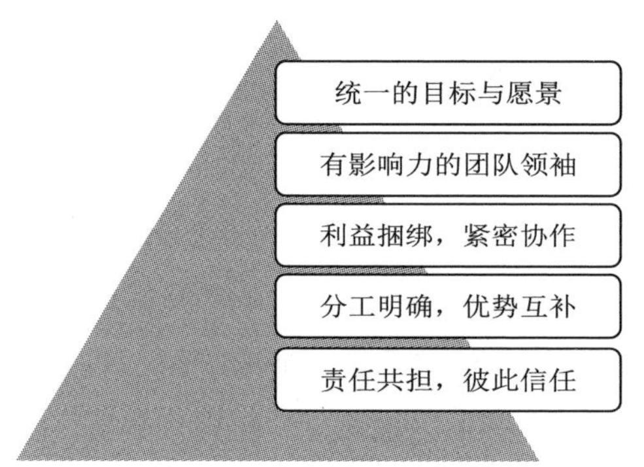

图3-8　团队组建五原则

第一，统一的目标与愿景。

刘邦的团队是打天下，封侯称帝。刘备的团队是匡扶汉室，一统天下。唐僧的团队是前往西天取得真经，造福大唐。目标是团队前进的灯塔与航向标，有了目标，团队成员由“要我干”变成“我要干”，从而为了共同的目标主动去做事。

第二，有影响力的团队领袖。

一群人真正算一个团队，最显著的标志是有一个核心，也就是团队领袖；一头狼带领一群羊远比一头羊带领一群狼厉害。反过来，一个真正称得上领袖的人其背后一定有一个优秀的团队，比如马云、乔布斯、任正非、王石、张瑞敏、柳传志……团队领袖是一个团队的灵魂人物，能把团队的成员凝聚起来，前进有方向，行动有计划，纪律有约束。

第三，利益捆绑，紧密协作。

NBA 篮球赛中，把最厉害的球员组合到一起不一定取得最佳成绩，原因是能力强者可能缺乏合作，都想当团队的英雄，为什么强强合作反倒造成内耗？为什么 1+1 ＜ 2？因为团队的力量并不是简单的力量叠加，更重要的是个性互补、相互协作，这样才能达到 1+1 ＞ 2 的效果。因此，我经常在培训授课中讲："团队合作精神从某种意义上讲是牺牲与付出精神，既想合作又想公平是不成熟的表现，公平的叫买卖，相对公平的才叫合作。"团队合作要做到四点：心理上相互吸引、行为上相互支持、利益上相互依存、目标上共同向往。人人为团队，心往一处想，劲往一处使，才是真正的团队。

第四，分工明确，优势互补。

团队成员中技能各有不同，各有所长，才能有分工，才能优势互补。如果团队中的成员能力都相同，不仅容易冲撞，且造成了资源浪费。团队组建的核心是用人所长，每个人的能力有大小，个性、天赋也不同，管理者要挖掘下属的潜能，让他们做自己擅长的事情，才能创造团队最优的绩效。

各种性格特质在团队中的角色也可能不一样，以 DISC 四种性格来分析。

- D 型：团队领导者，目标制定者，确定目标、敢于决策、遇到问题敢于挑战。
- I 型：团队快乐生活的制造者，融洽团队的润滑剂，凝聚团队的黏合剂。
- S 型：团队和谐的使者，矛盾冲突的调和者，行政事务的操作者与后勤保障人员。
- C 型：计划的制定者，规则的维护者，危机和风险的防范者。

第五，责任共担，彼此信任。

团队合作的基础是责任共担与彼此信任，千斤重担大家挑，人人身上有指标。团队有团队的目标（面），个人有个人的目标（点），全体成员才能打出好成绩（线），这叫点线面结合。团队的短板效应要求团队成员不抛弃不放弃，寻找团队短板，努力补齐。同时，彼此信任是团队合作的有力支撑，信任又分为三个维度：自信、他信和互信，自信是能力的体现，他信是态度的体现，互信是团队文化的体现。一个团队成员自信才能更好地融入，对别人负责是对团队的态度，相互信任是团队融洽走向成功的基石。

3.2.2 团队的有效管理

1. 团队管理的四阶段

团队成长一般可分为 4 个阶段：成立期、动荡期、稳定期、转变期，如表 3-11 所示。

表 3-11 团队成长四阶段

团队阶段	团队表现	管理方式与手段
成立期	成员对团队期望值高，士气高昂，有责任感，愿意付出，但员工能力低，对未来方向不明	制定目标、制定规则，培养技能、磨合团队、加强沟通
动荡期	士气低下，团队成员感到迷茫，人际关系敏感	掌控全局，维护规则，多鼓励
稳定期	角色清晰、有令必达、梯队完善，团队关系和谐，团队领导的缺点开始暴露，部分员工自满	管理者树立个人形象，加强团队沟通，打造学习型团队，学会授权与鼓励
转变期	团队业绩下滑，缺乏目标，没有发展空间，团队间利益与矛盾冲突多	重新界定团队的目标，调整团队结构和工作程序，消除积弊

团队成立期：从乌合之众的工作群体到初期团队，这个阶段员工对团队的期望值高，士气高昂、有责任感、愿意付出，但成员间缺乏彼此的信任与了解。这个阶段作为管理者的 HR 需要多举办一些促进沟通、了解的活动，比如拓展训练、聚餐、卡拉 OK 联谊活动。

团队动荡期：员工感觉到现实与当初的期望有很大的差距，对眼前的现实感到不满，士气低落，部分团队成员开始流失，团队成员开始出现消极甚至听之任之。根据我多年的经验，这个时间刚好是“大浪淘沙”的时候，可以淘汰一些消极的、能力差的员工，及时补充新鲜血液，但这个时候作为 HR 要学会把控全局，确定与维护规则，对团队中消极的、不利的应当及时纠正，对积极的现象给予表扬，以创建良好的团队氛围。多加强与员工的沟通与探讨，共同想出克服困难的方法以渡过难关。

团队稳定期：这是团队黄金时期，公司业务步入正轨，效益良好，团队成员关系和谐，部分员工开始骄傲自满，管理者对人的管理开始放松。但生命周期规律告诉我们：有高潮就会有低谷，过于迷恋自己过去的成就，接下来可能摔得很惨。这个时候管理者应与团队成员制定更高的挑战目标，HR 要设法留住核心人才，帮助员工制定个人发展计划，请求老板及时兑现员工承诺，打造学习型组织，建设好人才梯队，让现有团队中的每一个成员不仅有提升能力的机会，还要有非常清晰的晋升渠道。

团队转变期：团队业绩下滑，发展空间受限，团队成员间利益与矛盾冲突加剧，团队管理者需要客观分析问题，急需重新界定团队新的目标，重新调整团队结构与工作程度。这个阶段作为 HR 更多是为企业裁员，如何妥善处理好离职员工的劳动关系。

2. 活用性格，打造最佳战斗团队

团队成员的性格对团队成功有一定的影响，但并不是关键要素，起决定作用的是团队领导的性格特征和团队成员性格特征的组合形式。作为团队领导，首先必须了解自己的性格特征，清晰地了解本人的情绪波动规律，认清自己的主导性格和辅助性格，然后按照自己的性格特征进行团队组合。同样，作为 HR 更要懂得团队性格的运用与协调管控。

根据我多年的实践与培训经验，把利用 DISC 性格组建最佳团队总结为三招。第一招：打配合，做组合。第二招：求同存异，相互尊重与理解。第三招：学会调整，活用性格，化劣势为优势，如图 3-9 所示。

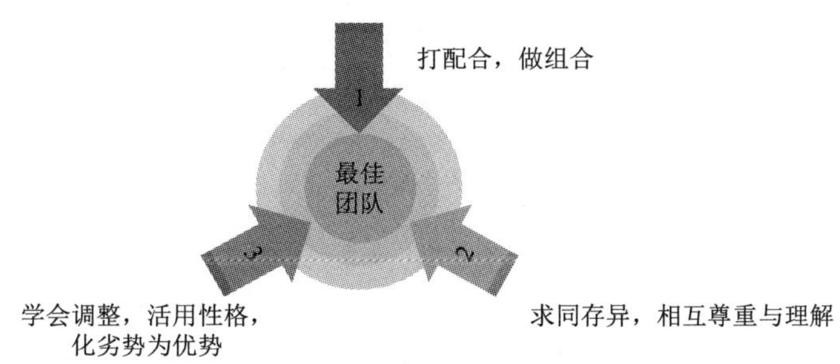

图3-9　活用性格打造最佳团队

（1）打配合，做组合。

很多管理者喜欢用跟自己性格或品行相同的人，这样沟通起来比较顺畅，结果发现实际上不是这样的，比如全部由D型（支配型）性格组成的团队目标感强、行动迅速，但不注重细节、不喜欢作计划，且控制欲强，在一起经常容易争执，谁也不让谁，团队氛围差。全部由I型（影响型）性格组成的团队活跃、氛围好、内外部关系融洽、易于创新，但做事不务实、目标不坚定、不讲规则等。因此，在现实的团队组建中最好是打配合、做组合，各种性格的成员优势互补。

在团队的常规成员组合中主要有3类性格组合：

① 补充型组合：比如D型（支配型）加C型（完美型）组合，即电视剧《亮剑》中李云龙和赵刚的组合，这类组合的团队目标性强、行动迅速、讲究效率，同时又能注重细节、有明确的计划性，内外向性格优势互补。

② 矛盾型组合：比如I型（影响型）加C型（完美型）组合，影响型以娱乐为主，相对比较马虎，完美型则要求严谨，是典型的工作狂。此外，D型（支配型）加S型（稳健型）也是一对矛盾组合：面对工作，支配型成员常常先冲在前面去做，无所谓结果，而稳健型成员则会分析事物的利弊，思前想后，追求和谐。

③ 自然组合型：比如C型（完美型）加S型（稳健型）即唐僧和沙和尚的组合，这种组合的特点是冷静、低调、沉闷、内敛，不足之处是平静得甚至有一点压抑，需要适当给予调剂；再比如D型（支配型）加I型（影响型）即孙悟空和猪八戒的组合，这种组合的成员性格外向、积极乐观、坦率，团队氛围活跃、责任感强、能有效处理麻烦，但这种组合的成员比较任性、固执、缺乏耐心。

作为HR要熟练了解性格类型，懂得不同性格类型的组合的优劣势，根据不同的领导人性格来搭配团队成员，如表3-12所示。

表3-12　不同团队人物DISC性格分析

团队	D型性格	I型性格	S型性格	C型性格
西游记团队	孙悟空	猪八戒	沙和尚	唐僧
蜀国刘备团队	关羽（DC型）	张飞（ID型）	刘备	诸葛亮
亮剑	李云龙			赵刚
刘邦团队	韩信（DC型）	刘邦（ID型）	萧何	张良

续上表

团队	D 型性格	I 型性格	S 型性格	C 型性格
项羽团队	项羽			范增
马云团队	孙晓彤	马云	关明生	蔡崇信

（2）求同存异，相互尊重与理解。

在现实中，可能存在不同类型人员的组合，很多人在团队中过于吹毛求疵，专门挑剔别人的问题和缺点，这样一来，即使你有再高的本领，也很难适应团队，很难实现自己的价值。因此，在团队中坚持求同存异，相互尊重与理解，才能共同进步，共创团队绩效。

《西游记》中师徒四人是一个很好的团队，我们可以大胆假设：四个人如果都跟唐僧一样，或者都跟孙悟空、猪八戒、沙和尚一样，真经还能取得回来吗？没人敢下结论，单看唐僧师徒四人，每个人性格缺陷都很大，甚至很严重。孙悟空比较自大、骄傲、疾恶如仇、做事冲动；猪八戒懒惰无能、喜欢贪小便宜，好色偷吃；沙和尚老实本分但过于憨厚；他们的师傅唐僧其实缺点更多，虽然仁慈为怀，但是却过于相信他人，并且容易被表象所蒙蔽……

如果他们每个人在团队中都只挑剔他人的缺点，吹毛求疵，甚至不断吵架，那么他们很快就会散伙。“取经大业”随时都可能付诸东流。然而，正是有着严重性格缺陷的四个人却历尽千辛万苦取回真经，这其中不难看出，他们的优点所在。最大的优点在于他们发现对方的优点，并且求同存异，互相扶持和帮助，发扬团队精神，最终取得真经。

（3）学会调整，活用性格，化劣势为优势。

学习性格的目的是活用性格，一是知己知彼，学会相互理解与尊重；二是学会调适，学会改变自我，甚至化劣势为优势。在性格运用中，我们经常强调：“没有绝对的优点，没有绝对的缺点，只有特点。”性格这东西很有趣，用得好，它就成就了你，用得不好，可能就是你最大的障碍。

作为 S 型的刘备，重感情，对关羽、张飞以兄弟相待，重用诸葛亮，他还有一个副业：编草鞋，撤退的时候帮老百姓编草鞋。送徐庶那天，脚穿一双草鞋，帮徐庶牵着马，一路走一路挽留："先生真舍不得你啊！舍不得啊，先生！"走着走着，把马走累了，打算第二天再走，晚上刘备又编出了一双草鞋，第二天又开始帮徐庶牵着马，徐庶从马上下来说："主公，你放心，我去曹营那里不会为他献任何一计。"这就是"身在曹营心在汉"典故的由来。D 特质的曹操拿走了徐庶的身，S 特质的刘备却留住了徐庶的心，这便是 S 型性格特质的成功之处，但也是他的失败之处，刘备是怎么死的？病死的，病死的前因是为关羽报仇，结果被陆逊打得一败涂地。当初刘备要去报仇，诸葛亮、魏延两人跪在地上劝说："主公不要去呀，留得青山在，不怕没柴烧。"刘备回答道："我三兄弟曾桃园结义，不求同年同月同日生，但求同年同月同日死。"所以，刘备一直强调他是三兄弟的老大，此仇一定要报，最后他打输了，一病不起。刘备败也在这里，他忘了他除了是三兄弟的老大，更是蜀国的君主。

因此，活用性格才能成就高手。工作中很多的职业经理人也像刘备一样，成由性格，败由性格。所以真正的高手要学会调适性格，学会让自己的性格适应当下的环境，让自己坏的情绪转化为前进的动力，而不是阻碍自己前进的绊脚石。

3.3 优化组织，释放人力效能

相同的人才，在不同的组织架构中展现出的能量不尽相同，发挥的人力效能自然不同。彼得·德鲁克说过："管理的重点在建构一个好系统，让人的长处得以发挥，短处得以被包容。"组织设计与优化就是关键的环节，中国现在大多数发展中企业的人力资源问题，多源于组织架构问题，中国正处在一个瞬息万变的时代，一旦公司战略导向发生变化，而组织结构却没有得到及时调整，人力资源工作就要面临岗位人才不匹配、职能职权混乱等诸多问题。组织架构的调整代表着资源分配方式、管理方式的调整，不同的构架对应不同的人力资源管理方式，其释放的人力效能是不一样的。

3.3.1 组织设计

1. 组织设计的原则

所谓组织设计，是以企业组织结构为核心的组织系统的整体设计工作，组织设计是有效管理的必备手段。设计与变革一般来说有 6 个原则：目标导向原则、效率原则、分工协同原则、管理幅度原则、决策层级原则与权变原则，如图 3-10 所示。

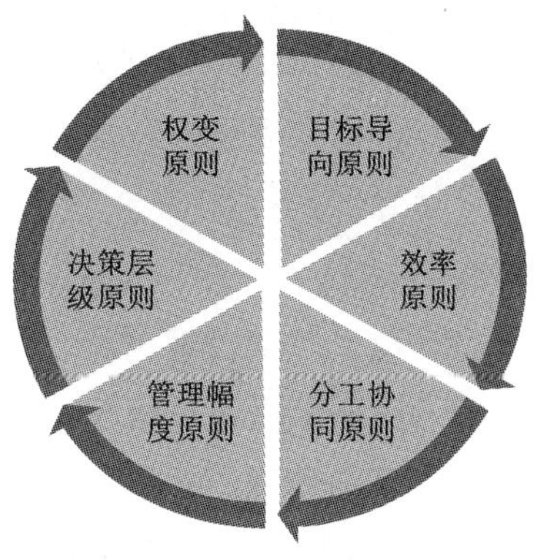

图3-10　组织设计与变革六原则

（1）目标导向原则。

组织设计是为了满足特定时期企业资源的有效分配，业务重点不同，企业掌握的资源不同、竞争环境不同、发展阶段不同、人员素质不同，对组织结构的要求有所不同。所以，组织结构设计首先要分析当前企业所面临的各种环境，明确企业当前目标，把战略目标的实现作为组织职能分工考虑的首要原则。例如，扩张时期的企业，组织结构的重点会在销售部门进行调整，采取扁平化管理，满足对市场的灵活化反馈，可能组建区域销售部应对市场。

（2）管理幅度原则。

管理幅度决定组织设计的宽度。管理幅度也称管理的跨度，是平均每位管理者下属员工的数量配置。有效管理幅度受多种因素的影响，随着管理者本身能力、下属员工的素质、工作的性质、工作条件及外部环境的变化而变化。根据我的经验与管理学原则，一般来说，每个层次向上汇报的人数 6 ~ 8 人较为合适，当然这指的是平均水平，有些精力旺盛的领导直接指挥的下属达到 10 人以上。著名的古典管理学家亨利·法约尔指出，合适的管理幅度应该是最高经理管理 4 ~ 5 名部门经理，部门经理管理 2 ~ 3 名管理人员，管理人员管理 2 ~ 4 名工段长，工段长管理 25 ~ 30 名工人。亨利·法约尔的观点在一定时间形成了权威，但是随着自动化程度的提高，工厂智能活动盛行，这种观点逐渐被打破，在日本制造业的一个工段长可管理 50 ~ 80 人。

（3）效率原则。

组织设计与优化的目的是通过分工协同、集权与分权等方式实现组织效率提升，从而实现战略目标，因此，组织设计一定紧紧围绕效率原则展开，怎样设计管理幅度、管理层级？究竟是集权还是分权？资源如何分配都要紧紧围绕“效率原则”展开，看最终设计与优化的组织架构、管理方式是否提升了组织效率，是否聚焦企业战略目标。

（4）决策层级原则。

决策层级决定组织设计的深度。所谓管理层次，就是在职权等级链上所设置的管理职位的级数。组织内部的决策层级也是组织设计一个重要的因素，决策汇报层级、决策链条长度决定了决策的效率，组织结构设计要根据这个特点，对组织中不同层级的人员权责进行明确划分，提升决策效率。一般来说，企业组织层级可分为三个层级：战略层（高层）、战术层（中层）、执行层（基层）。

（5）分工协同原则。

高效的组织运行，既需要存在等级制的决策沟通，也需要存在横向的决策协调，很多企业效率低下的原因是横向沟通不畅，仅仅依靠等级制度，决策流程冗长，容易导致基层员工经常处于待命状态无法及时做出行动，从而导致工作效率低下。分工与协同是分不开的，分工是手段，协同才是目的。

（6）权变原则。

权变原则强调预先变革性，著名管理学者陈春花教授认为：“无论传统企业还是新企业组织是否需要变革，最核心的要求是对主营业务的成长空间和领先性进行判断。组织用什么形态，最重要的是看组织在竞争中所处的状态。”很多企业管理者误读了这句话，以为当战略发生重大调整时，应该进行组织变革，其实在此时进行组织变革已经来不及了，组织变革一定要在企业状况良好的情况下进行预先性变革，甚至要做出部分取舍与牺牲。

2. 组织设计的常见结构

常见的组织结构形式有：直线式、职能式、直线职能式、事业部式、矩阵式，不同的组织结构适用于不同的组织及不同的发展阶段。

（1）直线式组织结构。

直线式组织结构是最早被采用，也是最为简单的一种结构形式。主要特点是：

各级组织依层次由上级垂直领导与管辖，指挥和命令从组织最高层到最低层按垂直自上而下地传达和贯彻，最高领导人集指挥权和管理职能于一身，对下属负有全权。这种组织结构的优点是：①权力集中，统一指挥，垂直联系，责任明确。②机构简单，沟通迅速。③机动灵活，管理成本低。主要缺点有：①对最高领导要求高，组织规模扩大时，高层管理幅度过宽，易出现决策失误。②权力过分集中，风险过大。③组织结构刻板，缺乏弹性，不利于调动下级的积极性。

（2）职能式组织结构。

职能式组织结构是在直线式结构的基础上发展起来的，也是目前传统企业用得比较多的一种组织结构形式。由于管理事务日益复杂，用直线式结构进行管理，出现管理者负荷过重、力不从心的现象。于是，在管理者和执行者之间便产生了一些职能机构，承担人力、研发、生产、销售以及管理活动等。

职能式结构具有分职、专责的特点，主要优点有：①能发挥职能机制的专业作用，管理更细，减轻了最高管理者的负担。②有利于强化专业管理，提高管理工作计划性和预见性。③有利于将复杂工作简单化，提高工作效能。这种组织结构适应社会生产技术复杂、管理分工细腻的要求，而且在心理上，职能式结构造成一种强调专业、专业分工以及规划的新型管理作风。

其主要缺点有：①多头领导，削弱了必要的集中统一，可能造成管理混乱。②不利于明确划分直线人员与职能部门的职责权限，容易造成争权夺利，相互推诿。③增加过多管理人员，有时影响工作效率，且增加人力成本。

（3）直线职能式组织结构。

直线职能式组织结构，是将直线式和职能式结构相结合产生的一种新型组织结构。这种结构在组织内部，既设置纵向的直线指挥系统，又设计横向的职能管理系统，以直线指挥系统为主体建立的两维的管理组织。这种组织结构的显著特点是：把直线结构和职能结构优点结合起来，既保证组织的统一指挥，又加强了专业的管理。其主要优点有：①指挥权集中，决策迅速，容易贯彻到底。②分工细密，职责清晰。③组织稳定性高，在外部环境变化不大的情况下，易发挥组织的集团效率。

其主要缺点有：①直线部门和职能部门的目标可能不统一，增加了协调的难度。②难以培养“多面手”式的管理通才。③由于各职能部门没有决策权和指挥权，事事要向直线管理部门和人员汇报请示，压制了职能部门的积极性。直线职能式组织结构，如图 3-11 所示。

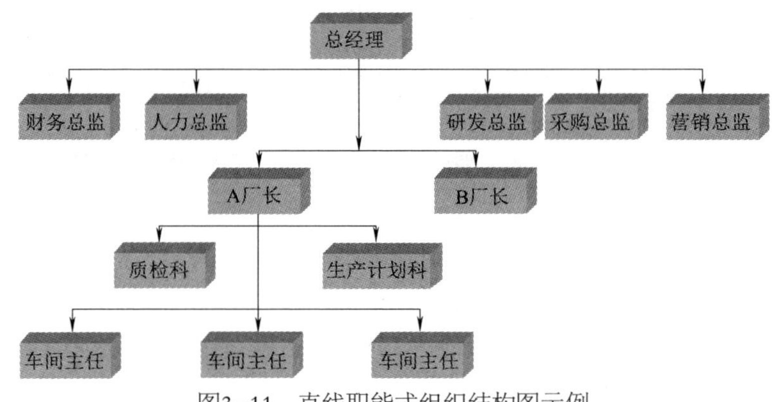

图3-11　直线职能式组织结构图示例

（4）事业部式组织结构。

事业部式组织结构又称分权式组织结构，在直线职能制框架基础上，设置独立核算、自主经营的事业部，在总公司领导下统一政策、分散经营，是一种分权化体制。其必须有 3 个基本要素：独立的市场、独立的利益和独立的自主权。划分事业部的标准可以按照：产品、顾客或地域来进行划分。按产品划分，设传统渠道事业部、按顾客划分，设零售事业部、团购事业部。KA（重点客户）事业部。按地域划分，设华中区事业部、华东区事业部、华南区事业部等。事业部的主要特点有：第一，按企业的产出将业务活动组合起来，成立专业化的生产经营部门，即事业部。第二，在纵向关系上，按照“集中政策、分散经营”的原则，处理企业高层领导与事业部的关系。第三，在横向关系上，各事业部均为利润中心，独立核算。

事业部式组织结构的主要优点有：①强调结果，事业部负责人对一种产品或服务负完全责权。②高层管理可摆脱日常行政事务，可专注于战略决策与商业模式研究。③由于权力下放，各事业部能独立自主根据环境变化处理日常工作，从而使整个管理富于弹性，使组织工作更加具有灵活性和适应性，可以做到因地制宜。

其主要缺点有：①过分强调分权，削弱了组织的统一；强调各部门的独立，缺乏整体观念和各部门之间的协作。②各事业部都存在自己的职能，有可能导致机构重叠，管理人员增多、人浮于事、管理费用过多等问题。

事业部式组织结构，如图 3-12 所示。

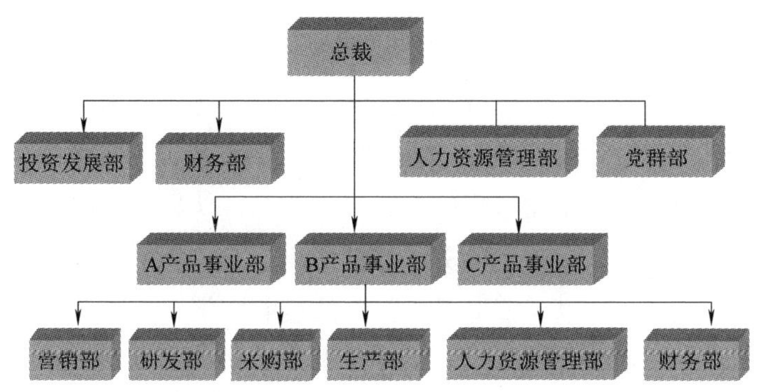

图3-12　事业部式组织结构图示例

（5）矩阵式组织结构。

矩阵式组织结构是由纵横两种管理系列组合而成的方形结构，一种是纵向的职能部门结构；另一种是横向的项目管理结构。二者交叉重叠，便组成矩阵式组织结构。

矩阵式组织结构的特点：为了完成某个特定的任务，如完成一个工程项目或开发一种新产品，由有关职能部门组成一个小组，以便于利用各方面力量，协调各方面活动，保证任务的完成；项目小组的成员接受双重领导，既服从于小组负责人的领导，又要受到所属职能部门的领导；矩阵组织的形式是固定的，但每个小组是临时的，在完成任务后立即撤销。这种组织结构的优点有：①发挥了职能部门化和产品部门化两方面的优势，促进专业资源在各部门间的共享。②加强了各部门间的信息交流与合作，不同部门的专业人员集中在一起，有利于知识互补、发挥最佳长板效应。③具有灵活性，反应迅速，且不额外过多增加人力的成本。

矩阵式组织结构的主要缺点有：①由于实行双重领导，容易因意见分歧而造成工作上的矛盾，同时，由于工作时间的冲突性，容易导致加重员工负担。②各项工作在时间、成本、效益等方面的平衡性很难实现；加之专项小组多是临时性的，小组成员容易产生临时性的观念，使职工容易缺失稳定性并感到迷茫。③放弃了统一指挥，造成一定程度的混乱，容易产生权力争斗。

3.3.2 组织能力建设

1. 组织能力与人效产出

戴维·尤里奇教授认为，人力资源转型应该有两种类型的结果：第一种是“符合利益相关者的期望”。第二种是提高组织能力。他认为，人力资源转型应该改变企业的基本特征、文化或企业形象，并称这种人力资源转型的成就为组织能力的定义和创造。组织能力代表企业了解什么、擅长什么，以及如何构建行为模式以提供价值。投资者关注的大多数无形资产都是由组织能力来定义的，组织能力还决定了客户关心的企业品牌以及塑造员工行为的企业文化。某个人力资源专家曾经举过一个“黑箱”模型的理论，他说企业好比一个装有组织能力的黑箱，一边投入资源，另一边产出绩效。由于组织能力很难测评，我们只能通过一个机制来验证，组织能力强，黑箱成为放大器，小资源带来大回报；组织能力弱，黑箱成为衰减器，大资源带来小回报，资源的投入产出比就说明企业的组织能力，如果我们将人力资源视为最重要的资源，那么人力资源效能就是企业组织能力的最佳代言。

人效，简单来讲，就是人力资源这门生意的投入产出比，更简单地说，财务结果除以人力单位，就是我们所谓的“人力资源效能指标”。人效是人力资源经营最大的支点，更是企业组织能力的最佳代言。以高速增长的互联网企业为例，华为、阿里都在强调人效。淘宝初期，马云定下人效（人均交易额）要达到 10 万美元；后来的淘宝时代，马云将这个人效目标定到了 1 亿元；到了支付宝的阶段，马云要求人效达到了 5 亿元。这样高标准的人效要求，让当时的企业都不敢轻易加人，因为每加一个人都会增加上亿的交易额。

另一个例子是华为。华为在飞速狂奔的过程中，任正非一直强调“两流一效”，即高收入流、高现金流、高人效。所以，在某段时间，即使华为的经营数据超过了爱立信，但人效不高，他依然不满，2019 年华为在遭受外界强势打压环境下逆势增长，销售额达到 8 500 亿元。

2. 人效产出衡量

（1）人效衡量指标。

人力资源的投入可以用人工成本和人员编制两个口径来衡量，而人力资源的产出却不容易被量化。根据多年的实践，我们可以用业务指标和财务指标来衡量。

由此，按照“产出 / 投入”的方式，我们可以导出若干人效指标。例如，在财务指标中选择“营业收入”除以“人工成本”，就得出“人工成本投入产出比”的指标。再如，在财务指标中选择“利润”除以“人工成本”，就得出了“人工成本报酬率”的指标。

当然 HR 要从纷繁复杂的人效指标中选出最适合本企业的指标，需要一定的实践经验与经营思维，要将企业的“生意逻辑”透过“业务逻辑”分解到“人力单位”。比如，企业的生意究竟是主打低成本还是主打差异化？前者是高周转、低毛利，关注周转率；后者是低周转、高毛利，关注毛利率。企业的发展阶段是处于初期、成长期、成熟期还是衰退期？初创期和成长期关注营业收入，需要扩大规模、占地盘；成熟期关注毛利润，因为市场格局已经形成，要回归理性；衰退期关注净利润，因为企业已经调整好姿态要战略性退出了，必须精打细算。

（2）人均毛利指标。

对于大部分企业来说，“人均销售”指标很重要，但销售成本中有比重不少的原材料成本、能耗成本、折旧成本等刚性成本，单纯看“人均销量”可能让我们陷入误区。因此，我们关注“人均毛利”更为妥当些，人均毛利更能体现企业的组织能力、技术水平和管理效率，这个指标越高，企业的竞争力越强。

因此说，HR 要有成本意识，从关注人力资源六大模块转变到关注“人力资本经营”，关注人效的提升，要学会理解财报，要从人的角度去影响经营，学会让数据说话，而不仅仅做其他部门的配角。过去的工业经济时代，人从来不是最主要的生产要素，人是附着在技术、资金、土地资本等生产要素上发挥作用的。而当下互联网时代是人力资源作为重器的时代，人是所有资源运行的中心，盘活了人，就盘活了企业所有资源，这是 HR 影响到财报的底气所在。

第4章 分好蛋糕，进行有效的薪酬绩效管理

本章主要介绍有效的薪酬绩效设计、福利设计；如何让薪酬设计更科学、更有效；如何做好绩效的流程以及如何有效选择绩效考核的工具。

薪酬福利体系是激活企业人才的关键，它关系到员工的切身利益，对于参加工作的人而言，工资是其生活资金的主要来源，所以薪酬福利对大部分员工的重要性不言而喻。分钱是一门科学更是一门艺术，大多数企业老板其实也愿意与大家分享收益，但“钱散”并没有带来“人聚”，反而带来的是怨声载道，问题究竟出在哪里？关键在于人心的复杂性，人不患寡而患不均。作为 HR，设计薪酬、福利是其核心的技能，好的薪酬福利设计方案不仅能有效激活人才，激发员工的积极性与创造性，还能帮企业省钱省心；而不好的薪酬福利设计方案不仅浪费了企业的钱，还引来员工的怨声载道。

本章从薪酬、绩效设计的科学性、原理、工具出发，系统梳理企业薪酬绩效管理的核心。

4.1　科学分配，掌握有效薪酬设计的技巧

4.1.1　好的分钱制度让员工全力以赴

在企业的发展过程中，管理者要做好两件关键的事情，一件是激发员工的善意；另一件是设计好管理系统。激发员工的善意决定企业的上限，管理系统决定企业的下限。管理系统主要解决两类问题：一类是结构性问题，另一类是非结构性问题。结构性问题就是企业的制度、流程和框架，非结构性问题就是激发人的主动性。同时，管理系统的核心是如何花钱、如何赚钱、如何分钱的机制；分钱机制建设好了，让员工自动自发；花钱与赚钱机制设计好了，让企业这个机器自动自发，持续不断地盈利。

1. 利益分配是企业管理的主旋律

以前我一直想不明白为什么孙悟空能大闹天宫，却常打不过西天取经途中的妖怪，总劳烦观音菩萨搭救？后来从事了多年的 HRD 终于明白了：一方面，对孙悟空来说，大闹天宫是为了彰显自己的诉求与价值，但西天取经却是为了唐僧；另一方面，从对手来说，大闹天宫时遇到的都是给玉皇大帝打工的，出力但不玩

命；而西天途中碰到的妖怪都是自己出来创业的，为自己而拼杀。同理，员工只有为自己做事才有力量，团队精神只能强调协作，而难以让员工竭尽全力。因此说，利益分配才是企业管理的主旋律，没有好的分钱制度与激励制度，无法实现员工为自己而干，就很难指望员工全力以赴了。

2. 利益分配设计的常见问题

可能又有人说了，我们老板不是不愿意给员工分钱，而是不知道如何分？这些年已经给员工很多了，但发现员工不仅没有感恩心，相反要求越来越高，那该怎么办？我们接下来看一下企业在利益分配设计方面的常见问题。

在企业薪酬设计中，常常局限于传统的定薪依据，往往以职位、学历、工作经历及面试时的商议为主。也有一些企业也在采用绩效薪酬，但由于考核评价体系不健全，致使绩效薪酬背离了初衷，绩效工资要么成为扣减工资的理由，要么成为变相的奖金，要么成为固定工资的一部分，从而大大减弱了薪酬的激励作用。

大部分中小微企业在薪酬、绩效管理方面出现的主要问题有 8 个方面。

（1）企业实行商议工资制，会哭的孩子有奶吃；经常出现薪资倒挂现象，新招的员工工资有可能比老员工工资高，从而使老员工抱怨不断。

（2）薪酬设计不系统、不科学，经常修修补补；绩效考核很难推行，大家认为企业的绩效考核就是变相扣钱，并且绩效考核过程缺乏公平的依据，主观性强。

（3）过分追求公平与平衡，忽视个人贡献的差异化，从而让发钱变成吃大锅饭。

（4）认为团队价值大于个人价值，注重团队的考核与激励，而忽视团队内部的个人价值创造。

（5）担心过度利益分配给企业带来负担，从而使得员工利益与企业利益成为一种博弈关系。

（6）员工普遍认为工资、福利是企业应该给的，失去了激励作用。

（7）不懂得如何针对不同岗位设计不同的薪酬、绩效，缺乏差异化。

（8）为什么高薪还是留不住人才，员工流失率依然很高。

【案例 4–1】企业如何做好利益分配？

一个老板与主管商量：“你现在每月 6 000 元，加上年底双薪，全年工资 7.8 万元；现在我想每月发你 5 000 元，年底按 2.5 万元的标准发（考核需达到 95 分），总工资能达到 8.5 万元，干不干？这是一家企业老板设计的“年薪制”，各位觉得如何？

【案例点评】

（1）这并非最好的方案。以年度为单位评价员工表现与激励看似是合理，可这都是事后诸葛亮，员工每月的工作成果与及时激励远比年终评价更有意义。年目标是周、月目标成果合计，目标周期越短，成果肯定越多，企业一方面要将激励长效化，一方面还要短期化，这才是长短兼并、相得益彰。

（2）企业该如何做好利益分配？首先要厘清企业应该分钱给谁，分钱的依据、标准是什么？企业必须对员工进行标准界定，分别界定出直接创造产值和利润的人、间接创造价值的人各有哪些？

（3）要明确采用什么激励模式，对不同的岗位、层次、需求的员工要采取对应的薪酬方案，不能搞一刀切，更要避免固定薪酬模式！重新规划分配次序，分配越直接就越有效，分配次数越多，关注的点与面就越丰富。最后，做好分配预算，分割好各自利益蛋糕。

3. 好的分钱制度设计的思路

（1）思路一：先学会分钱才能赚钱。

好的分钱制度的首要设计思路是“先学会分钱才能赚钱”。如果先赚钱再分钱，最终可能会因为未谈好分钱规则，员工缺乏动力而造成团队没有状态，而让企业没有赚到更多的钱，因此建议先学会分钱再赚钱，与利益相关的内容越清晰越好。

华为的任正非说：“华为在分钱上没有犯大的错误。”从本质上讲，做企业就是合伙去赚钱，但 100 家企业中，99 家因为分钱出现问题。“利出一孔，力出一孔”是华为提出的分钱原则。华为全世界寻找人才，最大的利器就是给出的待遇高，不然的话怎么会有全球 700 多个数学家、800 多个物理学家、120 多个化学家、6 000 多位专门在基础研究的专家和 60 000 多名工程师聚拢在华为！

（2）思路二：内部兼顾公平性，外部兼顾竞争性。

在薪酬分配上有句俗语：不患寡而患不均，所以说利益分配是一门科学，更是一门艺术，对内要兼顾公平性，对外兼顾竞争性。对内按照岗位承担的责任大小，需要的知识和能力的高低，以及工作性质要求的不同，在薪资上合理体现不同层级、不同职系、不同岗位在企业中的价值差异。对外保持企业薪资福利在行业中的竞争性，才能够吸引优秀的人才加盟，才能把企业做强做大。

（3）思路三：向市场要钱。

分钱的高阶艺术不是分口袋里的钱，而是与员工一起合作向市场要钱。华为薪酬绩效管理的原则是“让基层员工有饥饿感，中层员工有危机感，高层员工有使命感”，华为的企业文化就是“以奋斗者为纲”，鼓励员工向市场要钱，员工的薪酬分配与自己创造的价值密切相关。

这种思路下的薪酬设计方法包括：①减少固定工资增加浮动工资；②内部外包，合伙人制或阿米巴制，员工的工资由市场说了算。

（4）思路四：分阶段递进给付。

经常会有 HR 询问分钱是一次给好？还是多次给好？对于这个问题，我的回答是工资肯定是尽量一次性给付（体现企业的诚信），而奖金可分多次给付，并且奖金的设计可分层次递进，以给员工更好的激励。例如，如果拿 4 000 元奖励给员工，一次性全部给他肯定没有分几次给他好，在员工心里有时奖励的金额不如奖励的次数重要，分时段、分主题、分金额奖励员工，使员工感到自己在不断受到激励，从而不断激发动力，发挥最大的潜能，即 1+1+1+1>4。

（5）思路五：可动态调整。

在薪酬与绩效考核制度设计时最好不要全部设计成固定的，而是要能动态调整，从而做到薪酬能上能下，岗位能升能降，给员工有竞争感，一方面让优秀者更加优秀，另一方面淘汰落后者，同时让中间者看到希望，从而形成内部你争我赶的竞争氛围。

（6）思路六：内驱力比外驱力更有力量。

从表面看，人人都需要钱，但若只是单一用金钱来激励，仅可发挥一定功效，更有效的激励来源于贴近员工内在的迫切需求。尤其对 90 后、00 后新生代员工的激励，他们不一定最看重的是金钱，而是自我价值的实现、尊重感及参与感。

4.1.2 如何设计一套合理的薪酬体系

随着人力资源管理越来越受到重视，人才流失问题越来越严重，合理的、有竞争力的薪酬体系就显得越来越重要了。其实，有竞争力的薪酬体系不一定是高工资、高待遇，而是能保证组织内部的公平性和在市场上的竞争性，再考虑到组织的规模、效益而设计出来的适合本企业的体系。

薪酬体系设计程序是一个庞大的工程，不是靠文字堆砌而成的方案就能完成的，而是企业全体都参与的过程，是人力资源管理部门与其他部门紧密配合的过程。一般薪酬体系设计可分为 6 个步骤，如图 4-1 所示。

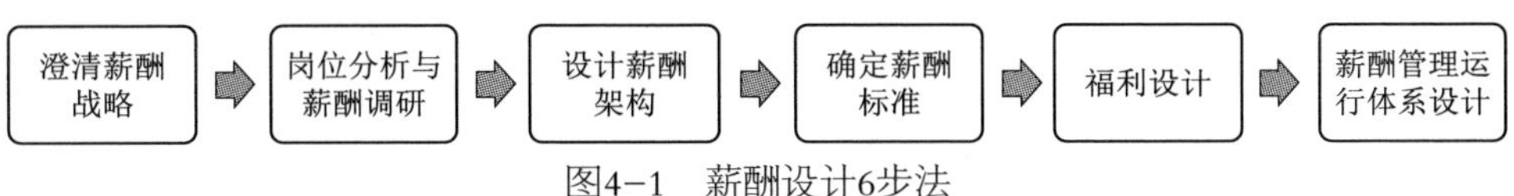

图4-1　薪酬设计6步法

1. 澄清薪酬战略

薪酬战略是企业薪酬系统设计及管理工作的行动指南，是实现人力资源发展的保障。薪酬战略包括企业的薪酬策略、薪酬决定标准、薪酬支付结构和薪酬管理制度。薪酬战略一方面向员工传递企业的战略意图；另一方面呈现企业的薪酬策略、标准与文化。

（1）明确薪酬设计的目标。

做任何事情都讲究目标性，做薪酬设计也同样如此。在考虑做薪酬设计之前，我们要考虑为什么要做薪酬体系设计？做这个工作需要达到什么效果？有些企业以前没有薪酬体系，工资是由老板凭感觉说了算，初创型企业可能比较适用，但随着企业的不断壮大，人员不断增多，这种方式就很难做到内部公平，也不利于成本控制。在建立一套合理的薪酬体系前期，我们必须首先了解有效的薪酬管理体系的目标，具体包括 5 个方面。

- 为吸引、保留和激励有才干的员工以更好地实现企业的各项目标。
- 为企业能够合理支付薪资提供一个长期和可靠的基础。
- 针对企业的内部价值链和行业特点，使得不同岗位的重要性和价值能够在薪酬体系中得到体现。
- 体现企业的人力资源策略，关注价值实现，建立高绩效的薪酬文化。
- 为建立科学有效的人力资源管理体系设立相关的制度和流程，同时可以帮助企业高层以及管理部门沟通薪资政策。

（2）了解制定薪酬战略的原则。

在薪酬管理框架的战略层面，HR 应考虑的问题有：如何根据企业的战略来制订薪酬管理战略？如何能够使所制订的薪酬管理战略有效地支持企业战略的实现。制度薪酬战略应把握 6 个基本原则：公平性原则（内部公平、外部公平）、经济性原则、激励性原则、程序公平原则、目标性原则和竞争性原则，如图 4-2 所示。

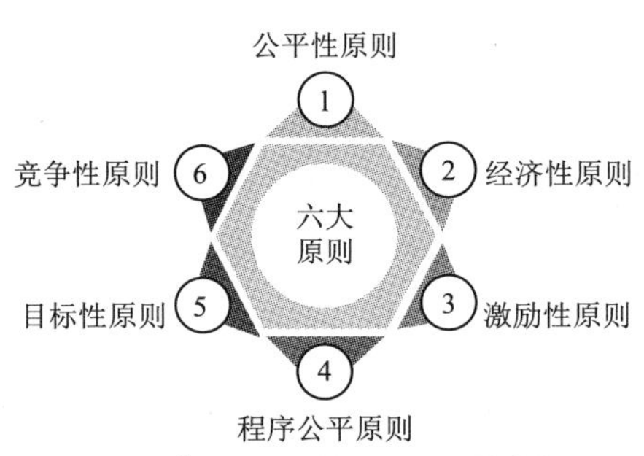

图4-2　薪酬战略制订的6项基本原则

（3）薪酬策略。

薪酬的策略往往跟企业的竞争战略密不可分，企业的竞争战略一般分为成本领先策略、差异化策略和集中化策略三大类，不同的竞争战略应采用不同的薪酬策略，甚至在企业的不同发展阶段，制订的薪酬策略是不一样的，如表 4-1 所示。

表 4-1　企业竞争策略和薪酬策略的关系

企业竞争策略	薪酬策略
成本领先战略	1. 薪酬策略注重成本控制，关注竞争对手的人力成本变化及构成 2. 薪酬水平受企业成本管理策略和竞争对手的影响 3. 应通过增加浮动薪酬来控制成本，浮动薪酬与生产运营效率挂钩 4. 薪酬管理通常采用集权型的方式，严格控制总量，杜绝浪费
差异化战略	1. 薪酬策略注重高质量人才的吸引、开发和保留 2. 薪酬水平可以考虑略高于或等于市场水平或竞争对手 3. 浮动薪酬更注重生产运营中的创新、营销和研发等关键性结果 4. 薪酬管理通常可以有一定的放权和灵活性，重点关注人才的增值
集中化战略	1. 薪酬策略注重专业技术人才、营销人才的激励和保留 2. 核心人才的薪酬水平应当高于市场水平或竞争对手 3. 浮动薪酬更注重顾客评价和满意度 4. 薪酬管理需要有一定的放权和灵活性，聚焦资源，人才差异化管理

2. 岗位分析与薪酬水平调查

（1）岗位分析与评估。

岗位分析是确定完成各项工作所需知识、技能和责任的系统过程，通过岗位分析评价每个岗位的价值，是薪酬设计不可或缺的基础。岗位分析的基本步骤包括：结合企业经营目标，在业务分析和人员分析的基础上，明确部门职能和岗位关系；然后进行岗位职责调查分析；最后由岗位员工、员工上级和人力资源管理部门共同完成员工岗位说明书的编写。

其中，岗位分析的方法包括：观察法、问卷调查法、访谈分析法、工作日志法、关键事件法和管理职位描述问卷法。

在岗位分析的基础上再进行岗位评估，评估的常用方法包括：排序法、分类法、要素比较法、点数法、海氏评估和美世评估法，其中海氏评估与美世评估法是目前广大 HR 用得最多的评估方法。

（2）薪酬水平调查。

薪酬水平调查是薪酬设计的重要组成部分，它解决的是薪酬的对外竞争性和对内公平问题，是整个薪酬设计的基础，只有实事求是的薪酬调查，才能使薪酬设计做到有的放矢。一般薪酬水平调查包括 3 个方面的调查。

①外部市场薪酬调查，包括：市场同行企业名称、人数规模、组织结构、各类人员薪酬情况、福利情况、企业发展阶段、员工个人因素（教育程度、工作经验、工作能力）、薪酬构成等。

②内部员工薪酬满意度调查，包括：员工对薪酬水平的满意度、对薪酬结构的满意度、对福利的满意度、对薪酬调整的满意度、对薪酬支付方式的满意度、员工对工作本身的满意度、员工对职业生涯规划的满意度及对工作环境的满意度等。

③薪酬影响因素调查。综合考虑薪酬的外部影响因素，如国家的宏观经济、通货膨胀、行业特点和行业竞争、人才供应状况和企业的内部影响因素，如盈利能力和支付能力、人员的素质要求及企业发展阶段、人才稀缺度、招聘难度等。

3. 设计薪酬架构

薪酬架构的设计是薪酬设计的重点与难点，包括薪酬结构设计、工资中位值与级差确定、固定工资与浮动工资的比例设计等。

（1）薪酬结构设计。

薪酬的构成因素反映了企业关注的内容，因此采取不同的策略、关注不同的方面就会形成不同的薪酬构成。企业在考虑薪酬构成时，应综合考虑以下四点：一是职位在企业中的层级；二是岗位在企业中的职系；三是岗位员工的技能和资历；四是岗位的绩效，分别对应薪酬结构中的不同部分。

根据薪酬体系支付的依据可分为四种：市场、职位价值、能力和业绩，因而薪酬结构设计可根据企业的实际情况来体现这四种付薪的考核标准。薪酬结构一般包括的项目有：基本工资、岗位工资、绩效工资、加班工资、奖金、各类补贴及福利等。

根据固定工资与绩效工资的不同比例，一般可将薪酬结构策略分为三种类型，分别是高弹性模式、调和型薪酬模式和高稳定性薪酬模式。

高弹性模式指的是固定薪酬比例较低（通常小于 40%），浮动工资比例较高（通常高于 60%）的岗位薪酬设置类型。这种模式通常应用于与绩效关联度较大的岗位，比如销售业务人员、总经理、某类岗位的高管等。常见的计件工资制、提成工资制、绩效工资制就属于这种薪酬模式。

调和型薪酬模式指的是固定薪酬和浮动薪酬比例持平，通常各占 50%，比较科学适中，这种模式通常应用在经营状况稳定的企业，以及企业业绩的关联和岗位人员的能力素质要求并重的岗位，比如技术研发岗位、生产工艺岗位。

高稳定性薪酬模式指的是固定薪酬比例较高（通常高于 60%），浮动薪酬比例较低（通常低于 40%），这种模式通常应用于与企业业绩关联度较低的职位，比如行政人力岗位、后勤岗位等。

（2）绩效与奖金的设计。

绩效工资的形式主要有计时工资、计件工资、佣金、提成、考核奖金、利润分红等浮动工资，绩效工资是建立在对员工进行绩效评估的基础上，关注的重点是产出，比如销售额、毛利、产量、质量、利润额、实际工作效率等。

绩效工资一般常用的工资结构有：

月工资收入 = 基本工资 + 绩效工资 × 个人考核系数 + 津贴 + 福利

月工资收入 = 基本工资 + 绩效工资 + 提成 + 奖金 + 津贴 + 福利

月工资收入 = 基本工资 + 绩效工资 + 计件工资 / 计时工资 + 津贴 + 福利

月工资收入 = 基本工资 + 技能工资 + 计件工资 ÷ 计时工资 + 津贴 + 福利

那么绩效工资与固定工资之间的比例多少合适呢？这个没有标准的答案，根据企业各自不同的实际情况而定，一般行业内把它分为三种情况，如表 4-2 所示。

表 4-2　三类人员固定工资与绩效工资范围

员工岗位性质	固定工资	绩效工资
上山型（业务人员、高管）	小于 50%	大于 50%
平路型（职能部门人员）	50% ～ 75%	25% ～ 50%
下山型（技术和研发人员）	70% ～ 85%	15% ～ 30%

（3）奖金设计。

奖金可分为月奖、季度奖、年度奖，以及其他各项奖，如安全生产奖、节约奖、质量奖、发明创造奖、合理化建议奖、专利奖、集体荣誉奖、劳模奖等。

其中销售类奖金比较常见，如超额奖、销售增长奖、销售回款奖、双 11 冲刺奖等，某公司销售奖励发放标准如表 4-3 所示。

表 4-3　某公司业务员月度销售奖金发放标准

奖励等级	销售额	奖金比例
1 级	5 万元以下	0%
2 级	5 万元～ 10 万元	1.5%
3 级	10 万元～ 15 万元	2%
4 级	15 万元～ 25 万元	3%
5 级	25 万元～ 35 万元	4%
6 级	35 万元以上	5%

奖金是薪酬中十分重要的组成部分，它根据员工工作绩效进行浮动，因此也称为可变薪酬，根据其支付基础不同，奖励又可分为组织奖励、团队奖励和个人奖励。组织奖励是以组织整体业绩来作为奖励支付基础，团队奖励、个人奖励则分别以团队业绩和个人业绩作为支付依据。

4. 确定薪酬标准

（1）依据薪酬策略制定薪酬标准。

薪酬标准的确定跟企业的薪酬策略与老板的想法密切相关，公司采用的薪酬水平策略主要有四类：第一类是薪酬领袖策略，即公司采用劳动力市场中较高分值薪酬水平的策略，其薪酬水平至少在 75 分位值以上，大部分处于 90 分位值以上，如华为就是典型的薪酬领袖策略；第二类是市场追随策略，其薪酬水平一般保持在劳动力市场的 50 分位值至 75 分位值区间的水平；第三类是市场拖后策略，其薪酬水平一般保持在劳动力市场低于 50 分位值的水平；第四类是薪酬混合策略，通常有两种以上表现形式。比如对于公司的核心岗位和高管采用领先策略，对于一线数量多的生产技术操作工用拖后策略，这样既可以保留核心高管人才，又可控制一线员工的用工成本。

（2）依据薪酬预算制定薪酬标准。

在薪酬策略制定后，老板接着会关心薪酬预算的制定，它是制定薪酬标准的基础，即公司一年来究竟可以有多少钱来发工资。薪酬预算的方法一般有两种。

一种是自上而下法，先由决策者（如企业负责人、总经理）决定公司的总体薪酬预算总额以及加薪的幅度，然后将预算总额分配至每个部门或分公司，各个部门再分配到每一个岗位。优点：容易控制整体的薪酬成本；缺点：缺乏灵活，主观因素多，从而降低预算的准确性。

一种是自下而上法，先按定岗定级估算各部门、各岗位的薪酬数量，再进行汇总，然后编制出整体预算。优点：灵活性高，提高了部门和员工的满意度；缺点：不容易控制成本，可能存在部门本位主义，容易引起由于各部门的分配标准不统一而造成分配缺乏公平性。

5. 福利设计

所谓员工福利，指对员工因被组织雇用及其在组织中的职位而获得的间接报酬，通常表现为延迟支付的非现金收入。一般来说，企业提供福利的主要目的是发挥保障功能和激励作用。保障性福利包括：五险一金、三节福利、带薪年假、餐补、通信补贴、住房补贴等，可以让员工没有后顾之忧地工作；激励性福利一般与绩效的提升有直接关键，如绩效员工持股、绩效员工疗养、旅游奖励、进修教育等。常见的各类福利，如表 4-4 所示。

表 4-4　企业常见福利项目

福利类别	福利项目分类	具体福利项目名称
国家法定福利	社会保险	养老保险、医疗保险、工伤保险、生育险、失业险
	公积金	住房公积金、补充住房金
	法定休假	法定节假日、带薪年假、产假、陪护假、工伤假
企业自主福利	节日福利	春节红包、端午节福利、中秋节福利
	保险保健福利	商业意外险、免费体检
	教育培训福利	MBA 教育、拓展训练、外派培训等
	住房交通福利	免费员工宿舍、免费班车、免费工作餐
	文体娱乐	各类晚会、比赛、体育娱乐等
	贷款、分红	员工入股分红、给困难员工的无息贷款、子女教育金
	礼物及奖金	生日蛋糕、结婚礼金、困难金、各类奖励

6. 薪酬管理运行体系设计

这个阶段的工作主要包括薪酬相关配套制度、文件的设计以及薪酬的动态调整机制、应急机制的设计。其中薪酬相关配套制度是保障薪酬体系运行的有力保障，做到有据可依，让薪酬设计科学化、制度化，做到设计科学、公平，推行稳定有序。

同时，薪酬体系它不是一成不变，它应当根据企业的发展阶段、外界环境变化、企业员工素质及薪酬期望等多方面进行动态调整，一方面让薪酬体系更符合企业实际，另一方面防止薪酬体系僵化，避免薪酬管理体系成为企业和员工发展的绊脚石。

4.1.3　高管的薪酬设计技巧

由于企业高管这类人群的特殊性，决定了高管的薪酬体系设计必须要有别于企业一般员工的薪酬设计。基于多年的企业薪酬咨询经验，我们构建了“企业高管薪酬设计模型”，如图 4−3 所示。

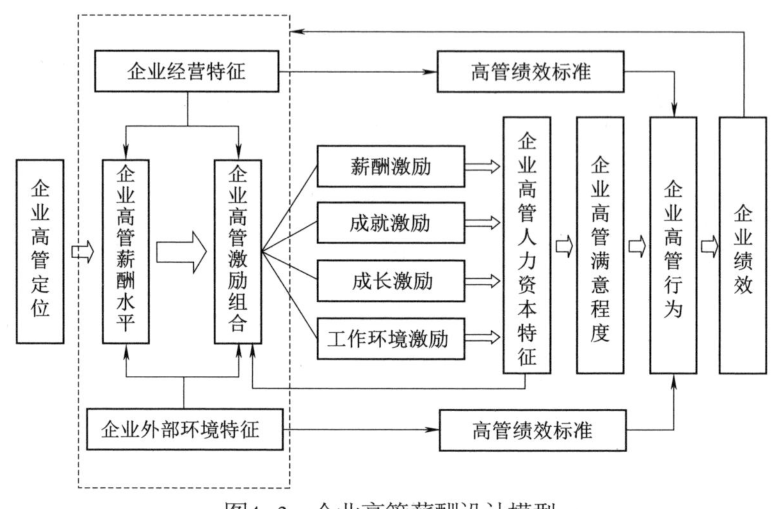

图4-3　企业高管薪酬设计模型

从图 4-3 中可以看出，企业高管的薪酬设计首先应肯定企业高管是“核心人力资本”的这一定位，然后根据企业的经营特征和企业外部环境特征等因素确定高管的薪酬水平。而上述因素又共同决定高管薪酬激励的组合选择：薪酬激励、成就激励、成长激励和工作环境激励。激励组合作用于高管的人力资本特征，形成激励对象的不同满意度。同时通过科学、合理的绩效标准设定，引导和激励高管的管理行为，最终影响企业绩效。最后，根据企业绩效达成的效果，再不断修正高管的薪酬水平、薪酬激励组合以及绩效标准。

这一模型的特点在于：肯定了企业高管的“核心人力资本”定位，考虑了影响企业高管薪酬激励的内外部因素，用多种激励手段有效激活高管人才，满足其多层次的需求，同时，这种模式下的高管薪酬设计形成闭环，能够自我改进、不断优化。

根据企业高管薪酬设计模型，企业高管薪酬体系的设计必须要关注六大问题。

1. 定位问题

根据人力资本理论，企业的人力资源都是“资本”，表现为蕴含于人身上的各种生产知识、劳动与管理技能以及健康素质的存量总和。而作为企业决策者和领导者角色的企业高管，在企业生产经营中扮演着不可替代的角色，是通过个人的能力和经验作为“资本”对企业进行投资（经营和管理），在企业中属于人力资本水平最高的一群人。因而，对企业高管的薪酬激励应从其作为“核心人力资本”的定位开始，考虑“人力增值”的管理和“资本”的投资回报。

2. 薪酬水平问题

企业高管是核心人力资本，高管薪酬确定是其资本交换价值的定价，一方面对资本的定价必须要由“委托人”来确定，另一方面，对资本的定价不能仅仅考虑市场薪酬水平，还要考虑多种因素的影响，如企业经营特征、企业外部环境特征、企业所在行业特性、所处的阶段和规模、面临的市场竞争状况、企业文化、所处监管环境等。由于不同的企业，其所处的行业不同、所处的发展阶段不同、高管经营管理难度不同，其薪酬水平也不尽相同。同时，企业内部公平性、企业经营业绩等也是高管薪酬水平确定需要考虑的另一个重要因素。

3. 组合激励问题

高管薪酬激励的组合问题一方面要从企业高管的人力资本定位角度来看，按照人力资本管理理论，人力资本需要产权激励：人力资本既是资本，收益就不应该是工资（劳动报酬），资本的收益应该是产权，所以人力资本在企业中要拥有“产权”。另外，人力资本还需要获得成长激励、成就激励、地位激励、工作环境激励多种形式。高管薪酬的组合表现为以下 5 个方面。

（1）基础年薪：高管的固定薪酬，其功能在于补偿企业高管，保障他们的基本生活所需，以使他们按照所期望的经验及资历水平进行工作。

（2）绩效年薪：也称目标奖金，反映高管的短期业绩，其功能在于确保对当期业绩奖励的及时性；基础年薪与绩效年薪的确定主要参考市场薪酬水平。

（3）效益奖金：利润分享的一种形式，与绩效年薪同为高管的浮动薪酬，反映高管的短期业绩，其功能在于确保对当期业绩奖励的及时性，相当于高管作为“人力资本”的分红。

（4）长效激励薪酬：包括限制性股票、股票期权、虚拟股票、递延奖金、退休金计划等，其出发点是激励高管考虑企业长期利益，加大了薪酬杠杆的激励力度和约束力度，其功能在于促使高管行为的长期化，降低代理成本，吸引和保留高管团队。

（5）福利：包括法定福利、与职务相关的补充福利、在职职务消费（如医疗保健、补充养老保险、俱乐部会员等）等，其功能在于提高高管的事业成就感与满足感。

高管薪酬组合要考虑的另一方面就是各组合要素的功能、激励效果，从而形成不同的高管激励组合方式，如表 4-5 所示。

表 4-5　高管薪酬要素的功能比较

高管薪酬要素		总额可控性	激励力度	功能
基础年薪		很好	很小	保障功能
绩效年薪		较好	一般	即期激励
效益年薪	直接利润计提	较差	高	高变动、高激励，快速提升业绩
	超额利润计	较差	较高	保障股东基本收益前提下，最大化激励
长效激励薪酬		一般	高	长期激励，约束机制，保证企业长期利益
福利		较好	一般	保障，体现对高管的关怀

4. 比例设计问题

高管薪酬各组成要素的比例直接影响激励效果，并体现企业的不同导向。如果基础年薪过低，可能会影响高管的生活水平，从而影响激励效果；如果短期激励过高、长期激励过低，会导致高管短期行为的增加，影响企业的可持续发展；如果短期激励过低、长期激励过高，对高管的激励性会降低。但是在经济衰退，资本市场持续动荡，金融危机导致全球金融秩序重塑的情况下，考虑到股票期权等长期激励方式在会计成本上不可回溯，未来有可能减少其使用频率，从而使得整个高管薪酬将逐步由原来的高额长效激励向调和式方向发展。

5. 目标问题

企业高管行为是否按预定路线、高管薪酬的激励效果能否达成、企业绩效是否能得到很好体现，不仅仅是高管薪酬体系的设计问题，还与企业高管的绩效标准息息相关。

企业高管绩效标准的确定，包括绩效指标选择和指标目标值设定两个步骤。绩效指标选择要分析企业的经营特征和外部环境，从企业战略目标实现的角度，既考虑企业当期绩效目标实现的关键成功因素，更考虑企业可持续发展的要求；指标目标值的设计要科学、合理，不仅要与历史比，还要与行业比、与直接竞争对手比。

6. 调试问题

企业高管薪酬体系设计完成之后，需要根据实际激励效果、企业绩效目标达成情况等不断修正高管薪酬体系，包括对高管薪酬水平、薪酬激励组合要素、各要素比例、绩效标准等的修订，从而形成一个不断优化和改进的循环体系。

一个良好的企业高管薪酬体系必须从企业高管的人力资本定位开始，考虑多种因素确定高管薪酬的水平问题、薪酬要素组合问题、要素比例问题、绩效标准问题，并在实际运行中不断调试、改进，从而提高企业高管满意度、引导和激励高管达成企业经营目标。

4.2　提升效能，有效的绩效管理技巧

4.2.1　常见的绩效管理误区

在人力资源管理的实践中，最为我们津津乐道的是绩效管理，企业无论大小、新设还是经历多年风雨，都在不遗余力构建绩效管理体系，无不寄希望于绩效管理，以期解决企业在发展中的所有问题。

误区 1：绩效计划的制定“凭感觉”。

【案例 4-2】如何有效制定绩效计划。

又到年底，随着 2020 年的各项经营目标也在紧张的制定之中，人力资源管理部办公室的灯光又开始守着整个黑夜，HR 经理头上本来少得可怜的头发变得更加稀松了。HR 经理挠着头在思考如何将服务部门的指标制定得可量化、生产部门的目标定得合情合理……这时张经理气冲冲来到人力资源管理部，把《2020 年目标责任书》狠狠地摔在人力资源管理部经理的办公桌上，“你们不想我干就直接说，不要搞这种小动作，去年目标产值才 6 000 万元，今年你要我做 7 500 万元，你以为是过家家吗?”，最后在公司领导一起沟通下将目标改成了 6 500 万元，完事后领导对人力资源管理部的经理说“你不要往心里去，如果当初我们就定 7 000 万元，他肯定折腾到 6 000 万元……”。话还没有说完，王经理也带着苦瓜脸过来了，说“领导啊，我们行政部就是做服务工作，你看我们部门‘员工流失率’的权重占了 30%，人走不走跟我们有什么关系”，在旁边研发主任也说话了，“经理啊，我们研发中心一个月都可能在一个点上研发，你却搞什么时效管理，还按什么六要素写，否则每次扣一分，那我们每天只有盯着时间搞你的绩效，不搞研发，不过这

样也挺好，我们的绩效成绩保证达标。”

通过以上对话，我们就会发现这样的目标设定最后竟然成了管理者之间的博弈，行政服务部门成了绩效管理的殉葬品，而研发部门则从“狼”被逼成了“羊”。

那么，公司该如何制定生产部门的绩效计划才更为科学呢？

就生产目标而言，我们需要思考的是去年 6 000 万元的产值是如何完成的。比如，我们去年是三个生产厂区（硬件设施相同）完成 6 000 万元，A 厂完成 2 500 万元，B 厂完成 1 800 万元，C 厂完成 1 700 万元。当今年的目标设定在 7 500 万元时，企业领导的通常做法就是给 A 厂 3 000 万元、B 厂 2 300 万元、C 厂 2 200 万元的目标，这种机械的分割法看着合理其实做起来经常出问题。

当没理解模仿性工作与创新性工作的区别时，结果就是到年底大家都没有完成任务。如何设定科学而合理的目标，我们这样来分析。首先假定大家按照企业通常的操作流程进行（模仿性工作）就能完成 2 000 万元，那么 A 厂超额 500 万元相对整个生产来说就是创新性的工作(加入自己的自选动作)，于是我们将 A 厂的各个生产流程、标准、操作手册都通过文字或其他方式沉淀下来，让 B 厂、C 厂按照 A 厂的流程、标准、操作手册操作。在考核上，B 厂、C 厂的考核标准就不再是如何完成产值，而是是否按照 A 厂标准执行到位。对于 A 厂则是将 2 500 万元产值作为他们的基础目标，其中达成 2 500 万元即绩效可得满分，如果超出 2 500 万元则额外增加奖励。

依次类推，对于研发部门我们只需要给予一定的保障工资，期许更大一部分的绩效工资，一旦研发部门达成就毫不吝惜地给他们，给这匹“狼”放一只“肥羊”，激起他们内心的欲望从而达成目标，同理对行政部门即可采用 B 厂、C 厂的考核方式进行考核。

误区 2：绩效管理重结果轻过程。

在绩效管理实施中，究竟监督其过程还是控制结果？很多企业对此有不同的回答，有的说没有过程管理，就不可能有结果的实现；而有的则说只要结果导向，过程如何并不重要。下面我们看看一个过程管控严格、绩效结果却不如意的案例。

【案例 4–3】绩效管理重结果 VS 重过程。

E 公司属于劳动密集型性纺织行业，而纺织产品在本地区已饱和，属于低附加值产品，成了公司的鸡肋，人力资源管理部遭受着内外的压力，人事经理也在走马灯似地频频更换。在绩效方面颇有建树的人力资源管理部经理即将上任，集团公司对此给予了很大的希望，希望能通过绩效管理来提升研发水平，经过一个月的沟通与磨合，一套严谨、规范的绩效管理办法出台了，对研发 A 部和 B 部的考核进行了全面的细化及可量化。绩效办法实施几个月后，结果是研发 A 部取得较大突破，绩效成绩反而排在后面，研发 B 部绩效为优却毫无建树，为何看似完美的绩效管理办法在实践中却起着相反的作用。

后来经过人力资源管理部经理的了解，才知道 A 部主任在管理上从不对员工进行时效管理、没有严格的作息时间，并且还同意员工在家上班，对员工的结果加以期许；而 B 部的主任则不一样，为研发的每一个环节都制定相应的操作手册和标准流程，一旦员工未按照操作手册和流程进行研发，主任则会通过绩效进行考核，久而久之 B 部的研发员工都可以规范地按照流程、操作手册进行，轻易地达成绩效目标，但是研发成果毫无起色。

这里涉及两个问题，一是领导者承继的是模仿性思维还是创新性思维；二是绩效管理的过程中如何分析是结果控制还是对过程控制。面对这个案例，通常的做法就是砍掉 B 研发部，大力支持 A 研发部，因为 B 研发部领导承继着模仿性思路，仅仅关注流程无法进行创新，也就很难为公司研发出高附加值的新品种。可是如此一来，研发的任务就仅仅寄托在 A 研发部的人员身上，一旦人员流失所造成的损失将不可估量。

那如何保证研发能力转成为企业的能力？

我们应该调整结构，将 A、B 两个研发部进行合并，重新进行责任分工，由 B 研发部协助 A 研发部研发。在绩效管理层面细分出两套不同的考核方式，对 A 研发部人员考核关注于结果，而对 B 研发部人员则关注于过程。通过 A 研发部研发新的品种，而 B 研发部则不断沉淀 A 研发创新性的工作，形成流程或是标准，并将其转化成生产力，如此不断循环即可将人的能力转化成企业的能力。

误区 3：认为绩效目标分解了就等于绩效责任下放了。

在绩效目标达成过程中，部门内部的管理分工和绩效评价方式也是非常重要的一环，许多管理者认为把绩效目标分解了就等于绩效责任下放了，大家执行就行，实际上绩效管理一定是过程管理大于结果管理，要时刻关注执行过程中的问题与困难，多帮助下属提供解决方法与资源支持。

【案例 4–4】人力资源管理总监这样分配招聘计划是否合理?

某集团公司因不断扩充，招聘专员的压力越来越大，但 5 名优秀的招聘专员 2019 年均超额完成公司年初预定的目标 2 500 人，同时 2020 年的目标也确定下来了，集团公司计划招聘 3 000 人，此时的 HR 如何分解招聘目标，让年度目标得以实现？或许极为常规的做法是每个招聘专员的目标比 2019 年增加 20% 或 25%，这样更能确保目标的实现。从表面看，领导分配的年度目标似乎没有问题，但是细细想来，人力资源管理总监只是机械地分割了目标，将责任转嫁到招聘专员身上，年底是否真的完成目标责任已不在总监身上。如果大家都顺利完成了指标，功劳在总监，如未完成则属于招聘专员执行力不够。在实际操作中这种“传递棒”在时时发生，于是在下一年的年度会议上，会议的主题成了如何提高员工的执行力。

4.2.2 绩效管理的流程与关键步骤

从我们的企业咨询经验来看，企业不仅要完整地看待绩效管理的全过程，从绩效考核到绩效管理，而且要树立“绩效管理是基本的管理过程”的理念，并围绕此理念展开绩效管理的各项活动。我们将绩效管理这一基本的管理过程归纳为 6 个步骤，如图 4–4 所示。

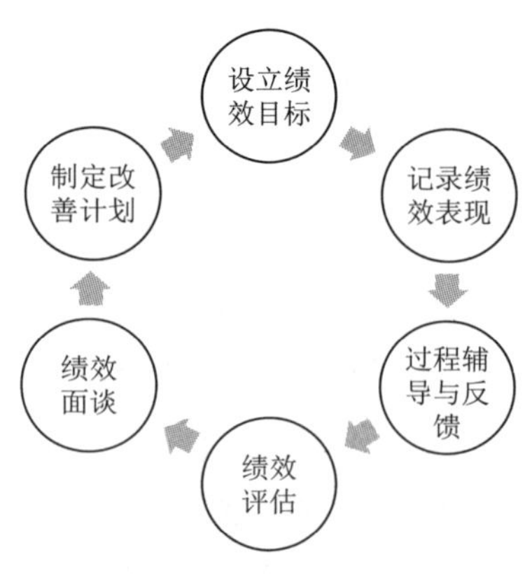

图4–4 绩效管理六步程序

1. 设立绩效目标

设立绩效目标着重贯彻三个原则。其一，导向原则，依据公司总体目标及上级目标设立部门或个人目标。其二，SMART 原则，即目标要符合具体的（Specific）、可衡量的（Measurable）、可达到的（Attainable）、相关的（Relevant）、基于时间的五项标准。其三，承诺原则，上下级共同制定目标，并形成承诺。

2. 记录绩效表现

这是一个容易被忽视的环节，其实，管理者和员工都需要花一定时间记录工作表现，并尽量做到图表化、例行化和信息化。一方面为后面的辅导和评估环节提供依据，促进辅导及反馈的例行化，避免“拍脑袋”的绩效评估；另一方面，绩效表现记录本身对工作是一种有力的推动。有一句俗话“不怕管，就怕算”，绩效记录也是一门“算”的功夫。

3. 过程辅导及反馈

过程辅导及反馈就是主管观察下属的行为，并对其结果进行反馈——表扬和批评。值得注意的是，对于下属行为好坏的评判标准事先需要与下属沟通，当观察到下属好的表现时，应及时予以表扬；同样，当下属有不好的表现时，应及时予以提醒并要求纠正。有人认为绩效辅导就是要时刻监督、检查员工的工作，这不能一概而论。正确的做法是：只是在下属需要的时候，才密切地监督他们，而他们能自己履行工作职责时，就应该放手让他们自己去做，以体现尊重与信任。

4. 绩效评估

绩效评估即我们通常所说的绩效考核或评价环节。在绩效管理过程中，评价是一个连续的过程，而绩效评估是过程中依据设定的评估方法和标准进行的正式评价。鉴于绩效结果一般需要较长时间才能体现出来，以及绩效评估等级的敏感性，越来越多的企业倾向于季度评估或年度评估。

5. 绩效面谈

绩效面谈不仅是主管和下属对绩效评估结果进行沟通并达成共识，而且要分析绩效目标未达成的原因，从而找到改进绩效的方向和措施。由于管理者和员工对反馈面谈的心理压力和畏难情绪，加之管理者缺乏充分的准备和必要的面谈沟通技能，往往使反馈面谈失效甚至产生副作用，这是需要注意克服的。

6. 制定改善计划

根据反馈面谈达成的改进方向，制定绩效改进目标、个人发展目标和相应的行动计划，并落实在下一阶段的绩效目标中，从而进入下一轮的绩效管理循环。

也许有人会说，我们连绩效考核这一环节都做不好，要做好完整的绩效管理的过程岂不更难。其实，管理问题一般是系统问题，依靠“头痛医头，脚痛医脚”的方法不能奏效，需要系统地解决问题。绩效管理系统作为一个完整的管理过程，如果只是把精力花在绩效考核上，确实难以见到成效，唯有将各个环节运作良好，才能使绩效管理行之有效，须知绩效考核只是绩效管理的一个环节而已。

4.2.3 绩效结构及比例设计

在计划经济体制下，很多企业的员工工资谈不上科学的结构设计，始终就是一个数字，这种工资结构对员工而言并不能很好发挥激励的作用。

1. 绩效结构设计

在一般企业，短时间内，员工的基本工资（个人部分和岗位部分）是很少变动的，变动比较大的是绩效工资。比如，一个销售业务人员和一个招聘专员，他们的固定工资都是 2 500 元，而绩效工资部分可能就会相差比较大，销售人员的固定工资与绩效工资比例可能是 3∶7，而招聘专员的就有可能是 7∶3。那么，到底什么样的薪酬结构是合理的？其组成部分的比例又应该怎样？

根据四大价值导向原理，其实任何薪酬结构都是由以下三大部分组成的，万变不离其宗，如表 4–6 所示。

表 4–6 薪资结构分拆表

一级结构	岗位薪资		绩效薪资		个人工资（一般称资历薪资）		
二级拆分	岗位薪资	职务补贴	绩效薪资	各种奖金	能力薪资	学历补贴	工龄薪资

有人问，那么伙食补贴、住房补贴等应该放在哪里？那是福利而非薪资部分。

那么资历薪资、岗位薪资和绩效薪资三者间的比例应如何确定呢？我们先看表 4–7 ~ 表 4–9。

表 4-7　XX 公司绩效薪资占比及浮动比例一览表（局部）

项目	总监级（A 等）		经理级（B 级）		主管级（C 级）		专员级（D 级）	
	绩效占比	浮动比例	绩效占比	浮动比例	绩效占比	浮动比例	绩效占比	浮动比例
营销管理	70%	70%	65%	60%	60%	50%	—	—
制造管理	60%	60%	50%	50%	50%	40%	—	—
财务人员	50%	50%	50%	50%	40%	40%	—	—
行政人员	—	—	—	—	30%	30%	20%	30%
技术人员	—	—	40%	50%	40%	50%	40%	50%

由表 4-7 我们可以看出，营销管理总监级别绩效所占的权重是 70%，浮动比例也是 70%，假如他的基准工资是 1 万元（基准工资 = 岗位工资 + 绩效工资），那么我们可以计算出他最高的时候可以拿到工资为：岗位工资 3 000 元 + 绩效工资 7 000 元 ×（100%+70%）=14 900 元，最低的时候能拿到的工资只有：岗位工资 3 000 元 + 绩效工资 7 000 元 ×（100%−70%）=5 100 元。所以，为了更好地激励员工，我们在设计绩效工资的时候要留有一定的余地。

表 4-8　XX 公司薪资结构及比例

薪资结构	能力薪资	岗位薪资	绩效薪资
所占比例	30%	30%	40%

其中，绩效等级与绩效对应的分配系数如表 4-9 所示：

表 4-9　XX 公司绩效等级与绩效对应的分配系数

绩效等级	A 等	B 等	C 等	D 等	E 等
绩效对应系数	150%	120%	100%	80%	50%

由表 4-8 我们可以看出，该公司把绩效薪资设计为基准工资的 40%，但它

的上下波动的规则与表 4-7 不同，它是以考核的等级来计算的。比如，考核后得出的绩效等级是 A 等，绩效工资就是 1.5 倍，最差的就是 E 等，绩效工资是 0.5 倍。运用这种方法，我们可以计算出制造管理类总监级工资，如果他的绩效工资的比例是 40%，假如他的基准工资是 1 万元，他的最高工资就是 12 000 元，最低工资 8 000 元，这样有一个波动的区间，也就能一定程度上激励员工为了拿到最高的工资而不断努力。

一般情况下，很多企业把销售人员的绩效工资比例设计为占基准工资 50% 以上，而办公室文员的绩效工资设计为占基准工资的 15% ~ 20%，其他员工在这个中间波动。其实，到底某一岗位应该是多少比例为最合适，是没固定标准的，要根据企业发展的现状进行人为的选择。

2. 资历薪资的设计

除能力薪资需要通过建立能力素质标准对员工进行评价并得出与薪资的关系需要一定的技术含量外，对于确定员工的工龄补贴、学历补贴等通常可按照企业的相应标准制定，约占薪资总额的 5% 左右。比如工龄补贴会随着企业文化的不同而出现两种截然相反的设计。一种是递增式，比如员工工龄在 1 ~ 3 年之间，工龄工资可按 30 元 / 年折算，工龄在 4 ~ 7 年之间，工龄工资可按 50 元 / 年折算，工龄在 7 ~ 10 年，工龄工资可按 80 元 / 年折算，这种工龄的算法有利于老员工，便于保留老员工；另一种是递减式，它的设计原理与递增式相反，这种方式有利于新员工，适用于创新型企业，需要保持人才的流动性。

3. 绩效比例设计

个人的工作业绩与企业的效益关联度越紧密的，个人绩效工资所占比例与员工的最终工资所得密切联系，因此通过调控员工的绩效工资占总工资的比例是一种有效的绩效管控手段。

总结多年的实践经验，通常情况下，绩效薪资占总工资额比例在 15% ~ 60% 比较合理。当然也有一种很简单的划分的方法，即不分岗位类别、不分职等高低，其绩效薪资的占比全部都一样，或是 30% 或是 50% 不定。这种做法的优点是操作容易，但激励的个性化不足。

另外，薪酬结构各部分比例设计的不同，产生的效果也是不一样的，也会影响员工在企业内部的流动。比如，一家企业里设计了两种不同结构比例的薪酬方式。

A：能力素质部分占 30%，岗位部分占 20%，绩效部分占 50%。

B：能力素质部分占 10%，岗位部分占 60%，绩效部分占 30%。

上面 A 和 B 两种薪酬结构形式，请思考下哪一种形式更适合企业内部的人才流动?

很明显，应该是 A 模式。因为 A 模式比较强调一个人的能力，无论岗位怎样轮换，都不可能把一个保安部长轮换成财务经理，一般都是相似或相近的岗位进行轮换。比如，可以把销售会计与成本会计进行轮换，把人力资源经理与行政经理进行轮换，或者是把销售经理与市场经理进行轮换，把研发经理与工程经理进行轮换。所以说轮岗一般都是近距离的轮换，岗位性质基本是同一类的，一般都不会差别过大，当然个别情况也有。

所以，岗位轮换更强调一个人的能力，而淡化岗位，岗位工资变化不大。例如，某公司员工张某，他的能力工资是 100 元，岗位基本工资是 2 000 元，绩效工资是 600 元，共 2 700 元；另一位员工李某，他的能力工资是 700 元，岗位基本工资是 2 000 元，绩效工资是 800 元，共 3 500 元，那么像张某这种工资结构对于岗位轮换来说是比较难实施的，因为能力工资太低，说明轮换对他的能力来说有比较大的难度。

4.2.4　绩效管理的工具应用

“工欲善其事，必先利其器”，掌握并运用合理的绩效考核工具是 HR 做好绩效管理的基础。在企业的绩效管理中，常用的绩效体系设计工具有目标管理（MBO）、关键绩效指标（KPI）、目标与关键成果法（OKR）、平衡计分卡（BSC）、主基二元法和 360 度评估法等。这些方法本身没有好坏之分，处在不同管理阶段的企业应根据自身的经营管理状况，选择合适自身发展阶段的方法。

1. 传统的绩效考核应用误区

我们先来看一则小故事。某位科学家曾做过一个有趣的实验：他们把跳蚤放在桌上，一拍桌子，跳蚤迅即跳起，跳起高度均在其身高的 100 倍以上，堪称世界上跳得最高的动物！然后在跳蚤头上罩一个玻璃罩，再让它跳；这一次跳蚤碰到了玻璃罩。连续多次后，跳蚤改变了起跳高度以适应环境，每次跳跃总保持在罩顶以下高度。接下来逐渐改变玻璃罩的高度，跳蚤都在碰壁后主动改变自己的高度。最后，玻璃罩接近桌面，这时跳蚤已无法再跳了。科学家于是把玻璃罩打开，再拍桌子，跳蚤仍然不会跳，变成爬蚤了。

看了这则小故事，我们不禁要问原本活蹦乱跳的跳蚤怎么啦？跳蚤变成“爬蚤”，并非它已丧失了跳跃的能力，而是由于一次次受挫学乖了，习惯了，麻木了。我们的企业同样存在这样的问题，总是在有意识地为员工设限，来控制和约束员工的行为。

传统的绩效考核基于这样一种经济假设，员工和机器设备、厂房一样，仅仅是一种创造利润的工具。因此，在企业看来，员工和机器设备一样是一种成本，必须尽量节约成本，严格控制成本。在员工看来，他认为自己仅仅是一个打工者。他和企业之间是完全的雇佣关系，他不会也不愿意去主动关心企业的发展。在企业工作仅仅是为了一份工资而已。

对员工的管理方式上，企业为了最大限度地节约成本，会设置种种条条框框来控制员工的行为。既不鼓励员工创新，也不允许员工犯错误。简单地说，传统的绩效考核思想就是“控制人的思想，禁锢人的灵魂”。在这种思想的引导下，员工只有抱着“不求有功，但求无过”的心态在工作，认为老板搞绩效考核就是为了扣工资，少发奖金。在笔者接触的许多企业的老板中，很多老板常常因为员工没有完成工作任务，而不分青红皂白地一律扣发工资或奖金。

传统的绩效考核关注的是以事为中心，而忽略了人和机器设备等物是有差别的，人会主动思考，有自己的追求。尤其是如今的知识经济时代，人的因素越来越引起了管理学界的重视，其中最有代表意义的就是目标管理，它体现了以人为本的思想。

2. 目标管理（MBO）

目标管理（MBO）被管理学界喻为像哥白尼日心说一样具有划时代意义的管理工具，与学习型组织和企业流程再造（BPR）并称为 20 世纪最伟大的三大管理思想。目标管理（MBO）是由管理学大师彼得·德鲁克在 1954 年首先提出来的，并率先在通用电气公司（GE）实行，取得了巨大成功。MBO 的特点在于以人为本，强调员工参与管理，能有效调动员工的积极性。它基于员工所完成的工作来评价员工的工作表现。

目标管理（MBO）的主要优点有 3 个方面。

（1）上承战略，下控执行。千斤重担大家挑，人人身上有指标。目标管理的实施切切实实地提高了组织管理的效率，它比计划管理方式在推进组织工作进展、保证组织最终目标完成方面更胜一筹。

（2）任务明确，控制有效。目标管理的另一个优点是使组织各级主管及其成员都明确组织的总目标、组织的分工与合作，以及各自的任务。同时，目标管理本身就是一种管控方式，包括 PDCA 循环系统，目标管理并不是目标分解下去便万事大吉了，事实上组织管理者在目标管理中要经常检查、对比目标，看谁做得好，如果有偏差就要与下属一起及时纠正。

（3）结果易于观察和评估。目标管理法通过对比起初设定的绩效目标与员工的实际发生绩效的差距，很容易进行结果的观测与评估，同时适用于进行绩效的及时反馈和辅导。

虽然 MBO 对于管理学界具有划时代的意义，在实际操作中，目标管理也存在许多明显的缺点，主要表现在 3 个方面。

（1）目标难以准确制定，目标的设置有时候比较困难或有争议，难以选定或难以量化。

（2）有时候强调短期目标，对企业长远发展不利，且目标一旦确定，执行过程比较难调整，无法适应快速变化的环境。

（3）目标管理的协调成本比较高，且对管理者的素质要求比较高，要大家有统一的认识。

在实施 MBO 上，我们在长期的管理咨询实践中，提出了“四共”的思想，即共识、共担、共享和共赢。“共识”就是上级和下属通过共同协商，就制定工作目标达成共识，并签订绩效契约，全力以赴地去实现目标。“共担”是指为达成目标或者出现失误时，一起承担责任，并相互检讨。“共享”是指团队成员间的信息、知识、技能和资源等完全共享，各自发挥自己所长，共同向着既定的目标前进。通过共识、共担和共享，最终实现目标，形成个人与团队、团队与企业共赢的局面。

3. 关键绩效指标（KPI）

关键绩效指标（KPI）被称为第二代目标管理，它是用来衡量员工工作绩效表现的具体量化指标，是对目标完成效果最直接的衡量依据。关键绩效指标的制定是在企业高层领导对企业战略达成共识之后，通过价值树、任务树、鱼骨图分析等方式来分解成关键成功因素（KSC），再分解为关键业绩指标（KPI），再把 KPI 按部门和岗位自上而下地分解。制定 KPI 的主要目的是明确引导经营管理者将精力集中在能对绩效产生最大驱动力的经营行为上，及时了解判断企业营运过程中产生的问题，及时采取提高绩效水平的改进措施。

关键绩效指标（KPI）考核法的主要优点。

（1）考核目标明确、量化，将战略目标层层分解落实到岗位关键绩效指标，通过控制 KPI 指标，使员工的绩效行为与企业的要求达成一致，让企业目标不偏离。

（2）重点指标锁定，利用二八原则，紧抓关键指标，突出管理的效能，起到四两拨千斤的作用，发挥绩效管理的最大价值。

（3）动态管理，KPI 指标不是一成不变的，比目标管理更显灵活，企业在不同发展阶段关注不同的 KPI 考核，便于动态管理，更有利于企业形成市场导向的经营理念和不断发展的创新意识。

在实现操作过程中，确定关键绩效指标，要遵循 SMART 原则，即具体化、可度量、可实现、相关性以及时限性。同时，KPI 虽然能够良好地突出企业发展的要点，并且实施成果导向的考核。但是在部门之间的平衡作用上效果不明显，忽视了部门间的关系与权重。而且，KPI 的要素基本是相互独立的，没有体现彼此的联系，在时间的维度上也没有超前与滞后之分。它的分解与落实都是以既定目标为核心的，因而不能突出部门或个人的特色及职能。

4. 平衡计分卡（BSC）

平衡计分卡（Balance Score Card，简称 BSC）是由哈佛商学院教授罗伯特·卡普兰和大卫·诺顿在总结多家绩效测评处于领先地位企业经验的基础上，于 1992 年发明并推广的一种战略绩效管理工具。它与 KPI 最大的不同在于：BSC 是以总体战略为核心，分层次、分部门不同设置的，更具有战略管理意义。

平衡记分卡包括以下 6 种要素：维度、战略目标、绩效指标、目标值、行动方案和具体任务，并且把对企业业绩的评价划分为 4 个部分：财务角度、客户、经营过程、学习与成长。它反映了财务与非财务衡量方法之间的平衡，长期目标与短期目标之间的平衡，外部和内部的平衡，结果和过程的平衡，管理业绩和经营业绩的平衡等多个方面。所以能反映组织综合经营状况，使业绩评价趋于平衡和完善，利于组织长期发展。

平衡计分卡 BSC 的主要优点及特征。

（1）既关注战略，又考虑实际经营管理，是战略落地和企业经营管理之间的平衡。

（2）既关注财务指标，又有非财务指标，是财务与非财务的平衡。

（3）关注企业的结果性指标与动因性指标之间的平衡；关注企业长期目标与短期目标的平衡。

但平衡计分卡在中国本土实施却遭遇层层阻力，其主要劣势有以下 3 个方面。

（1）实施难度比较大，对管理后台、财务的数据指标要求比较高。

（2）实现过程工作量大，短时间内比较难实现，花费较大的人力物力。

（3）适合于较大型企业，对于初创型企业或中小微企业不太适用。

综合以上绩效考核工具，我们可以看出，无论是目标管理（MBO）、关键绩效指标（KPI）还是平衡积分卡（BSC），都有其本身的缺点和局限性，它们所适用的企业类型和规模也是不同的。另外，不同的文化背景下对其有效性也有所影响。在实践中，目标管理（MBO）、关键绩效指标（KPI）、平衡积分卡（BSC）实际上代表了不同的管理水平，这三者之间实际存在一个层层递进的发展关系。例如，企业要成功实施平衡计分卡，必须首先引入目标管理，将员工的工作方向统一到为达成企业总目标而展开，并且控制关键点，因为目标管理和关键绩效指标是实施平衡计分卡的两大基石。对于企业而言，没有必要刻意去追求或刻意模仿那些世界先进企业的绩效工具，关键是吃透企业自身的管理实际，选择最适合自己的绩效管理工具，毕竟适合的才是最有效的。

4.2.5　不可忽视的绩效面谈

绩效面谈是现代绩效考核当中非常重要的环节。通过绩效面谈，实现管理者和下属之间对于绩效问题的沟通和确认。通过绩效面谈，共同制定相应的绩效改进计划，以弥补绩效的缺口，提高员工绩效水平；通过绩效面谈，将企业的期望、目标和价值观一起传递，形成价值创造的传导和放大机制，促进企业的持久发展。

1. 绩效反馈面谈准备

绩效面谈目的是给员工以正确的导向，指出其长处与不足，最终起到激励的效果。与绩效辅导不同的是，绩效面谈最好是以一对一面谈的方式进行，当然管理者可以通过书面报告或者会议形式来进行绩效反馈的，但对于绩效反馈的效果，相比一对一面谈要差一些。在绩效反馈面谈前，我们需要做好以下准备工作。

（1）绩效时间、地点的确认，提供一个双方都方便的时间与地点，让员工在情绪比较平缓、工作压力较小以及没有较紧急的工作任务时进行。一般来说，上午的 9：00 ～ 11：00 或下午的 2：00 ～ 4：00 是比较合适的时间段。

（2）收集相关资料。管理者与被考核人都应当为绩效面谈准备相关的资料，以便提前了解被考核人的工作目标以及目标完成情况。

（3）准备面谈提纲。此处管理者常犯的错误是，认为没有必要、太麻烦，或者面谈之前脑子里有个思路就可以了。实质上很容易发生突出情况，甚至与员工发生争吵和冲突，这都不利于绩效面谈的顺利进行。

2. 面谈策略的选择

总的来说，可以根据员工工作状态的 4 种类型来制定不同的面谈策略。

（1）贡献型（工作业绩好 + 态度好）。

贡献型员工是企业创造良好团队业绩的主力军，是企业最需要维护和保留的。面谈策略应是：在了解企业激励政策的前提下予以奖励，提出更高的目标和要求，多授权、多给予机会与支持。

（2）冲锋型（工作业绩好 + 态度欠佳）。

这类员工的不足之处在于工作忽冷忽热，态度时好时坏。对此分析其原因，多源于两方面：一种是性格使然，喜欢用批判的眼光看待周围事物，人虽然很聪明,但老是带着情绪工作。第二种是沟通不畅所致。对此类员工切忌两种管理倾向：一是放手，认为只要干出业绩就行，不干涉他怎么做；二是严格管理，认为这类人要，实在不合群就解聘。其实对于冲锋型的员工，采取的面谈策略应当是：首先做好有效沟通，既然冲锋型员工的工作态度不好，只能通过良好的沟通建立信任、了解原因，改善其工作态度；其次加强日常辅导，通过日常工作中的辅导改善工作态度，不要将问题都留到下一次绩效面谈。

（3）安分型（工作态度好 + 业绩一般）。

这类员工往往工作态度不错，工作兢兢业业、认认真真，对领导、企业有很高的认同度，可是工作业绩就是上不去。对他们面谈的策略应当是：制订明确的、严格的绩效改进计划作为绩效面谈的重点；严格按照绩效考核办法予以考核，不能因为态度好代替工作业绩欠佳，更不能用工作态度掩盖工作业绩。

（4）堕落型（工作业绩差 + 态度差）。

这类员工属于企业的老鼠屎，他们会想尽一切办法来替自己业绩差辩解，喜欢找各种客观原因，甚至归结于企业的问题。对此下属的面谈策略应当是：首先，重申工作目标，立场明确地指出其在工作中存在的问题。第二，应以制度、规则进行约束，丑话说在前面，长期完成不了目标的应给予末位淘汰，管理者不能为了不伤和气而长期做老好人。

3. 绩效面谈的步骤

（1）开场白。

开场白为实施绩效面谈的第一步，主要营造有效的面谈氛围，陈述面谈的目的、时间与进程安排等，沟通过程中，管理者要保持一个相对正式和严肃的态度，不宜过于轻松，但也不需要太拘谨和死板。

（2）告知下属评估结果。

这个环节的要点是简明、客观、真实、准确地表达出管理者的观点，在说明结果的过程中不需要做太多的解释，要围绕被考核人当初设定的目标展开，并请被考核人说明目标没有完成的原因、打算、如何改进、具体的实施计划以及需要上级给予的支持或帮助等。

（3）与被考核人商讨有异议的部分。

有异议是正常现象，异议不代表矛盾，不要因为被考核者有异议或异议太多而心情烦躁，也不要刻意逃避，要正面处理，注意求同存异，从彼此皆认同的相同处着手。就事论事，对事冷静，对人温柔，注意措辞，不要用一些极端的语气或用词，不要让面谈伤了大家的心。

（4）制订改善计划。

在绩效面谈过程中更多的是谈未来而不是一味纠结于员工过去所犯的错误之中，在面谈过程中最好有绩效面谈记录，模板如表 4-10 所示。在绩效面谈的最后环节要有明确的改善计划，要明确计划的具体完成时间、具体改进的事项、计划中各方的责任、跟进方式等，并且形成书面文件。对赖皮型的员工或经常不守约的员工，必要时可以好言提醒，若他仍不信守承诺，管理者可以告知他可能会采取的行动，以及下属将要承担的后果。

表 4-10　绩效面谈记录表

员工姓名		部门 / 组		职位	
面谈时间		面谈地点		面谈人	
绩效结果反馈					
工作中需要改善的地方	绩效表现中存在的不足				
	原因分析			解决办法 / 改进举措	
	能力				
	态度				
	知识				
	其他				
绩效改进计划（次月 改进计划内容）					
绩效改进期					
改进项	具体计划 / 目标值	开始时间	完成时间	考核权重	
绩效面谈沟通的确认					
员工签字 / 日期		部门负责人签字 / 日期			
备注：绩效面谈沟通给予员工绩效改进并及时反馈，最终提高员工绩效，此表交予部门归档管理					

第5章 有效激励，让员工自动自发

本章主要介绍有效激励的原理、方法与技巧；如何进行有效的员工激励管理；如何设计短期、长期激励措施以及对于新生代员工如何进行有效的激励。

5.1 心中有数，掌握激励的原理与逻辑

5.1.1 人效提升革命：员工激励

这几年我在全国培训授课之余，与广大老板、HR 交流时，往往发现他们有如下 4 点困惑：（1）企业新员工招聘越来越难，老员工的流失率居高不下。（2）人工成本逐年增加，业绩却未见明显提升。（3）发现周围的企业都在涨工资，你不涨工资根本留不住人。（4）常规的激励方式根本不起作用，激励方式越来越需要标新立异。

的确，企业的招人、用人、留人都跟员工激励离不开，但很多企业经营者只知道一味地用金钱去满足员工需求，甚至到了唯物质激励的地步。实际上，人性在金钱面前非常脆弱。在不同的阶段、不同的年龄、不同的层级、不同的状态之下，人的物质需求和精神需求是不一样的，人对成功的渴望也是不一样的。正是由于人性所表现出的复杂性、阶段性、层次性、时间性等特点，企业在实施员工激励时要讲究科学性、时效性、合理性，从人性出发，敬畏人性。

有效激励的目的是发掘人性、激发人性、赋能人性，让人创造更大的价值，激发员工由内而外地工作，激活人的动机和动力，进而激活组织，去创造更大的组织绩效。

1. 成本上涨 VS 劳动效率下降

企业的人工成本包括员工获得成本、开发成本、使用成本、保障成本和离职成本，如图 5-1 所示。

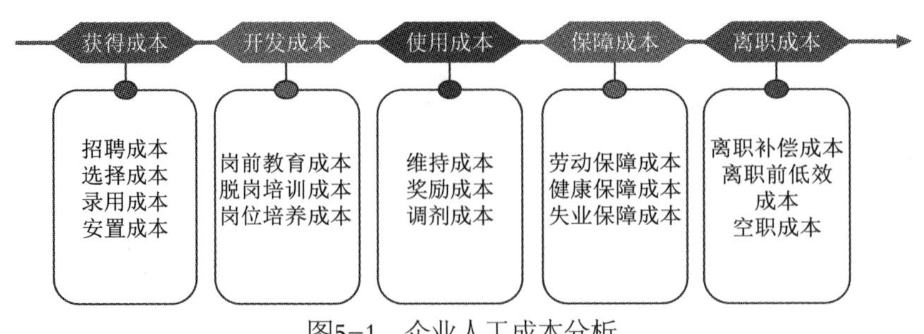

图5-1 企业人工成本分析

我们先来看一下招聘成本，某企业计划在南昌招聘 20 名大学生，招聘时间为一个月，招聘方式包括发布广告、举办招聘会、到学校宣讲等。产生的费用包括：招聘人员的工资及福利费用 6 000 元，招聘洽谈会场费 1 000 元，差旅费 1 000 元，广告费 800 元，宣传资料 500 元，管理分摊费 300 元，临时设备及物料使用费 2 000 元，合计招聘成本 11 600 元，分摊到新员工身上计 580 元 / 人。现在企业招人越来越难，大家想方设法去各种渠道"搂人"，如网络招聘、校招、猎头、合作办学、熟人介绍、行业推荐，管理层带着招聘指标回家过年等。为了招人，企业出台各种激励措施，员工内部推荐服务的奖励从最初的 100 元 / 人涨到现在最高 1 000 元 / 人，给愿意来的异地员工报销路费，给新人发放入职奖励、加大工龄补贴等。

假设一家企业有 2 000 名员工，每一名员工的基本工资是 4 000 元，再加上各种绩效奖金、福利补贴，每月计 5 000 元，那么全年总共 1 亿元（不包括其他隐性成本），按照每年员工流动率 30% 计算，要招 600 人，人均 800 元的招聘费用（包括广告费、中介费、猎头费、内部推荐费、差旅费、招聘人员工资费用分摊等），每年至少需要招聘费用 48 万元，如果流动率提高，招聘费用将会更高。再加上新税法与新的《劳动法》出台，对企业的合规性要求越来越高，企业员工的五险一金、员工福利也是一笔不小的费用，直接增加了员工工资的 10% ~ 20%。从这些数字可以看出，企业的用工成本的确很大。

某次与一位有着 200 人规模的生产型企业老板交流，他向我诉苦道："2019 年公司的销售额是 7 000 万元，但有三分之一的应收账款在外面还没收回，现在发年终奖都没钱，一年来看似大家都很忙，但一算毛利也就 15%（1 050 万元）左右，除去员工全年工资 900 万元（以人均 4.5 万元 / 年核算），再加上其他的固定资产折旧、厂屋租金，一核算发现全年不仅不赚钱还可能要亏本。"这种情况的确是目前我们大多数中小微传统生产型企业的经营困惑：用工成本高、厂房租金高、产品利润低、销售难做。

一方面企业的用人成本越来越高，但另一方面员工的工作效率却未见明显提升。工作群体上班时间平均有 1 小时在看微信，假设某公司有 1 000 名员工，每天公司就有 1 000 小时的效率损失，按照每小时员工工资标准 15 元进行计算，那么每天就是 1.5 万元的效率损失。每年 250 多个工作日，一年的效率损失竟高达

375 万元的损失，这个数字值得我们 HR 深思。

2. 员工价值的资产区 vs 负债区

在给 HR 做授课分享时，我经常会问大家几个问题：员工的价值如何衡量？企业有多少员工创造的价值是正的？有多少员工创造的价值是负的？ HR 如何确保员工产生正的价值？

我们首先来看一个公式：员工的价值 = 员工产出 − 员工人工成本

- 当员工产出大于人工成本时，员工是有价值的，是企业的“资产”。
- 当员工产出等于人工成本时，员工价值是 0。
- 当员工产出小于人工成本时，员工价值为负，是企业的“负债”。

按照二八原则，企业 20% 的员工创造了 80% 的业绩，也说明企业中有相当一部分员工创造的价值小于其人工成本，是企业的“负债”，尤其是那些工作效率低下、整天抱怨、工作业绩低的员工，他们不仅不给企业带来正向价值，并且还会带来负面的影响，影响其他员工的士气。

企业中员工一般有几个低效期：一是刚招聘进来的新员工有一个适应期（至少 3 个月），这段时间他所创造的价值是负的，是企业的“负债”。二是准备离职的员工，由于心已经不在企业了，有相当长一段时间其工作效率是低下的，也有可能创造的价值是负的，也是企业的“负债”。三是员工在日常工作期间，如果该员工不思进取，不加强自我学习，又会进入产出的衰退期，而企业的支付成本并未下降，这时员工的价值又会变成负数，他也可能成为企业的“负债”。四是员工的心态不好或者职业瓶颈遇阻，工作动力不够，导致出工不出力，在这段时期内该员工所创造的价值也可能是负的。

因此说，以下几类员工皆可能是企业的“负债”型员工：半年内新员工、技能差老员工、情绪差老员工、价值观严重与企业不符的员工、离职前的在职员工，如图 5-2 所示。

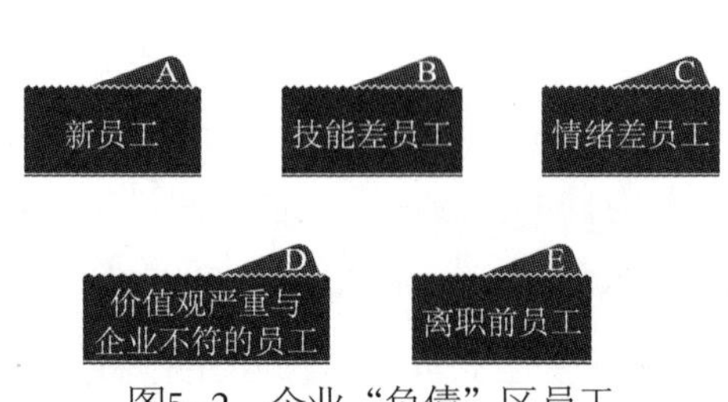

图5-2　企业“负债”区员工

3. 降低人工成本 vs 激活员工潜能

从员工价值的公式来看，要想提高员工的价值贡献，通常有三种方法：一是想办法降低员工的人工成本。二是激活员工潜能，提升人均产出。三是关注重点“负债区”员工，想办法止损，重点提升其价值。很多企业采取第一种方式即降低人工成本，但这种方式一般会带来双输的效果，让员工形成与企业博弈的心态：多给钱就多干活，少给钱就少干活，反正是打工，慢慢做事，上班磨洋工就是了。

某次我去一家生产型企业授课之余与其 HRD 李女士交流，她说她们企业的成本控制优势是员工工资低。我去她们企业生产一线与几个员工交流发现，虽然员工对企业诸多抱怨，但由于企业所处在四线城市，是当地为数不多的较大的一家生产型企业，名气大，员工一是图在此上班离家近、安逸，并且大部分员工的学历不高；二是大部分是老员工，大家一起共事都比较有感情，且企业领导对大家都比较好。从此案例中可以看出，这种在相对封闭的地域环境下，通过控制员工工资来控制人工成本的方法是可行的，因为没有可比性。但试问如果在竞争激烈的一二线城市的企业，员工就业选择的机会多，这种用降低人工成本的方式来提升员工价值的做法往往是行不通的！

因此说，对员工的有效激励，激发其潜能，提升人均产出或提升关键人才的产出才是提升企业员工价值的核心之道。重点是通过有效激励，提升员工的敬业度，让员工爱上自己的事业，让员工与企业形成三个共同体：利益共同体、事业共同体、命运共同体。全球知名咨询机构盖洛普的研究表明，一个爱岗敬业的员工，其产出效率远远超过一般员工。如果一个员工发挥 30% 的潜能，就能胜任工作；发挥 60% 的潜能，就可以做得很优秀。但研究发现，超过 85% 的员工没有充分发挥其工作潜能。

国内有效激励做得较好的企业是华为。华为通过：激励人才的“三高”机制（高效率、高压力、高工资）、全员持股、建立多条发展通道、完善任职资格体系、鼓励试错、营造年轻人喜欢的组织氛围等措施全面激活员工，打造华为“狼性”团队，其产出的人效远远超过一般企业。

5.1.2 激励的误区与原则

1. 有效激励的常见误区

企业有效激励的常见误区主要有以下几种。

（1）以钱为本式的激励，误认为激励就等于发钱。

（2）大锅饭式的激励，把激励变成普惠大众。

（3）重德轻才式的激励，只关注员工的品行，不看重员工的业绩表现。

（4）以职代赏式的激励，认为激励员工就是让其职位升迁。

（5）墨守成规式的激励，激励措施过于传统、保守，或者只有惩罚没有奖励。

（6）不授权式的激励，其实有效授权是最有效的激励方式，给员工责任感。

（7）期望过高式的激励，把员工的胃口调得很高，骑虎难下。

下面重点讲解三个误区：

误区一：激励等于发钱。

大部分企业的管理者存在一个思维误区：激励就等于发钱，现在企业没钱拿什么来激励员工，我要是像华为那么有钱，我也给员工发高薪。

【案例 5–1】某连锁餐饮门店近期发现员工流失厉害，业绩完成得不好，找来几个店长询问原因，店长反馈：门店人员流失率高，主要是员工工资低；门店业绩差主要是门店地理位置选择不好，客流量少。如果增加员工工资，可能大家的积极性会更高，招人也好招些。老板一听有道理，找来人力资源管理部负责人商量，该负责人也同意这个意见，于是老板决定给所有门店员工加工资 5%，关键人员加工资 10%，可加完工资发现门店招人依然困难，员工积极性依然没有激发出来，老板甚是困惑。

【案例 5–2】某互联网金融公司销售部门实行低底薪、高提成，只要业务员工有业绩，可以不用来公司打卡，要把大量时间用来“泡客户”。2018 年行业形势大好，许多业务员工资收入不菲，年轻的 90 后都能拿到上万月薪，甚至有的高达 2 ~ 3 万元 / 月，一时间这些员工又是买苹果手机，又是出国旅游，甚是欢喜；可到 2019 年上半年行业规范化整顿，许多业务遭遇瓶颈，大部分业务员拿到手的工资也就 3 000~6 000 元 / 月，这样一来，员工的积极性大受打击，员工离职率飙升，HR 部门感觉到天天在招人。

以上两个案例都犯了激励唯钱论的错误，由于人的需求是多样性的，纯粹的物质激励往往会带来较大的负面作用，容易给企业造成“赔了夫人又折兵”。

误区二：把激励当成福利。

赫茨伯格的双因素理论把对人的激励分为两大类：激励因素、保健因素。激励因素包括工作本身、认可和责任，这些因素涉及员工对工作的积极感情，又和工作本身的内容有关。保健因素包括企业政策、管理、薪水、工作条件以及人际关系。

有效激励的核心方法是超出员工期望，让其感觉到情理之中，意料之外，有惊喜感，而不是让其感觉到“那是企业应该给他的”。因此说，不要把对员工的激励因子变成保健因子，错把激励当成福利。

【案例 5-3】安徽合肥某高科技生产企业招聘了大量外地员工，为稳定员工，激发员工动力，做出了如下激励措施。

（1）为解决员工住宿难的问题，企业出钱租了一批公寓（50 套），市场租赁价 2 000 元 / 月套，企业以 500 元的优惠价让员工居住。

（2）年轻员工结婚，企业送礼 800 元 / 次，双职工结婚送 1 000 元 / 次。

（3）精心打造员工食堂，增开员工晚餐（免费提供，原已经提供了中餐）。

几年下来，老板发现激励措施变了味，本来为员工解决住宿、餐饮是为方便外地新员工到企业来人生地不熟，再说新员工本身工资待遇不高，尤其是刚毕业的大学生，支付较高的房租会导致其压力增大。但由于管理不善，这些激励措施并没有严格的界定，导致许多在企业工作 3 ～ 4 年的员工，有的已经结婚并在本地买了房，还在长期占用员工宿舍；同时，很多本地员工晚上也在企业用餐，甚至打包带回家。

结果老板叫人力资源部作一个管理现状与成本核算，发现存在很大的管理漏洞。我们一起来核算下成本。

（1）每年租房 50 套，企业补贴 1 500 元/月，一年共补贴 90 万元。

（2）年轻员工一年平均结婚 30 对，800 元/次，共支出 2.4 万元。

（3）增开员工食堂晚餐，按每人每餐 10/元标准核算，全年共增加 30 万元。

全年合计支出：90 万元 +2.4 万元 +30 万元 =122.4 万元。

此案例激励方法虽有可取之处，但却把激励当成员工福利，失去了激励的效果，让员工养成理所当然的习惯，甚至占便宜的心理，且管理不善，导致员工容易钻空子。

误区三：把激励当成普惠大众。

还有些企业把激励当成普惠大众，会哭的孩子有奶吃，于是出现了谈判工资、全民奖励等现象。

【**案例 5–4**】某房地产企业 2018 年上半年销售创历史新高，在会上总经理表扬了销售部全体员工，并当场决定奖励销售业绩前十名的业务员去欧洲旅游，会上销售部一片叫好。可会后销售总监找到总经理说道“领导，上半年销售业绩之所以这么好，来源于大家集体的功劳，你只奖励前十名的业务员工，严重打击其他业务员的积极性呀，况且企业总共也就 20 多个业务员，要奖励就全体都奖励吧，也不差这么十几个名额。”在总监的一再游说下，总经理最终答应销售部全体业务员欧洲一周游，大家甚是开心。

此案例中，虽然大家开心了，但却失去了激励的核心价值，让激励变成了惠普大众的福利。

2. 有效激励的原理

由于人性的复杂性、人的需求的多维度性，企业在进行员工激励时一定要讲究科学的方法和有效的艺术，否则激励不到位，不仅起不了激励作用，还可能引发负面效果。一般来说，有效激励有以下 5 个原则：科学性原则、针对性原则、差异性原则、规则性原则和时效性原则，如图 5–3 所示。

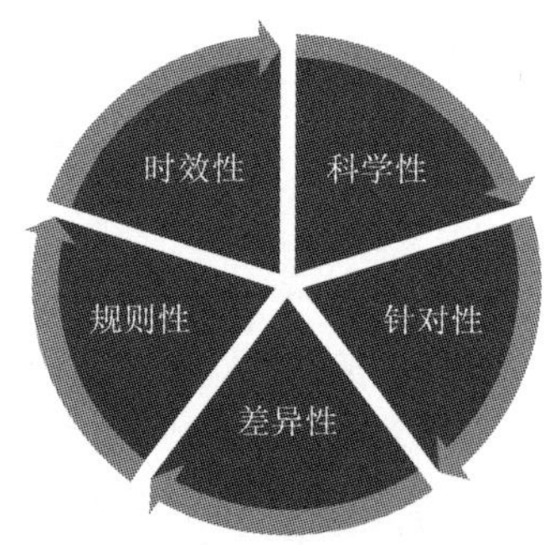

图5–3　有效激励的5个原则

（1）科学性原则。

激励是一门科学，既要充分了解人性与人的需求，让激励具有针对性、系统性，又要科学有效。激励最大的困惑是“水烧到 99 度也无法沸腾”，就像某热恋中的男生积攒了好几个月工资给女朋友买了一部手机，结果女朋友没有表现出半点喜悦，因为她期望中的礼物不是她。同样企业中员工的激励也是一样，激励不到位等于没激励，激励成本太高企业的成本无疑增多。因此，激励要掌握好度，用科学的方法与有效的艺术，达到小激励大效果的妙处。

【案例 5-5】某企业 2017 年亏损 800 万元，几近倒闭，在危难之际，企业通过猎头招聘到一名营销副总，希望其能带动企业的销售以让企业起死回生，企业老总答应给该营销副总每月底薪 2 万元，企业总业务提成 1%，同时让其持有企业 10% 的股份。谁知到 2018 年，由于外界环境利好，再加上政府优惠政策，企业于 2018 年销售额突破 2 亿元，净利润 1 500 万元，按照这种算法此营销副总年薪 + 分红：2 万元 / 月 ×12 个月 +2 亿元 ×1% 提成 +1 500 万元 ×10% 的分红 =374 万元。此时企业老总犯难了，企业近一小半的利润被该营销副总拿走了，不给吧，又怕别人说企业不讲信誉；给吧，确实心痛呀，后来该企业老总就想方设法让这名营销副总离职，营销副总就是不走，待在企业也不怎么干活，反正企业有 10% 的股份，每月还有 2 万元的底薪。

此案例中的薪酬激励明显缺乏科学性，老板属于拍脑袋做决定型，这也是许多中小企业领导的通病，议价工资，企业没有科学的薪酬体系和激励体系。

（2）针对性原则。

纳金斯提出的强化激励理论指出，一种行为的肯定或否定的后果（报酬和惩罚），它可以在一定程度上决定这种行为在以后是否会重复发生。根据强化的性质和目的，可以把强化分为正强化和负强化。在管理上，正强化就是奖励那些组织上需要的行为，从而加强这种行为；负强化就是对一些错误的行为采取一些使人受挫的措施，告知人们这种行为是不可取的，从而削弱这种行为。

由此得出，激励具有导向性，希望员工去做的，我们用正向激励法，不希望员工去做的，我们用负向激励法，激励必须有明确的目标性和针对性。

（3）差异性原则。

激励一定是有差异性的，不能一刀切。原因有三：一是不同的员工有不同的需求，甚至同样的员工在不同的年龄、工作时段有不同的需求。二是激励必须差异性，打破平衡才能真正起到奖勤罚懒，鼓励大家争先抢优。三是不同的企业有不同的文化、员工综合特征，不能照搬别的企业的激励方式，而是要找到最适合自己企业的员工激励方式。

首先，激励的差异性体现在因人而异、因时而异。《三国演义》中的曹操对关羽可以说是关怀备至，非常器重。关羽投降于曹操后，曹操对关羽非常好，三日一小宴，五日一大宴，还给关羽定做了衣锦战袍，赠他赤兔马，这都没能让关羽心动而诚心投奔曹操门下，而是飞奔向刘备，因为关羽更看重与刘备的兄弟情谊。

其次，激励的差异性体现在打破平衡。海尔提出的口号是“赛马不相马”，华为提出的口号是“不能让雷锋吃亏”“以奋斗者为纲”。企业的激励之道一定是差异化的，不能吃大锅饭而导致让激励变成福利，这样不仅起不到激励效果，还拔高了员工的欲望。

（4）规则性原则。

规则性原则的意思是说，激励一定要作为企业的相关制度固化下来，要做到有法可依，有据可查，不能拍脑袋做决定或者随意更改。

【案例 5–6】我的一个朋友邬女士在某公司担任 HRD，其老板是一个典型的 I 型（活泼型）性格，外向活泼，喜欢玩，做事相对比较随意，经常是决定的事情又推翻。一次在会上跟全体高管说：“这个月大家好好干，完成业绩我请全体高管去巴厘岛旅游。”结果当月超额完成任务，月底邬女士作为 HRD 去跟老板对接旅游事宜，谁知这名老板说：“我什么时候说过?”，听到老板这么说，站在旁边的几个其他部门总监与我这名朋友共同跟老板对质：“老板你的确说过，在 ×× 会上，你忘记了?”老板接着又说：“我即使说过，有文件签字吗？如果没有，不算!”

经此事情后，各部门总监长了个心眼，凡事每次跟老板汇报工作一定带一份文字材料，如果老板同意，当面叫老板签字确认。

此案例中老板的做法的确轻言寡信，也影响大家对老板和公司的权威与信誉度。

（5）时效性原则。

激励的时效性原则非常重要，激励一方面要掌握度，过犹不及；另一方面要掌握时机。一般来说，激励的最佳时机包括以下几点。

- 员工对某种需求有强烈的满足愿望时，是激励人的“最佳时机”。
- 员工对自己的过错有悔恨之时，应当是激励人的“最佳时机”。

◆ 员工处于某种困难时需要有效的激励。

◆ 员工触动旧情时是激励人的“最佳时机”。

5.1.3　常见的激励理论

无论是薪酬激励还是非物质激励，都要遵循激励的基本原理与逻辑，了解人性，掌握人性，方能起到事半功倍的效果，否则既浪费了激励成本，又起不到激励的效果。

有关激励的理论包括内容型激励、过程型激励、调整型激励和综合型激励四大类，如图 5-4 所示。

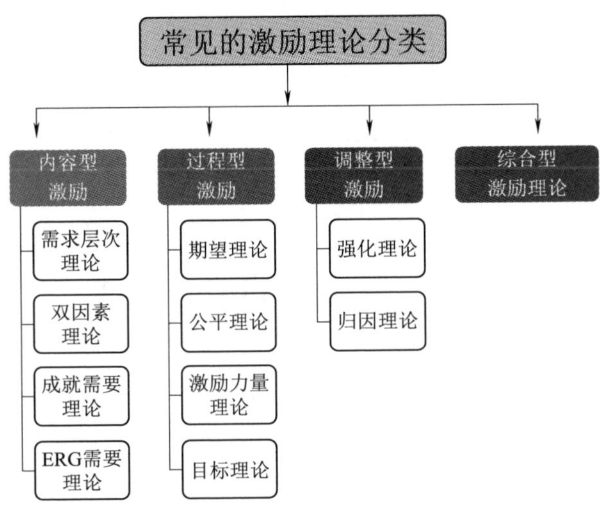

图5-4　常见的激励理论分类

◆ 内容型激励，是针对激励的原因和引起激励作用因素的具体内容进行研究的理论，这种理论着眼于满足人们需要的内容，即人们需要什么就满足什么，从而激起人们的动机。内容型激励重点研究激发动机的诱因，主要包括马斯洛的“需要层次论”、赫茨伯格的“双因素论”、麦克利兰的“成就需要激励论”和奥德弗的“ERG 理论”。

◆ 过程型激励，重点研究从动机的产生到采取行动的心理过程，主要包括弗鲁姆的“期望理论”、豪斯的“激励力量理论”、洛克的“目标理论”和亚当斯的“公平理论”。

◆ 调整型激励又称行为后果激励，是以行为后果为对象，研究如何对行为进行后续激励，这一理论主要包括强化理论和归因理论。

◆ 综合型激励是在对上述三种理论归纳总结之后形成的比较全面的激励理论，主要包括波特尔和劳勒的综合激励模型，如图 5-5 所示。

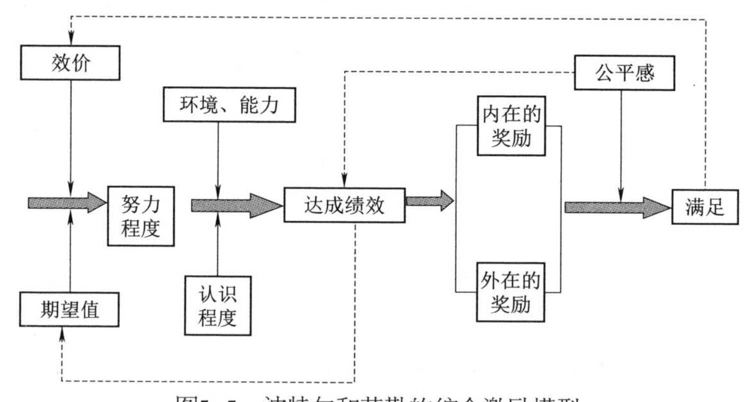

图5-5　波特尔和劳勒的综合激励模型

5.2　手中有术，掌握有效激励的核心方法

激励员工重在“有效”两个字，企业可以选择的激励手段有很多，但在不同企业发展阶段、针对不同的人群激励要差异化、要科学有效，没有最好的激励方式，只有最合适的激励方式。比如你天天给基层员工画大饼、大谈企业发展蓝图，不如实实在在请他们吃一顿饭。同时，激励措施不能太单一，而是要多样化，因为激励不像工资那样一针见血，激励要多管齐下，打组合拳，动静结合、刚柔互动。

5.2.1　有效激励员工的“伏虎六式”

HR 在设计激励措施时，要在员工需求维度调研的基础上，根据公司实际情况、公司文化特性、发展目标，设计科学合理的激励制度，实施有效的激励措施，达到激励效果最大化。根据多年的实践经验，我把有效激励员工的核心方法总结为六招，又称“员工激励伏虎六式”，如图 5-6 所示。

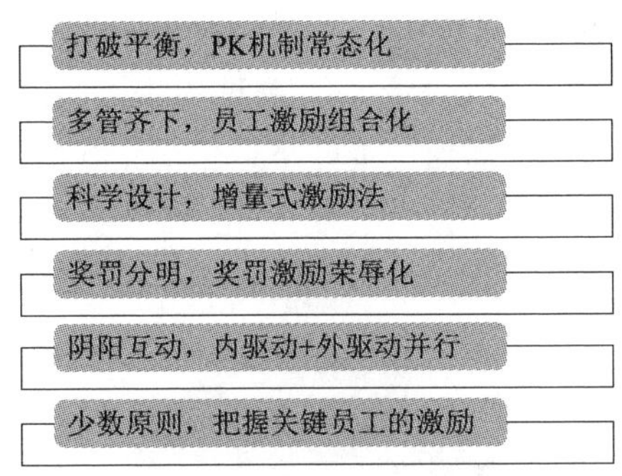

图5-6　员工有效激励的“伏虎六式”

1. 打破平衡，PK 机制常态化

激励的首要做法便是打破平衡，建立对抗机制，形成比学赶超、争先创优的竞争氛围。部队训练士兵经常设置对抗机制，小组与小组之间，班级与班级之间。华为企业设置专门的蓝军部与红军部对抗，专门挑刺，蓝军的核心职责是对抗“红军”的执行战略与方案，模拟对手的策略来对抗红军。

PK 机制的目的不是把对方打倒而是促进内部的优化，发挥“鲶鱼效应”，防止企业僵化，PK 机制的重点是“促进相互学习、相互帮助、彼此超越”，同时让 PK 机制常态化，通过不断的“比”达到“学、赶、超、帮”的效果。

海尔非常重视在企业内部为员工创造竞争的环境。“生于忧患，死于安乐”，这是海尔总裁张瑞敏经常告诫员工的一句话，也是海尔文化的核心内容之一。在海尔企业内部传阅着两幅主题为“适者生存”的漫画。一幅是老鹰喂食的故事：老鹰是所有鸟类中最强壮的种族，根据动物学家所做的研究，这可能与老鹰的喂食习惯有关。老鹰一次生下四五只小鹰，由于它们的巢穴很高，所以猎捕回来的食物一次只能喂食一只小鹰，而老鹰的喂食方式并不是依照平等的原则，而是哪个小鹰抢得最凶就给谁吃，在此情况下，瘦弱的小鹰吃不到食物都死了，最凶狠的存活下来，代代相传，老鹰一族越来越强壮。另一幅是狮子与鹿对话的漫画，狮子说：我非常强壮，但如果我不奔跑捕食，明天就会和鹿一样软弱无力。鹿则对狮子说：由于有了你，才使我的生命遇到了威胁，为了不让你追上我，我必须不停地奔跑。这两幅漫画告诫我们所有员工：当今社会就是一个适者生存的社会，如果我们没有强烈的危机感和竞争意识，必将成为失败者。倘若一个企业无适当的竞争制度，常因小仁小义而阻碍了发展，在竞争的环境中必将会遭到自然淘汰。不管是强者还是弱者，都要努力工作。

2. **多管齐下，员工激励组合化**

激励要多管齐下，措施不能太单一，单纯用物质激励或非物质激励都达不到理想的效果，我们来看一下马斯洛需求理论，如图 5–7 所示。

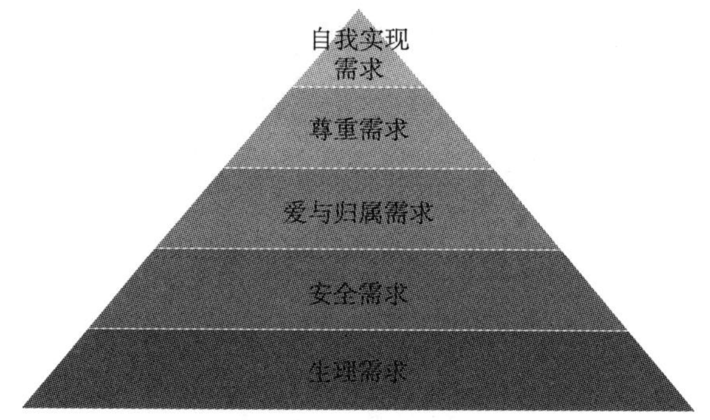

图5–7　马斯洛需求层次理论

由马斯洛需求层次理论可以得知，员工的需求是多层次、多维度的，既有物质需求、又有精神需求，同时员工的价值观也是多元化的。企业激励的目的也存在多样化。激励的核心目的是激发员工采取积极行动，实现我们所期望的行为和目标。

比如激发新员工的干劲我们可以采取赞扬法、激励法；激发技能水平高，主动性差的老员工可采取尊重、信任授权等方式；激励即将退休员工可采用“带薪疗养、增加退休工资”等方式。因此，在员工激励上，应该针对不同的人，采取不同的激励措施，形成多种激励组合，多管齐下，来满足员工“面子、票子、位子”等多方面的需求期望。

3. **科学设计，增量式激励法**

我们在上大学时去食堂吃饭，如果看见食堂阿姨给我们打菜时先打一大勺再慢慢抖掉一些，我们心里就很不舒服；如果食堂阿姨打菜时先打一勺再加几次小勺我们就会很开心。这其实是我们的心理在起作用，人们一旦得到一个东西再失去便会产生心理不平衡，这也是企业中员工工资与职位能升不能降的原因。

这种增量式激励法运用得非常好的案例是秦国商鞅策划的秦军激励制度。商鞅变法规定：秦国的士兵只要斩获敌人“甲士”一个首级，就可获得一级爵位“公士”，赐田一顷和仆人一个；如果斩获敌军两个“甲士”首级，他做囚犯的父母就可以立即释放，如果他的妻子是奴隶便可以转为平民。杀敌人五个“甲士”首级，可拥有五户人的仆人。打一次胜仗小官升一级，大官升三级。看到这样的激励政策，秦兵必然产生强烈的立功想法，因为胜利不仅仅关乎国家的兴亡，更关乎自己的美好未来。

4. 奖罚分明，奖罚激励荣辱化

万达的执行力在业界是有名的，实行军事化管理。在万达所有考核量化，严格执行奖罚，工作模块化管理，每个人都特别紧张自己的工作，生怕误了节点，比计划晚一周亮黄灯，黄灯出现一周工作量没有上去或者工作量没有达标，变成红灯，黄灯不扣分，红灯扣分。按照一、二、三级节点扣多少分就扣多少钱。如果出现一个黄灯，工作量补上去，黄灯便消失，变成绿灯。但一年之内有三个黄灯出现等于一个红灯。这样每个人都知道下一步要干什么，一定不能耽误，耽误了全系统都能看到，这样压力会很大。出现红灯是很大的事，如果你出现三次红灯，按制度就要换人。因此，在万达被罚是一种很没面子的事情，内部有一句话“在万达开会，没人敢睡觉、没人敢迟到”，不仅因为开会迟到、睡觉被罚得很重，而且会让自己很没有面子。

因此说，企业激励要做到奖罚分明，有功必赏，有错必罚，做到奖罚激励荣辱化，人活脸树活皮，有时面子激励比里子激励更有效。

5. 阴阳互动，内驱动 + 外驱动并行

一阴一阳谓之道，世界万事万物强调阴阳平衡，相辅相成。激励也是如此，激励可分为物质激励与精神激励，物质是外在的名与利，表象为机制；精神是内在的灵与魂，表象为文化。

从马斯洛需求理论来看，物质激励是员工基层的需求，是员工的外在动力系统；精神激励是员工高层次的需求，是员工的内在驱动力。人的一生一定是物质需求 + 精神需求的组合实现，才显得圆满，为什么有的人有了钱但并不快乐，因为快乐并不是仅仅有钱就行。满足员工的物质需求就是给：“票子”“位子”，比如工资、奖金、股权激励、职位升迁等；满足员工的精神需求就是给：面子，比如年度优秀员工、十大明星员工、带薪休假奖励等。公司不能光让员工讲奉献，不强调付出后的回报，用道德来捆绑员工；也不能只强调金钱激励导致员工“唯利是图”。

丹尼尔 · 平克在《驱动力》一书中，以长达 40 年有关激励的持续研究为基础，揭示出“胡萝卜 + 大棒”的外部激励措施，已不再是激励我们自己和其他人的最好方法。唯有唤起员工的内在驱动力，才能让企业事业线持续提升。打个比方说，外在激励是打鸡血，内在激励是喝十全大补汤，效果更持久，副作用少。

6. 少数原则，把握关键员工的激励

按照二八原则，企业中 20% 的员工创造了 80% 的业绩，关键岗位、关键员工创造的价值往往比普通员工创造的价值要多得多，所以对关键岗位或关键员工进行有效的激励效果比激励普通员工的作用更大，同时企业的资源是有限的，只有集中优势资源有效激励关键员工，才能让激励资源起到倍增器的作用。

部队中往往设置先锋队、独立团之类的组织，他们的装备一定是最精良的，打完胜仗他们的激励也一定是最大的。华为的人才战略之一便是组建相对独立的战略突击队，让他们快速聚焦新业务，求快、求创新，而不是成熟业务的“稳”，战略突击队可以在规避风险的前提下，给他们充分的授权和独立自主的成长空间。

华为的手机业务之所以可以快速发展，很大原因是因为余承东手中握有“尚方宝剑”，即他可以独立自主地确定手机业务的组织体系和考核激励机制，让大家奋勇争先，快速拿下与苹果、三星等竞争对手的阶段性制高点。

5.2.2　员工激励的方法选择

1. 激励的基本方法

激励的方式各种各样，各有用途，根据不同的需求层次，常见的激励方式如表 5-1 所示。

表 5-1　激励的实用方法

需求维度	激励方法
生理层次	薪酬激励法
安全层次	福利激励法
爱与归属层次	团队激励法、感情激励法、宽容激励法
尊重层次	尊重激励法、赞美激励法、鼓舞激励法、支持激励法、信任激励法、奖励激励法、授权激励法、晋升激励法
自我实现层次	愿景激励法、目标激励法、竞争激励法、危机激励法、绩效激励法、工作激励法、榜样激励法

不同的激励手段产生不同的激励效果，适用于不同的激励场景与时机。

（1）愿景激励最给力。

愿景是企业和员工共同的长期奋斗目标，一个清晰而激动人心的愿景，意味着团队中的每个成员都知道组织未来可能长成的样子，以及自己奋斗的价值和意义。比如阿里巴巴的愿景是：成长为一家持续发展 102 年的公司；华为的愿景是：构建万物互联的智能世界；百度的愿景是：成为最懂用户，并帮助人们成长的全球顶级高科技公司。愿景激励对于快速成长的中小企业尤为重要，企业发展初期的实力有限，但想象力巨大，如果企业提出的愿景既天马行空又具备可实现性，对年轻员工的激励作用就会非常大。

（2）薪酬激励最实在。

对于参加工作的人而言，工资是生活的主要来源，所以工资对大部分人的重要性不言而喻。作为企业方，如果想依靠员工使企业得到更好的发展，最基础和最重要的就是解决员工的薪酬问题，通过薪酬激励凝聚员工的心。薪酬一般又可分为两个部分：一是保障性薪酬，如工资、固定津贴、社会强制性福利及企业内部统一的福利项目等。二是激励性薪酬，如奖金和物质性奖励等。

（3）福利激励创惊喜。

随着商业环境的日益复杂，劳动力市场的流动性日益加大，工作价值也慢慢向多元化发展，员工和企业对福利项目越来越看重，福利已然成为企业激励员工不可或缺的手段。福利的好坏成为应聘者选择企业的重要参考条件之一，作为企业方，进行有效的福利激励可以抓住员工或者应聘者的心，从而为企业留住或找到有用的人才。

企业为员工提供的福利项目包括：五险一金、旅游补助、带薪假期、商业保险、医疗方案、弹性福利、各类津贴、住房补贴、购物卡等。

（4）股权激励魅力大。

股权激励是当下管理中一种比较新颖的激励措施，也是一种长期的激励方法，为企业留住核心人才起到很好的作用。股权激励能够实现企业和员工的利益双赢，不仅让员工在工作上有所提升，还能使企业的发展道路走得更稳、更好。

常见的股权激励模式有：业绩股票、股票期权、虚拟股票、股票增值权、限制性股票。大多企业在经济市场的发展中，根据自身的实际情况采取了灵活的股权激励办法，因此衍生出常见的三大模式：虚拟股权激励、实际股权激励和虚实结合的股权激励模式。

（5）成长激励有盼头。

对于大多数年轻的员工（尤其是知识型青年员工）来讲，成长空间比薪酬对他们更重要，用时下流行的一句话说："成长比一时的成功更重要"。成长包括能力提升、职位晋升，尤其是职位晋升意味着高工资，也意味着拥有更大的权力，作为员工，肯定是非常开心的，觉得工作的前景有盼头。

（6）成就激励树自信。

成就感就是能够看到自己工作的意义和价值，从而产生出一种内心的满足和愉悦。如果员工能看到自己在工作中的成就感，感受到自己工作的意义，那么他们的工作激情和工作效率就要高出很多。

让员工获得成就感的途径有：直接主管对员工工作业绩和能力成长的嘉奖和认可、有效授权、让员工参与重要会议、荣誉奖励等，通过让员工提升成就感而树立自信，提升工作的动力和责任心。

（7）情感激励可攻心。

"人情味"是个人、团队或企业等生存延续的调味剂和催化剂，情感的力量可以攻心，以情动人的效果是人们难以预估和想象的，像老干妈、海底捞、胖东来的管理都透着人情味。比如海底捞的亲情式管理：海底捞的很多服务员都是经人介绍过来的老乡、亲戚、朋友甚至是家人，这种招聘方式简直匪夷所思；海底捞为员工租住的房子全部是正式住宅小区的两居室、三居室，且都会配空调，还有专人负责保洁，公寓还配置电脑和上网设施；每月给大堂经理、店长以上干部、优秀员工的父母寄几百块钱，相当于孝顺金。

（8）竞争激励树危机。

有竞争才有压力，有压力才有动力，让员工之间存在竞争才能让员工有危机感，为了避免落后就会更加主动自觉地工作。因此，企业采取竞争激励为员工营造充满危机感的氛围，可有效促进员工自觉且积极地工作。竞争就像鲶鱼一样在搅动沙丁鱼生存环境的同时，激活了沙丁鱼的求生能力。在企业中的老员工就像鱼箱中的沙丁鱼，在长期"安分"的状态下，将失去竞争力与创新能力，而如果往企业里注入像鲶鱼一样的新鲜力量，就能起到有效的激励作用。

竞争激励的主要方式有：绩效考核、末位淘汰、内部 PK、PK 结果与薪酬挂钩等。

（9）负向激励约束强。

激励不仅要有正向激励也需要有负向激励，但不能过度强调负向激励，许多企业员工抱怨："我们企业只有罚没有奖"，这样便显得不人性了。其实负向激励是企业通过制定底线标准，再配合未达标时的惩罚机制，激励员工努力工作免于受罚。人的天性是追求快乐、逃避痛苦，因此说，正向激励与负向激励的结合更能促进员工努力工作与主动担责。

（10）氛围激励不可少。

氛围就是员工的工作环境，轻松愉悦的工作氛围是员工激励的要害。现在大量 90 后甚至 00 后员工进入工作岗位，他们更看重良好的工作氛围，他们更喜欢宽松、民主、活跃的团队氛围。

2. 基于人性的有效激励应用

激励的方式方法多种多样，没有最好只有最合适，不同的企业有不同的文化，有不同特性与发展诉求，其激励方式的选择应因人而异、因时而异，其核心是需要了解人性，基于人性去实施有效的员工激励。

【案例 5-7】海底捞基于人性的员工激励技巧。

一提到餐饮连锁自然想到行业翘楚——海底捞，其销售业绩与服务水平远超出同行，于是行业内掀起一股向海底捞学习的热潮，但我们真正应该学习的是海底捞的激励哲学。

海底捞激励哲学的最底层其实是张勇的个人价值观，那张勇个人价值观究竟是什么？双手改变命运的价值。按照其价值观的排序。

第一，他是想创造一个公平公正的企业环境。

第二，让这些农村出来的孩子，能够通过自己的双手改变 。

第三，把海底捞做大。

张勇说："我就是要拿出一部分利润，分给两拨人，一拨人是顾客，另外一拨就是我的员工。所以我才能看到，在海底捞，你有那么多的'便宜'可以占，所以你才能看到，海底捞的员工住着那么漂亮的宿舍，有那么好的、其他的企业没有的待遇。这也是很多企业学海底捞学不来的原因。"

海底捞进行员工激励的 7 个主要举措。

（1）重视和尊重人性。

张勇认为，要想让好人不变坏，首先要满足他的最基本的生存需求，在这个层面激励人就是要让他比别人过得更好一些。海底捞的员工比同行的餐饮企业都要辛苦但另一方面张勇舍得给钱，在员工福利方面也舍得投入。比如说，其他企业员工都住地下室，海底捞给员工租的是居民小区，四人一间，有热水、有电脑、有网络，每个月发优秀员工的奖金，直接寄给他们老家的父母。父母通过钱多钱少就知道自己的孩子在海底捞干得怎么样，如果有的员工从海底捞离职，那这笔奖金就没有了。

海底捞还在张勇老家简阳开办了员工子弟学校，这样员工在老家的孩子都有地方上学……有了这样一些好的待遇，即使在海底捞再辛苦，员工也不愿意离开了。

（2）在海底捞除了有好的待遇和保障之外，员工还会感觉自己“有发展”。

在海底捞有明确的三条发展线：一条是管理线，一条是技术线，还有一条是后勤线。

走管理线，会从二级员工、一级员工、主管、小区经理、大区经理这样一层层发展上去。如果你不走管理线的话，哪怕只是做一名服务员，也会有一级服务员、二级服务员、标兵服务员、模范服务员、功勋服务员，这样一层层走上去，工资和待遇都会发生变化。

（3）海底捞员工感觉到自己“有权”——有决策权，有自主权。

2018 年 5 月我有一次去海底捞消费，跟一位女服务员聊天，我问你在这里工作显得快乐而自信，请问原因是什么？她说，“我为什么不自信啊！我在各个岗位上都干过，店里的方方面面我都懂，很多事情我都可以自己决定啊。”在海底捞，门店店长的审批权是 100 万元。所以我们在海底捞才能看到，一个一线的员工就可以决定送顾客一盘菜，一个大西瓜等，还有免单权。海底捞还特别鼓励员工创新，有专门的部门对创新进行管理，搜集、处理并进行反馈。同时规定，每个员工每个月必须有 5 个以上的建议，好的建议真的会被采纳。创新有分级标准，对应一定的创新奖金，同时也与晋升挂钩。

（4）海底捞的考核只考两个内容，一个是员工满意度，一个是顾客满意度。

张勇的逻辑很清楚，做餐饮行业必须让顾客满意。但是怎样顾客才能满意呢？

首先就是你的员工要满意，所以在对店长的考核上，不考核利润，只看客户和员工。在客户满意度这个考核方面，他们看的不是客户投诉数量，看是否敢于暴露客户投诉所反映的问题，是否仔细分析了客户投诉的问题，是否采取真正有效的措施，让投诉客户最终满意。

在员工这个方面，对店长的一个重要考核指标是人才成长。海底捞从 2011 年的 50 多家店，发展到 2016 年的 100 多家店，5 年间门店数量翻了一番，其中一个核心关键要素就是他们的管理和员工团队的快速成长。

（5）海底捞的员工始终感觉，在海底捞，我有“支持”。

首先，海底捞有非常高效的三级例会制度——领班经营例会、店经理经营例会和运营管理层经营例会。通过这些例会，每天处理前一天发生的问题，将基层的信息迅速传递到高层并予以解决。

其次，海底捞有高管亲临现场指导的这样一个惯例，所有高管都要有一定的时间安排下一线，与员工同吃同住，现场调查员工的意见，现场宣讲政策，现场手把手地指导员工。

第三，海底捞其实非常重视流程制度的建设，固化管理经验，提高同一问题的处理速度，努力做到政策流程出台快、执行快、修订快。

最后，海底捞有一个非常棒的案例支持体系，通过案例的积累提高同类问题的处理速度。

（6）海底捞对员工最高层次的激励，其实是通过信仰来进行的。

首先，双手改变命运的价值观。

其次，海底捞选人的标准是“态度比能力更重要”，做人做事的原则是“敬天爱人、正确做事”。所以在海底捞，员工做事不需要看上级在想什么，不需要去猜老板希望我做什么，他只要按照“做人何为正确”，勤勤恳恳地把本职工作做好就会有发展。

这其实是对人最大的激励！

（7）正向激励与负向激励并行。

在海底捞就有非常明确的红线和制度管控。张勇曾经说过，我们非常需要制度，“制度是防止好人做坏事”。

一位朋友出于业务往来和一位海底捞的采购人员吃饭，吃完饭之后海底捞的采购人员直接把账单要过来，算过之后把他的那一份钱交上去了。我的这位朋友很纳闷——你这不是不给面子吗？这边海底捞的采购人员很客气地回答说：“你千万不要误会，我们海底捞有规定，可以出来跟客户吃饭，但是必须 AA 制，不然我回去没法交代，你一定要理解啊。”

5.3 机制设计，让激励落到实处

5.3.1 激励与淘汰机制建设

1. 资源合理分配，保证机制透明

激励不等于绩效考核，其核心是资源的分配。对于职场中的员工来说，除了自身的自驱力之外，外部激励最重要的是资源分配，这是符合人性本身的东西。为了最大化的公正透明，我们 HR 要做好如下 4 点。

（1）先看锅里的，再看碗里的。

换句话说，先看企业有多少预算和资源让你来做激励，做好精确计算与规划，许多企业天天强调激励却舍不得投入。然后再看每个员工已经得到的激励，再将激励资源进行有效的分配，尤其是核心骨干员工的激励。

（2）分层分类，区别对待。

激励不要做成“阳光普照”的福利，不要做成“钱花了，事也干了，却没有起到什么效果”，这样肯定会被挨骂。不同层级的员工对激励的期望是不一样的，比如基层员工看重现金这种既得利益，那就把现金激励下沉到基层。中高层可通过职权、股权、情感来实现有效的激励。通过分层分类，区别对待，将激励资源最大化利用。各层次激励可总结为：高层战略共振，打造命运共同体。中层情感链接，打造事业共同体；基层利益捆绑，打造利益共同体，如图 5-8 所示。

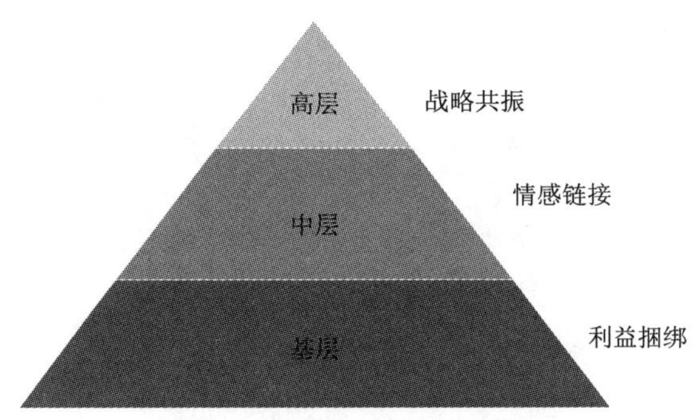

图5-8　企业层次化激励模型

（3）小步快跑，重点倾斜。

员工加薪尽量不做工资普调，所有加薪最好跟绩效考核和评价挂钩，对评价优异的员工给予及时肯定，并在奖金上给予倾斜。也可以通过团队内二次绩效分配拉开员工工资差距，实现“干好干坏不一样，干多干少不一样”，打破吃大锅饭的考核机制。

（4）红线机制，令行禁止。

碰到红线之后，无论是什么岗位，无论来企业多长时间，都不要有特权，都必须接受处罚，做到有法可依，有法必依，让激励与淘汰机制的制度落到实处。

2. 建立多重赛道，让员工快速奔跑

除了薪酬激励，最有效的激励手段之一便是职位晋升，学而优则仕，职位的晋升不仅代表工资的提升，更是权力与名望的提升。但企业中的管理岗位只有那么多，不可能满足所有员工的期待，并且在管理实践中往往发现，有一部分技术型人员做专业技能型或业务型工作很厉害，但强行被晋升为管理岗位，结果可能出现“多出一个蹩脚的管理者，失去一位优秀的专家人才”的情况。因此说，建立多重赛道，打通员工的多通道职业生涯通道，让员工快速在不同的跑道奔跑，让员工自由选择适合自己发展的职业，将员工自己的未来与企业的未来相结合，这样才能实现“双赢”的局面。一般企业会为员工打造两条或多条职业发展通道，一条线是管理路线通道，比如从“骨干员工—基层管理—中层管理—高层管理”；另一条线是技术路线通道，比如从“骨干员工—技师—精英—首席技师”，如图 5-9 所示。

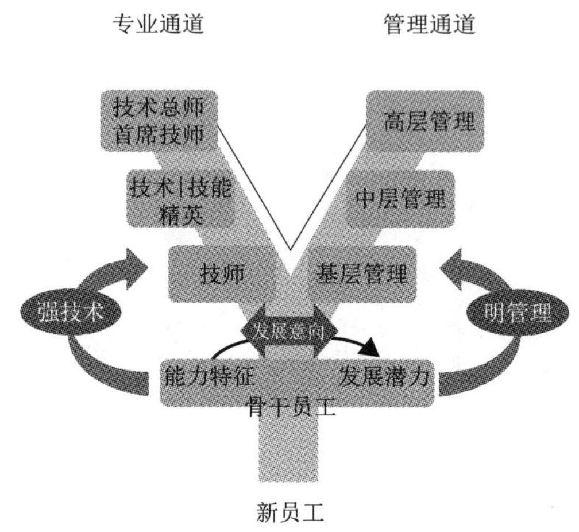

图5-9 员工双通道职业发展模式

同时，企业不仅要关注员工的职业发展，更需要对员工进行赋能，任职资格体系便是一套人才能力成长与发展体系，为人才能力的提升提供清晰的指引，不断牵引员工树立自我学习与发展的意识。对于员工来说，任职资格体系可以起到“尺子”和“镜子”的作用。“尺子”指的是建立员工能力评价的客观标准，解决人才评价论资排辈，以及凭感觉、拍脑袋的问题。“镜子”则可以让员工对照任职资格标准进行自检，激发员工自主性，主动寻找差距，进行自我改进和提高，促进职位的晋升与发展。

3. 打破论资排辈，体现“奋斗者为纲”的价值分配原则

许多企业由于历史遗留原因还保留着论资排辈机制，比如按工龄、员工以往业绩表现、学历等进行论资排辈，让某些员工躺在功劳簿上睡觉。在一次线下交流中，一位 HR 分享说他们企业的工龄工资上不封顶，导致有工作 30 年的老员工光工龄工资一个月就 3 000 元。并且出现以往业绩表现比较优秀的一位业务经理天天在办公室打游戏还拿着每月 1 万多元的底薪。

企业的有效激励必须打破论资排辈机制，体现“多劳多得、少劳少得”的价值分配原则。

海尔集团在用人方面提出著名的“斜坡球理论”，海尔集团从斜坡上流动的小球这一极普通的生活现象中，悟出企业人才发展的规律——斜坡球发展理论：斜坡上的球体好比一个员工个体，球周围代表员工发展的舞台，斜坡代表着企业发规模和商场竞争程度。根据斜坡球发展理念，海尔的用人机制是“人人是人才，赛马不相马”，相马是将命运交给别人，而赛马则是将命运掌握在自己手中。具体来说，斜坡球理论表现为：“三工”并存，动态转换。三工即优秀工人、合格工人、试用员工。海尔用工改革的思路是，干得好可以成为优秀工人，干得不好，可随时转为合格或试用人员，这种做有效地解决了“铁饭碗”的难题，使企业不断激发出新的活力。

5.3.2　长期激励机制的设计

1. 股权 + 绩效，双剑合璧激活核心员工

对于企业的核心骨干和高管而言，长期激励不可或缺，华为、阿里巴巴、苹果和谷歌，这些国内外优秀企业的长期激励方案虽然不同，但却取得了很好的成效。

最近几年，股权激励的关注度很高，人无股不富，股权承载着人们财富的梦想。用未来激励现在，股权激发人们为未来拼搏的动力。一夜之间，股权带给中国民营企业太多的想象：没钱激励用股权，吸引高手用股权，锁住核心员工用股权，吸引投资用股权……甚至许多所谓的“股权激励大师”到处吹捧股权激励的好处，好像企业一用“股权激励”就所向无敌。其实股权激励是一把双刃剑，大多数企业领导都愿意与大家分享收益，但“钱散”并没有带来“人聚”，反而带来的是怨声载道，问题究竟出在哪里？因为股权激励涉及严格的入股和退股机制、利润分配机制等，背后透露着人性的贪婪与法律的风险。

【案例 5-8】2000 年，俞敏洪对新东方进行股份制改革，在分配股份方面要求股东出钱购买，结果以徐小平、王强为首的股东却说：我们没钱，不过如果你不分股份，那就散伙，无奈之下，俞敏洪选择了赠送。后来，俞敏洪考虑到把新东方做成上市公司，就把公司的利润用到公司发展上，股东的年度分红由原来的 200 万元下降至 50 万元，为此，股东们感到强烈不满，甚至认为公司的股份不值钱了，俞敏洪就提出收回股份的要求，并与股东进行谈判，定了以原来净资产 1 亿元回购，1% 的股份折算为 100 万元，谁曾想刚定完价没几天，股东们又反悔了，不愿意转让股权。俞敏洪曾回忆表示，当年大家为了各自的利益，团队核心成员搞得不欢而散。

【**案例 5–9**】前段时间，一个制造型公司的客户找到我抱怨，2018—2019 年公司业绩一直不佳，为了挽救业绩，也为了进一步激活员工，老板听说股权激励作用巨大，就准备在 2019 年下半年采取股权激励，并请专业人员给公司设计了方案，但员工对这些好像根本不感兴趣，老板很困惑，股权激励条件如此诱惑人，为什么员工无动于衷。

案例 5–8 折射出股权激励背后的人性复杂，股权的机制设计一定要科学、考虑长久性。

案例 5–9 反映股权激励时机的重要性，当业绩持续下滑时，员工看不到未来，甚至有员工认为公司就要快倒闭了，资不抵债，此时的公司股权不值钱，自然员工也不感兴趣，就跟股票一样看涨不看跌。

那么，怎么才能有效设计股权并发挥好的激励作用呢？其实股权激励是一门比较复杂与极具艺术性的学问，不仅包括股权激励的时间、激励对象、机制的选择，还包括激励的条件、前期准备及相关法律风险的规避等。

从绩效激励变更到股权激励，实质是走了一条“从员工到股东，从雇佣关系到伙伴关系”的路子。股权的核心是三权：分红权、增值权和表决权，企业用股权来对企业核心骨干和高管进行激励能实现有效的关系捆绑，是留人、用人、激励人的有效手段。但股权激励建议最好与考核机制结合起来，让绩效考核成为入股、分红、退股的有力考核条件与依据。

（1）入股考核。

什么人能获得企业的股权激励？主要看四个标准：一是底线要求，价值观必须和企业高度吻合。二是基本资格条件，如职位、工龄要求。三是考查是否为核心岗位或关键技术人员，衡量在企业的价值。四是绩效考核结果，一定是在本岗位上绩效达到一定标准或有特殊贡献的，才有股权激励的资格。

（2）分红考核。

授予股权后，要明确规定员工在什么条件下可以参与分红？可包括两个方面，一是看企业销售业绩或利润是否达到一定水平（年初商量分红最低标准值）。二是看员工个人年度业绩或贡献是否达到规定要求。如果是实股一般只看第一条，不管员工个人业绩是否达标，只要企业利润达标就应当给员工发放分红。如果企业决定进行股东分红，那么同股同权，有一股就享受一股的分红权。如果是虚拟股可以同时考查第二条，可以把分红与员工绩效进行挂钩。

（3）退出考核。

在企业经营发展过程中，会有各种变动，如企业合并、增设、撤销等，或者员工因业绩原因而出现的晋升、降职等，其股权分配标准及系数要进行相应的调整。

如因员工违反法律或企业重大纪律要求的，或者其他原因离职的，如果是实股，可以转让其他股东。如果是虚股的，企业可以协商收回或低价回购。

2. 合伙人机制

目前最流行的长期激励模式应该是合伙人机制，这种新型长期激励的最大特点在于动态化、灵活化。也就是说，激励的数额和行权的资源与被激励对象职位、业绩能力的变化高度相关，员工离开企业一般也会终止权益，减少了像股权激励那样的后续法律风险。同时，合伙人机制杜绝了一劳永逸，充分体现“理念共识、风险共担、价值共创、收益共享”价值准则。

（1）如何选择合伙人。

选择合作伙伴的时候，实际上跟找对象一样，价值观一定要一致，只有这样大家才可以同甘共苦，一直走下去，从而化解很多危机。真格基金创始人徐小平曾经在演讲中强调了合伙人的重要性，合伙人的重要性超过了商业模式和行业选择，比你是否处于风口上更重要。

合伙人要设置科学、有效的入伙、分钱及退出机制，不能搞成“普惠大众”或是“圈钱游戏”，首先合伙人的选择一定要符合相应的资格，比如对企业文化和价值观高度认同，深刻理解企业的发展战略，善于学习，持续处于创业状态，有能力、有激情为企业发展贡献力量、不断创造价值。

根据我多年的实践经验，下面从员工的价值（包括岗位价值与资源价值）、能力素质和员工对企业的历史贡献三大维度来对合伙人进行有效的评估与筛选，如表 5-2 所示：

表 5-2　合伙人选择标准

维度	因素名称	因素定义	标准分值	实际得分
员工或岗位价值	岗位对战略的影响力	岗位所能够影响到的战略层面和程度	10 分	
	管理责任	岗位在管理和监督方面承担的责任大小	10 分	
	工作复杂性与技术性	岗位工作中面临问题的复杂性和技术难度	10 分	
	背后的资源价值	员工所能给企业带来的有用的资源价值	5 分	
能力素质	价值观	员工与企业的价值观是否一致	15 分	
	知识与技能	员工所具有的专业知识、能力的广度与深度	15 分	
历史贡献	员工工龄	是否符合合伙人的最低工龄要求	10 分	
	销售业绩贡献	员工以往对销售业绩的贡献大小	15 分	
	技术或管理业绩贡献	员工以往对技术进步或管理改进的贡献大小	10 分	
其他	其他特殊贡献（加分项）	对企业创办、发展有其他特殊贡献的员工（如企业创业最早期员工）	5 分	

（2）合伙人如何入伙与出资。

合伙人入伙可以是技术、资源入伙，也可以是出资入伙，一般情况下让员工出资入伙更有保障。因为，合伙人出资从管理心理学来看，是押金，也是投名状，如果员工没有出资便没有珍惜感或对企业的认同度没有那么高。合伙人的出资主要有四类，即现金、实物、无形资产和换股，其中前三类出资比较常见。现金出资即以现金的形式向企业提交入伙申请；实物出资即以实物的形式，比如厂房、机器、设备、车辆等固定资产向企业提交入伙申请；无形资产出资包括知识产权、商标、土地使用权等可以用货币估价并可以依法转让的非货币财产作为出资。

（3）合伙人如何分钱。

合伙人分钱既是一门科学又是一门艺术，分得好大家皆大欢喜，分得不好就会搞得大家怨声载道，甚至分道扬镳。首先企业要平衡未来发展与每年分钱之间的矛盾。要平衡增量分钱与存量分钱之间的关系。其次要设置科学、合理的分钱机制与方法，并制定相关的分钱制度并申请相关法律机构或律师审查，以保障制度的科学性与合法性。

企业分钱的来源一般可从 3 方面来考虑：①企业的超额利润，即企业的增量部分，比如企业计划年利润额为 1 000 万元，而实际利润达 1 300 万元，那么 300 万元便是超额利润。②企业利润，属于企业的存量部分，是指企业通过经营产生的利润，是股东所得。③股东稀释，即原始股东主动愿意拿出股份来分红或新加入的股东稀释所得的费用。

企业分钱的模式也主要有 4 种。

① 利润分钱模式。

依据企业年度财务核算的利润按照入伙的出资比例来进行分红，这种分配方式比较直接、粗暴。

【案例 5–10】某培训公司为吸引讲师资源，稳定企业业务，吸收了 20 名合伙人，每名合伙人出资 10 万元，每人占 1% 的股份（不参与公司工商注册，可以自由退出），公司规定每年度留存利润的 20% 作为公司发展基金，其余 80% 作为分红来进行分配。假设公司 2018 年净利润 68.35 万元，按照分配方式，每位合伙人可分到的钱如下：

年度净利润 ×80%×1%=68.35 万元 ×80%×1%=5 468 元

② 增量利润分钱模式。

增量利润分钱是企业规定拿出年度利润超额部分的一定比例用来进行分红，如某企业 2018 年目标净利润为 500 万元，年底实际完成净利润为 700 万元，增量部分为 200 万元，企业股东会决定提取增长部分的 25% 作为第一轮红利分配，即 50 万元用来做分红。

③ 兜底分钱模式。

兜底分钱，指企业或股东承诺按一定的比例或固定的投资回报兑现分红，而不论企业业绩是否达标或完成。这种方式对合伙人比较有保障，适合于创业初期或融资需要，但这种方式对原始股东来说有一定的风险，所有的压力都集中在原始股东身上，入伙的员工风险较小。

【案例 5–11】某中型科技型公司正处于创业期，2017 年年初为了融资与留住核心员工，老板向大家许诺，公司员工均可以入资 5 万元～ 20 万元，并保证 10% 的年度分红，结果当年共有 22 名员工共计向公司出资 150 万元入伙。到年底公司盈利 200 万元，于是大家都如期得到了公司的分红：按个人出资的 10% 进行分红核算。

但部分原始股东反馈这种分红法就是间接给员工发福利，导致原始股东的利润分配少了，于是建议修改入伙员工的分配机制—增量分红 + 兜底保障：（1）如果公司超额完成利润目标，拿出增量利润的 20% 用于合伙人分配；（2）如果公司没有完成年初的利润目标，则不分红，由老板拿出 8 万元兜底进行分配。

假如 2018 年公司利润目标为 250 万元，实际达成 300 万元利润，研发总监张三当初入伙的出资为 10 万元（合伙人入伙总资金增长至 200 万元），则他 2018 年度的分红如下：

（300 万元 −250 万元）×20%×（10 万元 /200 万元）=5 000 元。

④ 考核分钱模式。

绩效考核与合伙人制度结合能很好地形成权责利对等，不让合伙人以为可以出资不出力，从而形成合力，让大家持续为企业发展献计献策。

【案例 5–12】某公司根据年度绩效考核将员工入伙与绩效考核得分得出的分配系数如下。

年度考核得分	70 分以下	71–80 分	81–90 分	91–100 分	100 分以上
分配系数	0.5	0.8	0.9	1.0	1.2

假如 2019 年公司超额利润为 300 万元，合伙人分红比例为 30%，即为 90 万元。生产厂长出资 10 万元，占合伙金总额的 1%，当年绩效考核得分为 88 分，按照上表的规定，该厂长的合伙金分配系数为 0.9. 则该厂长的年度分红 =90 万元 ×1%×0.9=0.81 万元；

假如当年该厂长绩效考核得分为 106 分时，该合伙人分红 =90 万元 ×1%×1.2=1.08 万元。

假如当年该厂长绩效考核得分为 60 分时，该合伙人分红 =90 万元 ×1%×0.5=0.45 万元。

【案例解读】此种考核分配法很好地将合伙人的出资与绩效结合起来，打破了只看重资本价值而非人本价值，导致养懒人的情况出现。但这种方式的分红奖金总额不是固定的，会随着合伙人的绩效考核分数而有一定的波动，当合伙人总体绩效分偏高时可能分红总额要偏高，当合伙人总体绩效分偏低时可能实际分红总额要偏低些。

5.3.3　新生代员工的激励艺术

未来必然属于 90 后、00 后，到 2025 年，3/4 的职场人士都是 90 后，这意味着在不久的将来，90 后会逐渐成为职场的中坚力量，近几年很多企业打出“只招收 35 岁以下的员工”，由此可见，组织年轻员工将占领主流，尤其是互联网、金融类企业，像华为、阿里、百度的员工都偏向年轻化、国际化发展。

90 后员工崇尚自我，个性张扬，自我主观意识强，不喜欢规矩和约束……，因此，传统的管理与激励方式可能对这群人不太起作用，如何在工作中管理好他们，对所有企业和管理者都提出了新的挑战。

1. 营造 90 后喜欢的组织氛围

据研究表明，薪酬制度只能让员工发挥 20% ~ 30% 的能力，而高绩效的组织氛围能够使员工发挥最大的潜能。具体的表现就是业绩好、效率高、沟通顺畅，员工队伍有能力且充满激情。由于我曾作为 58 同城“HR 专业大讲堂”全国巡讲特聘授课讲师的原因，经常会接触到 58 同城全国招聘系统的代理商机构，我发现一个有趣的现象：他们的员工大多为 90 后，虽然工资不是很高但干劲十足，主要是他们在 90 后管理方面有几点做得比较好。

（1）营造 90 后喜欢的工作氛围，轻松、自由，把员工当成朋友或合作伙伴。

（2）充分信任，让员工自由发挥，注重成果，经常性开展各类 PK。

（3）设置许多游戏化的奖励机制，如与员工“对赌”，完成任务可得到高比例的奖金，如员工与管理者 1：3“对赌”，员工拿出 500 元作为“对赌”金，如果输了则赔偿 500 元，如果赢了则获得 1 500 元。员工综合办公室都有一面大锣，如果员工完成月度目标或完成一个大单客户就去敲下那面锣，同时会得到一定数额的奖金。企业还经常性设置各种个人销售及进步奖项（比如开门红奖、58 神奇日、月度冠军、新人奖、冲刺奖、最佳进步奖等）。

【案例 5-13】一朋友公司属于一信用卡催收的互联网金融企业，95% 以上的员工属于90后，2017年前属于福州总公司统一管理，所有大的管理命令基本上要向部门申请，导致管理滞后，员工工资低，工作没有动力。2018年后公司实行改革，所有管理工作由分公司自行安排，每年只要按照一定比例的净利润上交总部就行，其他的由分公司总经理统一分配。此后公司实施了一系列激活90后员工的措施，使得销售业绩逐渐提升，员工队伍扩展了一倍多，主要激活90后员工开展的工作如下。

（1）实行小组制管理，PK考核常态化。

（2）实行参与式管理，激发责任感。

（3）搭建互动平台，让员工大胆发表意见。

（4）加强团队建设，细心关怀员工。

（5）重成果，注重员工培养与传帮带。

（6）加大激励力度，设置各种销售奖励。

2. 构建游戏化组织，让工作变得有趣

游戏很容易让年轻人甚至未成年的小朋友上瘾，究其原因是游戏背后有一套吸引人的机制，让你感觉到有趣、好玩。一次我们几个讲师在一起讨论一个问题：培训上课时，该不该收缴员工的手机？因为现在的手机成为老师上课最大的天敌，你讲得不好学员马上就开始玩手机。即便你讲得好，他也玩手机。因为手机里的微信、抖音、游戏都比老师的课程更有吸引力。后来我们讨论达成一个结果：如果我们的课程设计像游戏一样让学员有体验感、有趣有料，把每一个课程当爆品一样研发，肯定会受学员喜欢。这也是这几年培训课程场景化、游戏化，沙盘课程开始流行的一个原因吧。

我们来看一下游戏背后设计的吸引人的机制，主要包括以下四个方面，这四个方面也是我们所讲到的游戏型组织设计的四原则，如图5−10所示。

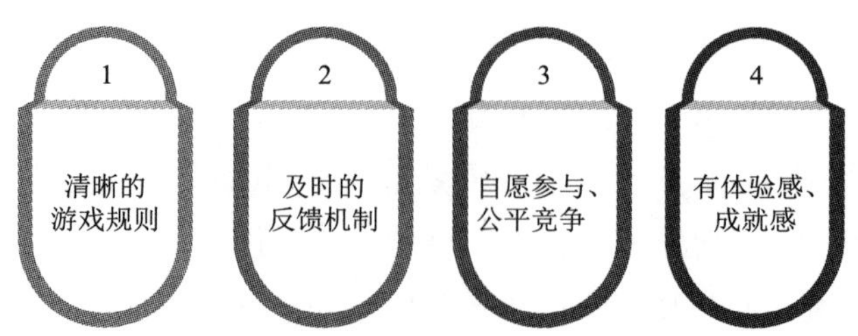

图5−10 游戏型组织设计的四原则

（1）清晰的游戏规则。

任何游戏都有清晰的目标与规则，比如年轻人喜欢玩的英雄联盟、王者荣耀、穿越火线、吃鸡都有清晰的游戏规则，我们日常喜欢玩的大众娱乐游戏：麻将、象棋都有清晰的游戏规则。因此，制定清晰的游戏规则是让大家愿意参与玩的首要条件。

在滴滴打车系统中，司机如果想要接到更多的订单，有没有可能去找到订单分配员，拜托他多分配一些订单给自己，并给订单分配员一些好处费作为回报？不可能。因为根本不存在订单分配员，分配订单这个任务已经属于游戏自动流程的一部分，由游戏规则操控。司机能不能接到单子，完全取决于司机在系统中的表现评价和他所处的位置。

系统会有一套算法，表现好的司机会接到越来越多的单子，而表现差的司机单子越来越少。这样可以督促司机改善服务质量，通过改善服务质量就能获得更多的机会和报酬。

平台通过这套规则激励司机做出更好的表现，赢得更好的声誉；而打车乘客则通过互动打分，评价司机的服务，这是一个共赢的结果，这就是规则的力量。

如果司机觉得这个规则太束缚人，也没有关系，他随时可以选择进入和退出系统。这套系统中完全没有人为干预，所有运营的核心就是这套算法。这样保证的游戏的规则性与公平性。

（2）及时的反馈机制。

激励机制一定要及时反馈，比如打篮球比赛为什么要设计一个即时的得分看板，让运动员心中有算，不断激励大家赶超。在游戏中也是如此，及时反馈与玩家的游戏时长有着密切关联。玩家在一番艰苦打斗后，就可以积攒经验，升级能力，而且游戏系统会掉出一些武器和装备，每到一定的级别，系统还会给出相应的额外积分与奖励，给玩家带来心理满足感。

在平时的讲课中，我们将传统的讲座式改为了分组式，授课方式也增加了案例研讨、学员提问、行动学习、游戏化教学等，并及时反馈，比如学员回答完问题马上给予相应的加分，增强小组之间的 PK 与参与感，不断刺激学员课堂互动、进入学习状态。

（3）自愿参与、公平竞争。

在企业管理中往往存在一种博弈现象，管理者对员工说："你好好干，我不会亏待你的。"另外一边员工对管理者说："领导你放心，我会好好干的"。但当企业真正遇到瓶颈时，比如战略转型、资金吃紧，企业首先想到的就是裁员，认为只要裁员，成本降下来，企业就能渡过难关。而员工时时刻刻盘算的问题是：如何获得更好的职业发展，目前只要企业情况不妙就立马跳槽。所以说，在许多企业中，老板与员工犹如一对闹矛盾的夫妻，同床异梦。

在企业中，能让员工自动自发，主动干活的一个重要前提是自愿参与，就像游戏的一个重要特征是自愿参与、随时进出。因此说，企业在设置一些 PK 机制时，让员工自愿参与，而不是强迫其参加。比如，某些企业强制让员工参与一些不合理的 PK，没完成任务就处罚，结果往往是员工输、企业赢，每次员工都被扣钱，自然后来的员工就不再参与类似的 PK 活动。

（4）有体验感、成就感。

游戏化组织设计的另一个原则是精心策划员工 PK 项目的过程设计，让员工在参与 PK 游戏过程中有更多的体验感、成就感，为什么很多人开车跑几十公里去乡下花钱玩农家乐项目，并乐于其中，究其原因是满足了他们的体验感、新鲜感和成就感。

【案例 5–14】游戏化设置激励机制。

一朋友公司为互联网游戏开发及游戏代理型公司，95% 以上员工为 90 后、00 后，公司员工大多是朋友推荐或介绍，员工上班的环境很轻松，员工上班在网络社区带领客户玩游戏、给客户推荐游戏就能赚钱；公司激励设置按"武士等级"销售奖励机制，比如完成规定的销售任务，武士等级从初级武士—中级武士—高级武士—剑士—大剑士—剑师—大剑师—剑圣—剑神九个等级逐步上升，如果员工等级能达到五级（即大剑士）以上基本上月薪在 1 万元以上，如果员工等级能达到七级（大剑师）月薪在 2 万元以上。

这样的员工激励设置既有趣好玩，又大大激发了员工的工作动力，让员工在此过程中更有体验感、成就感。

第6章 聚焦业绩，企业关键人才的管理

本章主要介绍关键人才的盘点、识别与全生命周期管理；如何利用九宫格来进行人才盘点；如何快速识别与培育关键人才；如何进行人才库的建立；如何确定关键岗位，并加强组织关键岗位的建设以及如何萃取关键岗位的组织经验。

时势造英雄，英雄造时代。每一个时代的发展，都有那么几位关键人物的出现，他们或以正面的光辉形象划时代地推动着社会的发展，或以反面的阴险阻碍着时代的进步。不管哪一种形象，他们统统被后来的史学家、评论家、军事家们进行着不同的评论与假设。

公元前206年8月至公元前202年12月，西楚霸王项羽、汉王刘邦两大集团为争夺政权而进行的一场大规模战争，史称汉楚之争，最终结局是刘邦大胜、项羽惨败。之所以会有这样的结局，原因之一就是刘邦善于用人，他有几大关键人才辅佐自己成就大业。刘邦在称帝后的一次酒宴上讲出："夫运筹帷幄之中，决胜千里之外，吾不如子房；镇国家，抚百姓，给饷馈，不绝粮道，吾不如萧何；连百万之众，战必胜，攻必取，吾不如韩信。三者皆人杰，吾能用之，此吾所以取天下者也。项羽有一范增而不用，此所以为我所擒也。"汉高祖刘邦正确地总结了他取得战争胜利的成功经验和项羽的失败教训，慧眼识才，并为其用，才最终得到天下。

关键人才简单来说，可以理解为在关键岗位上的高绩效、高能力的人，他们是企业的中流砥柱，按照二八原则，企业20%的关键人才可能创造企业80%的业绩。

关键人才管理，从广义上来说，指对企业内部关键人才流动的战略管理，其目的是确保企业内部的关键人才能在合适的岗位发挥最大价值或者说确保关键岗位上的人才得到充分保证并产生最大岗位价值，以及基于企业战略的业务目标在合适的时间内实现稳定的人才平衡发展以推动战略的实现。

从企业发展的管理上看，关键人才管理绝对不仅仅是人力资源管理部的事情，它是一种高层战略思维。因此说，关键人才的管理不仅仅是做事，它更是管理者思考与处事的行为方式，并保证在这种方式下员工和企业能够在短期和长期内都能实现企业的战略目标并获得成功。

6.1　火眼真金，关键人才的识别与盘点

6.1.1　关键人才的识别

企业关键人才其实是一个相对的概念，它是相对于人才对企业的价值影响而言，关键人才往往占据企业的关键岗位或对企业的经营产生关键影响，但由于企业的性质、所处的行业、规模、发展阶段不同，对企业关键人才的识别也是有区别的。

关键人才的识别主要从三个方面来判断：一是人才的个性特征。二是人才所占据的岗位重要性。三是对企业的发展价值影响。

1．从个性特征来识别关键人才

关键人才往往忠诚于企业，在企业面对重大风险或困境时能做到挺身而出，能有效挽救企业于危难之中，快速解决问题，并能在大事面前做到冷静思考、有效决断、果敢行动。

例如，内地某知名企业，有 1 000 多名员工，按计划分两批到同一度假村组织员工活动，由于该企业以本地员工为主，所以大多数员工都是自己骑电动车或摩托车往返的。第一批员工活动得很开心，从早上 10：00 进度假村到下午 6：00 离开。就在员工离开的时候，度假村的工作人员说少了五口自助锅，要求所有的员工都打开自己的电动车或摩托车后备厢，看有没有哪个员工偷了他们的锅。

这样尴尬的事情一出，所有的员工都感到无语，企业组织者工会主席马上组织员工排好队并说："既然我们使用的小锅不见了，我们作为当地的知名企业是经得起考验的，大家都把自己的后备厢打开，让他们好好地检查检查。"这时有员工开始小声嘀咕，认为自己的人格受到诋毁，员工开始躁动不安。

那么，请问面对这样的质疑声，工会主席的反应对不对呢？从严格管理的角度来说，工会主席的做法是对的。但从另一个角度：从企业的美誉度来看，也许就是另一回事。500 多名员工，谁能保证没有那么几个贪小便宜的员工？要是现场查出来，不仅丢了员工的脸，也可能给企业的美誉度带来影响。

正在这时，总经理助理知道了这事情，对度假村的负责人说道："我们企业和你们一样在本地都算得上有一定知名度与美誉度的，我可以肯定地说我们员工绝

对没有偷拿你们的锅。既然你说丢了五口锅，我们作为企业的管理者，我个人可以先按原价赔付给你们，先放行我的员工。请尊重我们的企业，尊重我们的员工。”说完掏出600元钱给到对方。

同一件事情，工会主席的处理方式与总经理助理处理方式哪个更能体现出关键人才的特质呢？我认为总经理助理的处理方式更高胜一筹。

2. 从岗位重要性来识别关键人才

从企业战略的实现路径来看，关键岗位对实现企业战略与经营目标发挥着重要作用，从关键岗位维度又可以从三个方面来进行关键人才判定，如图6–1所示。

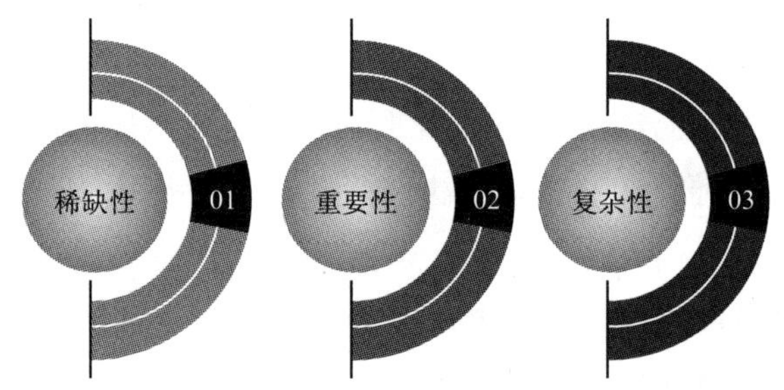

图6–1　从岗位来判断关键人才的三个视角

一是从岗位的稀缺性来识别关键人才。不管这个岗位的人才处于什么级别，这类人才在市场上很难招录到，而企业又很急需这类人才，就可以判定为关键人才。如某电子科技有限公司急需硬件开发工程师，而这类人才在市场上又很难招，虽然这个岗位只是普通研发岗位，但对企业来说很稀缺，这类人才就是关键人才。

二是从岗位的重要性来识别关键人才。这个岗位对企业来说很重要，不管在管理层面、营销层面还是执行层面，只要离开他，企业的部分运营环节就无法正常运转或者在运营中有重大损失，这个岗位的人才就可以判定为关键人才。

三是从岗位的复杂程度来识别关键人才。这个岗位可能不是最重要的、人才也不难招，但对企业来说，这个岗位的复杂程度很高，一般人很难上手，且涉及面比较广，一旦这个岗位出现空缺，企业整体运行的效率便会大打折扣，这样岗位上的人才也可以判定为关键人才。

3. 从对企业的发展价值来判定关键人才

（1）能够影响企业战略发展的人。

企业战略是企业的“龙脉”，它影响着企业的发展方向与未来走向，战略上的错误会让努力变得更加糟糕。目前，大量的中小微企业的战略都是老板一个人独自制定的，一旦老板的战略思维出问题，企业就容易陷入困境。

例如，服装企业的战略定位大多数都是品牌风格的定位，纵观广州、上海、杭州、武汉四大服装基地的本土中小品牌服装企业，很少有能成为国际大牌的公司，更多的是“江山代有才人出，各领风骚三五年”。最主要的原因就是创始人对品牌风格的定位出了问题，企业的发展全系老板一人，如果老板的眼光跟不上时代潮流，那么他们的品牌就有可能被时代所淘汰。如果企业有这样的人才，例如：研发总监、创意总监、首席设计师、首席买手等人才如能影响战略，与老板一起紧跟时代前沿趋势与客户所需，就一定能延长企业的生命周期，更有可能会成为走出国门的国际品牌。

从这里可以看出，往往在企业中除老板外，能对企业的战略与经营发展有着较大影响的人才就可判定为企业的关键人才。

（2）对企业的业绩提升有重大影响的人。

企业在发展的过程中，最难处理的问题并不是那些显而易见的外伤，而是那些看不到的问题，短期也不会暴露问题的内部管理细节。例如：人效、成本、周期、效率等这些看不见，却深深地影响着企业的发展的关键指标。

在同行企业中为什么别的企业能做到 100 万元 /（人・年）的人效，而你的企业只能做到 20 万～30 万元 /（人・年）的人效？为什么在毛利率基本持平的情况下，别人的企业的净利润率可达到 15%～20%，而你的企业净利润率只有不到 8%？你的成本是如何管控的？为什么生产同样的产品，从客户下单到出货对手企业只需要 20 天，而你的企业却需要 40 天？

在相应的工作领域里，企业中缺少了关键人才！便会暴露出许多管理问题。

例如，某企业的生产成本一直居高不下，生产周期长、交货速度慢、经常遭客户投诉等问题常常成为老板的心头大难，一直也没有找到合适的解决方法，直到有一天老板参加我们组织的私董会才找到问题的症结：他们缺少优秀的供应链管理人员、计控人员。在我的介绍下，他认识了实践经验非常丰富的行业专家杨剑老师，后来聘请杨老师给他们做了4个月的辅导，企业的成本下降了13.9%，产品周期从常规的40天缩减到28天，虽然与行业第一还有很大的差异，但他们找到了方向，后面他们还聘请杨剑老师任职企业的供应链副经理，在杨老师的带领下不到两年时间人效明显提升，成本得到有效控制，交货周期达到行业第一的交货水平。

由此可见，在关键时刻能变通方法，找到问题根源，并能有效解决问题从而大幅提升企业的效益，这样的人才一定也是企业的关键人才。

6.1.2 关键人才的来源

一般来说，企业内部的关键人才来源一般有4种。

（1）核心高管。

从企业发展的规律上看，企业一级部门的负责人原则上都必须是老板眼里的关键人才，对企业核心高管的管理与激励是人才管理的重点，理应成为老板与HR的重点工作。如企业的营销负责人、研发负责人、技术负责人、生产负责人、财务负责人、人力资源负责人等，这些高管一般都是企业的关键人才。

（2）对企业业绩有巨大贡献者或工作中的“标杆者”。

对基层员工来讲，如果他改良精细生产的流程，优化企业的某工艺，做出的技术革新等给企业带来了不菲的经济效益，那么他就是企业的关键人才，一般企业推出的“明星员工”就属于关键人才。

企业稳定发展的两头分别是企业各部门的负责人和最基层的操作者。部门负责人从企业的发展方向方面做出贡献。最基层的操作者从企业产品（服务）质量把关，为提升客户满意度做出贡献。无论是生产型企业、销售型企业还是服务型企业，都需要定期在一线工作人员中寻找推动企业发展的关键人才，他们分别有什么特点呢？

生产型企业：在保障质量的前提下，生产速度最快的人员，例如：服装公司的车缝工人，在质量合格的保障下，车缝速度最快的员工，他们一定有其特殊方法能提升效率，将其总结出来，可以进行全公司推广，从而提升公司的整理效率。

销售型企业：在能平衡企业与客户之间的利益条件下，提升企业产品的市场占有率、知名度、美誉度者；或是对市场有良好的前瞻性与敏锐度、提前捕捉商机为企业提供新产品研发方向、为新产品抢占市场提供资讯者。

服务型企业：企业在客户的服务过程中，挖掘客户潜在需求，在客户愉悦的情况下接受二次交易服务成为企业忠实的 VIP 客户。

（3）对企业的业绩、利润有重大影响者。

比如研发部和质量监管部，这两个部门的专业员工都可能成为企业的关键人才。当企业在高速发展并塑造品牌的过程中，产品质量是企业最有说服力与影响力的流动广告，特别是外地的客户，他们可能无法直接接触到企业，他们也不关心企业的战略与管理过程，对企业唯一的了解就是从产品的质量和品牌的知名度开始。而对质量指导起决定性因素的两个部门分别是研发部门和质量管理部门。

（4）对企业的战略与经营发展有较大推动力的人。

如果企业处于从代工转向自主品牌研发的阶段，研发人员、策划人员就可能成为企业的关键人才；企业在计划上市、IPO 阶段，财务中高层管理与专业人员就是企业的关键人才。

企业的关键人才通常是随着企业的发展而定，在企业的特定时刻对企业发展有明显的正向促进作用的人才，可能他们并不一定处于重要的岗位，但他们却能在关键时候帮助企业解决重要问题。

公元前 3 世纪的中国，为群雄割据的战国时代，雄心壮志的秦嬴政为了统一天下，先后灭了赵国、齐国，眼见就要攻取燕国，燕国太子自知不是秦军对手，于是无计之时，勇士荆轲献计刺杀秦嬴政。荆轲带着樊於期的脑袋与燕国地图获得秦王信任而进得大殿刺杀秦王。

按照秦国的法律，在殿上侍奉的群臣，不能带兵器。那些宫廷侍卫虽然握着武器，但都在殿外侍候，没有君王的命令不能上殿。慌急之中，荆轲追逐秦王，大家仓促间惊惶失措，没有武器用来击杀荆轲，仅仅空手同荆轲搏斗，秦王只能绕着柱子跑。正在这时，秦王的御医夏无且将他手里的药袋扔向荆轲。喘息之间，秦王拔剑刺向荆轲，砍伤了荆轲的左大腿，荆轲伤残倒地了，秦王又砍击荆轲，荆轲受了八处剑伤而死。如果在这关键时刻没有御医夏无且将药袋扔向荆轲，也许秦嬴政就有可能被刺杀成功，那么历史可能将被改写。

因此，影响企业发展与决定企业瞬间的关键人才不一定非得是位高权重的能人，也有可能是一个平时不起眼的小角色，在关键时刻发挥核心价值。同时，关键人才一定是大智大勇、忠诚有志之人，正如宋·苏洵《心术》中写道："为将之道，当先治心。泰山崩于前而色不变，麋鹿兴于左而目不瞬，然后可以制利害，可以待敌。"

6.1.3 关键人才九宫格盘点

企业在不同的发展阶段，其关键岗位不同，在岗的人员也不一样，所以定义企业关键人才时必须要结合企业所在的发展阶段。对关键人才的盘点与评估主要从四个方面来进行：一是企业文化认同度，二是人品与操守，三是能力（包括管理能力、专业技能），四是业绩和贡献。但不同层级的关键人才对其的评估侧重点也是不一样的。比如，对管理层关键人才的评估考核更看重其管理能力、业绩贡献与核心价值观；对技能岗与操作岗关键人才的评估更看重专业技能、人品操守与业绩贡献。关键人才评估四维度如图 6-2 所示。

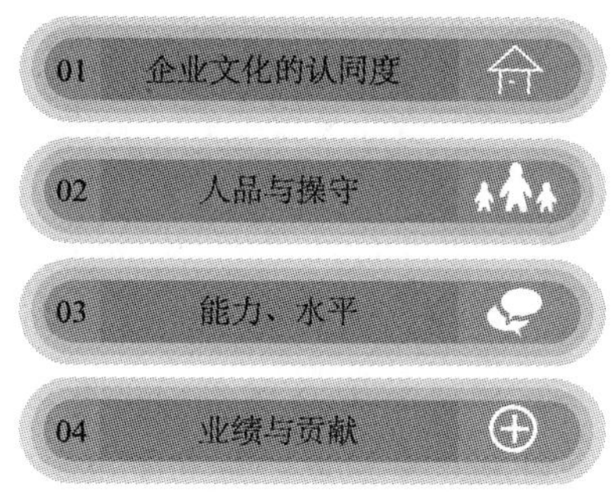

图6-2 关键人才评估四维度

目前用得最广泛的人才盘点工具是九宫格盘点。九宫格盘点的好处是能一目了然地把人才放进去，形成一个"人才地图"，并且能直观地展现：谁是企业最重要、最值得关注与发展、最值得投资的人才，从而快速识别关键人才。而对于不同人群的人才采用不同的对策。关键人才盘点的九宫格可从以下几个维度进行设计。

1. 能力—业绩九宫格

按照能力、业绩两大维度将企业的人才划分为九个小方格，如表 6-1 所示。

表 6-1　能力—业绩九宫格

能力	高	7—专家员工	8—可晋升员工	9—最佳员工
		能力强但业绩偏低的员工，对于业绩不佳的原因要深度分析，帮助员工改善心态、提供有效的支持 使用建议：尊重并提供有效支持，帮助其提升业绩	业绩合格且潜能较好的员工，是企业的中坚力量，重点在于帮助他们提升绩效，可设定更高的工作目标，进行业绩辅导 使用建议：重点培养，加强培养和业绩提升	业绩与潜能双优的明星员工，有能力承担更高层级的任务，需要重点关注。这类人员可以重点培养、优先考虑晋升发展，并注重能力转型 使用建议：优先晋升、重用，给他们更好的平台和机会
	中	4—可靠大将	5—维稳大将	6—明日之星
		有一定能力，但业绩不能达标的员工。能力还未转化为绩效表现，或许目前岗位安排影响了能力发挥，或工作方法需要提升，严格的绩效管理是关键 使用建议：帮助提升业绩，仍不达标可以调整岗位	是大部分员工所在位置，业绩与潜能均合格的员工，也属于企业坚实的基层力量，这类员工提升工作绩效是关键 使用建议：继续使用，在业绩和能力上均可继续提升	业绩优秀、能力合格的员工，这部分人员是企业的骨干，安排合适的导师、一些有延展性的工作帮助他们提升潜能；这类人员可以尝试承担更高级任务、注重能力提升后，优先考虑晋升发展 使用建议：提升业绩，持续关注，重点培养
	低	1—滥竽充数的员工	2—不称职的员工	3—潜力员工
		业绩与潜能均偏低的员工，属于不合格员工 使用建议：考虑淘汰或解除劳动关系	业绩基本合格但能力偏低的员工，要给这类人员业绩压力，给予培训机会，促进能力提升和业绩达标。业绩无法持续提升或有更合适人选时，可考虑调整岗位或淘汰 使用建议：可以加强管理和培训，帮助提升业绩	业绩优秀但潜能偏低的员工，多为有经验的员工，让他们继续发挥贡献，认同他们的贡献，通过培训提升能力水平；让其在现有角色充分发挥价值。希望通过能力提升后有新的职业机会 使用建议：加强能力转型、适应企业和岗位新要求
九宫格		低	中	高
		业绩		

2. 价值发挥度—岗位重要性九宫格

从价值发挥与岗位的重要性来进行划分也可划分为九个小方格，HR 可根据不同的人才类型给予不同的培养策略，如表 6-2 所示。

表 6-2　岗位重要性九宫格

价值发挥 ↑		
7—高潜力价值发挥 非业务产出部门 能发挥意外价值	8—高潜力价值发挥 间接业务部门 能发挥意外价值	9—明星员工（重用） 主要业绩产出岗位 能超常发挥价值
4—辅助类人员 非业务产出部门 能有效地配合服务工作	5—价值发挥正常 间接业务部门 能发挥良好助攻	6—有价值发挥空间 主要业绩产出岗位 可能需要进行激励
1—低价值发挥（外包） 非业务产出部门 工作常拖后脚	2—低价值发挥（调岗） 未正常发挥价值 间接业务部门	3—有空间欠发挥（换人） 主要业绩产出岗位 未正常发挥出价值

岗位重要性 →

从表 6-2 的九宫格中可以很直接地判定目前哪些岗位人员是关键人才，并能对在岗关键人才进行有效的评估。如 3 号的岗位属于重要岗位但绩效没有发挥出来，明显可以看出此岗位人员的能力水平或心态出了问题导致绩效欠佳；7 号的岗位一般但发挥了超常的价值，这样 7 号也可调整为关键人才。

3. 能力—潜力九宫格

第三类可以从员工的能力—潜力两维度划分九宫格，也可以用来识别与评估企业的关键人才，如表 6-3 所示。

表 6-3　潜力九宫格

潜力 ↑		
绩效低 发展潜力很大	高潜力稳定绩效者 绩效表现稳定 发展潜力很大	明星员工 绩效优秀 发展潜力很大
绩效低 可能需要增加工作职责 或调整岗位	绩效表现稳定 可能需要增加工作职责或调整岗位	有潜力的高绩效者 绩效优秀 可能需要增加工作 职责或调整岗位
绩效低 需要重新调整岗位	绩效表现稳定 岗位适配	绩效优秀 岗位适配

能力 →

企业在不同的发展时期，可以选择不同的九宫格方式对人才进行评估，找到当下最适合自己企业发展之需的人才进行重点关注。

6.2　管理有道，关键人才的管理与激活

6.2.1　关键人才的全生命周期管理

产品有产品的生命周期，企业有企业的生命周期，当然企业的人才自然也有其生命周期，一般包括引入期、发展期、成熟期和衰退期四个阶段。每个阶段的人才特点是不一样的，企业对其的管理重点与措施也应是不一样的，企业应因材施教、因人而异地对关键人才实施有效的培养与激励，可以引入合伙人机制，将关键岗位的关键人才接入企业合伙人系统，打造利益共同体与命运共同体，实现企业与关键人才的双赢。

1. 适应期关键人才管理

适应期是指关键人才从加入企业到逐渐适应企业文化、熟悉业务内容，能够独立承担工作的这个阶段。这个阶段的人才特点是：冲劲大、积极性高，对企业抱着一定的新鲜感，期望能快速融入企业；当然这个阶段也是人才流失率最高的阶段，一旦他们发现企业的现状、自己的岗位价值与自己的期望相差较大时，他们往往会选择离职。

因此，这个阶段的人才管理措施有：（1）有针对性地培训与引导，配备有经验的导师或管理人员进行跟进。（2）多与其谈心，关注他们的内心期望与心里想法。（3）适当让其接触高层领导或企业中的高手，使之感受到企业领导的重视，找到工作中的标杆。（4）尽快让其融入企业文化，用制度进行约束，用文化加强引导。（5）部分政策、资源可向其倾斜，以突出企业对关键人才或关键岗位的重视，让其感受到优越感。

2. 发展期关键人才管理

发展期指员工从独立承担工作开始到走向技术骨干或基层管理岗位这个阶段，这个阶段员工的业务知识、技能和经验不断得到提升，并不断产生业绩，这个阶

段通常为员工加入企业的 2 ~ 5 年内的时间，当然特别有经验的关键人才可能发挥高价值的时间更快，可能半年后就能产生较好的绩效。这个阶段的人才特点是：①经过工作实践的磨合、企业文化的认同，有能力的员工渐渐浮出水面，并结合其特长在其岗位上希望快速发挥其价值，并有晋升的期望。②往往容易与老员工或管理人员产生矛盾和冲突，这个阶段员工最想得到的是自己价值的实现、企业的认同。发展期的员工管理应引起 HR 的高度重视，因为这个阶段的员工离职对企业与员工来说是双输。

因此，这个阶段对人才的管理措施有：（1）不断提供学习与锻炼的机会，以留住人才。（2）把确实有能力的人才放到重要岗位，有管理岗位空缺时可让部分优秀的人才晋升，让大家看到希望。（3）努力做好老员工的工作，减少内耗，打造公平的、良性的竞争环境和人才成长空间。（4）平时多关注关键人才，多与其沟通交流，以减少人才的流失。

3. 成熟期关键人才管理

成熟期是员工发挥高价值的核心阶段，这个阶段员工可能已成长为中高层管理者、业务专家或占据企业核心岗位，这个阶段的员工特点是：业务能力熟练、经验丰富、创新能力也是最强的，因此是发挥高价值的核心阶段。这个阶段员工也是最容易产生骄傲情绪，甚至会出现有同行向其抛橄榄枝的情况。

因此，这个阶段的人才管理措施有：（1）给予愿景激励，让其多参与企业决策，多用核心文化进行引导，激发他们的创业精神与奉献精神。（2）提升他们的薪酬福利待遇，有条件的可引入合伙人机制，并把部分优秀的关键人才拉入企业合伙人队伍，打造命运共同体，把员工与企业捆绑在一起。（3）留心一些核心员工的思想动态，尤其关注那些意见引领者，采取针对性的措施进行挽留，因为这个阶段的关键人才流失对企业来说损失较大。

4. 衰退期关键人才管理

当员工经过成熟期后，就会进入到衰退期，主要表现为：满足于工作现状，不思进取，缺乏学习力与工作干劲，甚至有破罐子破摔的现象出现或者已经在骑驴找马，准备寻找下一家单位了。

这个阶段的人才管理措施有:（1）给予岗位调整置换，激发员工工作的新鲜感。（2）制定再培训计划，让员工提升能力、改善心态。（3）对部分优秀人才给予晋升机会，让他们感觉到有希望，给予进一步发展的空间。

总之，企业管理层与人力资源管理部门应加强关键人才的全周期管理，并在管理过程中不断形成制度、标准；做到用人有标准，育人有成果，留人有方法。总的来说，企业在关键人才的生命周期管理中，主要努力的方向应是：缩短人才的引入期，合理引导发展，尽量延长成熟期，努力控制衰退期并使其转入持续发展期，使人才的生命周期与企业的发展周期相适应、相匹配，以促进人才与企业的共同进步、共同成长。

6.2.2　关键人才库的建立

关键人才库的建立，首先要明确企业关键人才的标准，可以从基本资格、专业资格、评定程序、入库管理、义务与责任五个维度展开。

1. 基本资格

企业首先应规定加入关键人才库的基本资格，比如对人才的工龄、学历、技能等基本的要求，如下所示。

（1）在企业工作满 3 年（依企业实际情况而定）及以上，高度认可企业文化，具有良好的团队合作精神和饱满的工作热情。

（2）爱岗敬业，品行端正，近两年无违纪违规及企业处分纪录。

（3）业务能力强，在本专业领域能够独立承担重要工作任务。

（4）近两年综合考核结果均在良以上 (注：企业的考核分为“优—良—中—可—差”五个级别)，两年来任一考核周期均未出现“可”与“差”级，上年度绩效考核结果为良级及以上。

2. 专业资格

按照员工专业技能水平与岗位类别划分标准，企业员工等级分为 S（卓越）、A（优秀）、B（合格）、C（一般）四类，其中 S、A 类人员为企业关键人才。员工类别划分标准，如表 6–4 所示。

表 6-4　员工类别划分标准

类别	定义	人员属性	比例
S 类	1. 岗位属性：企业关键岗位 2. 个人情况 （1）具有丰富的理论知识及实践经验，并能够进行专业的指导 （2）具有显著的工作业绩，态度积极主动 3. 培养周期长，须经过长期的知识沉淀及技能积累，人员流失后，在一定时期内，对业务的正常开展有较大影响	核心业务牵头者	约 10%
A 类	1. 岗位属性：关键或重要岗位 2. 个人情况 （1）具有较为丰富的理论知识及实践经验，能承担并较好完成重点工作 （2）具有较突出的工作业绩，态度积极主动 3. 培养周期较长，需较长期的知识沉淀及技能积累，人员流失后，对业务的正常开展有一定的影响暂不符合上述条件的，但思路清晰，工作十分主动，具有高发展潜力的人员，也可作为 A 类人员	重要业务承担者	约 20%
B 类	1. 能完成本职工作 2. 工作态度端正 3. 工作能基本按部就班完成	具体业务执行者	——
C 类	1. 不能完成年度本职工作基本要求 2. 经常迟到、早退等未能遵守企业规章制度的 3. 工作态度消极、经常性怠工 4、病休、工伤休养等不在岗人员 5、其他可优化或调岗的人员	可优化人员	——

3. 评定程序

（1）项目发起：每年第四季度首月 10 日前由人力资源管理部发布通知，组织各部门，根据月度绩效考核结果及工作业绩等，结合人员异动情况，对关键人才库人员进行全面梳理。

（2）人员筛选：由各部门按照企业统一规则（制度与在通知中明确的要求），完成本部门关键人才的筛选及初步评定。各拟评定人员填写《关键人才简历》，由部门汇总填写《关键人才推荐汇总表》，经部门负责人及分管领导审批同意后报人力资源管理部。

（3）资格审查：由人力资源管理部对各部门提报的关键人才进行汇总整理，并按照规则进行资格审查。

（4）结果审批：由人力资源管理部将汇总结果报总经理及人才管理委员会审批，完成后存档留存。

（5）政策落实：由人力资源管理部及各专业部门，积极组织落实关键人才的各项政策措施，确保人员稳定，充分发挥关键人才的效用。

4. 入库管理

首先，各部门应为关键人才营造施展才能的平台，并在内部职务晋升、薪资调整、奖金分配等各项政策方面给予倾斜，最大限度地调动其工作积极性、主动性和创造性，确保关键人才的稳定性。

其次，关键人才作为公司核心骨干人员，可以优先享受公司以下政策措施。

（1）基层关键人才列入“菁鹰计划”作为主管晋升的后备人选，一般情况下一级主管人员从关键人才库中进行选聘。

（2）中层关键人才列入“雄鹰计划”作为高级领导晋升的后备人选，一般情况下总监级人员、分（子）公司及办公处负责人从关键人才库中进行选聘。

（3）在公司职务评聘、调薪、年月度奖金分配、先进评选等过程中，优先考虑关键人才库人员。

（4）优先参加公司组织的各类疗养、旅游活动；优先享受公司实施的各类长期激励政策。

（5）公司每年提供一定额外金额的学习经费（从各部门培训费用中支出），也由其自主购买一定金额的相关专业书籍，凭书籍和发票报销。

（6）优先安排学历培训和专业培训机会，本人亦可主动填写《关键人才培训申请表》，申请参加本专业领域培训。

5. 义务与责任

（1）爱岗敬业，遵纪守法，高度认同公司的企业文化，圆满完成各项工作任务。

（2）积极参与公司的各项技术或管理创新活动，起到模范带头作用，为公司发展献计献策。

（3）做好新人的“传、帮、带”工作，承担公司安排的培训讲师任务和师带徒工作。

6.2.3 关键人才培养三部曲

关键人才既是战略落地的执行者，又是组织关键绩效的承担者，同时肩负着项目或组织全价值链过程管理的责任，任务导向非常明显。对其能力素质的培养，必须基于关键战略能力要求而制定，以适应公司战略发展需要。

1. 关键人才培养的思路

关键人才的培养是实施关键人才管理的重点，能有效提升关键人才的技能与综合水平，快速实现人才的增值，理应成为 HR 工作的重点之一。根据多年的实践经验，关键人才培养的思路有三点：多元培育、重点打造；任务导向、逐步实施；培养与考核相结合，如图 6–3 所示。

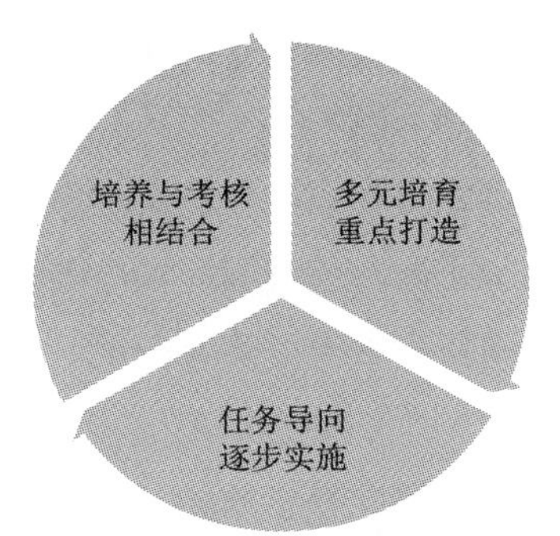

图6–3 关键人才培养的三点思路

（1）多元培育、重点打造。

关键人才是企业的骨干力量，必须注重才华的专业性和能力的综合性，因此多元化培育能提升关键人才的综合能力。多元培育的方式有：聘请外部讲师授课、高校进修、出国深造、短期封闭训练、行动学习、内部导师制、内部岗位轮换制、内部技能比武等。同时，对于关键人才的培养一定是重点打造，他们的学习机会一定要比普通员工要多，企业应列支专门的培训经费用于关键人才的培养与精进。

（2）任务导向、逐步实施。

关键人才培养的任务一般应聚焦于以下三大方面。

◆ 领导组织。为企业组织架构与管控体系对未来关键人才的领导组织能力提出更高要求：未来关键人才既需要承接战略任务，实现快速转型，又需要能够适应多变环境，即为培养企业高层岗位接班人或是企业开设新业务或分（子）企业培养负责人。快速发展的需要，关键人才培养应在借鉴行业经验的基础上有重点、有针对性地进行创新，避免重复性探索试验，培养体系的实施力求简单、有效、可复制。

◆ 改进绩效。企业在发展过程中，必然会有问题伴随而生，如何在发展中解决新老问题，让企业走得更快更稳？关键人才在解决问题、改进绩效等核心能力发挥及提升上，也必然通过项目绩效体现。

◆ 提升效率。大量实践证明，项目组织运营效率在很大程度上取决于关键人才的基础管理能力，因此对于关键人才通用能力的培养应该高效务实，打通业务知识与同化行为技能应双管齐下。同时，对关键人才的培养一定是逐步实施，分步推进的，不能揠苗助长。联想的柳传志对关键人才培养做了一个形象的比喻，他认为培养一个优秀的核心人才犹如培养一个好裁缝，不能一开始就给他一块上等的毛料做西装，而是应该让他从缝鞋垫开始。鞋垫做好了再做短裤，然后再做长裤、衬衣，最后才是做西装。不能拔苗助长，操之过急。

（3）培养与考核相结合。

责任与权利一定是对等的，让培训与绩效考核相结合能有效提升人才培养的效果，一方面引起学员的重视度与认真度；另一方面让培训以终为始，更关注人才培养的效果与落地性，避免为了培训而培训，做表面功夫。

【案例 6-1】华为的人才管理之道。

华为在人才管理方面就非常好地把任职资格、绩效考核与人才培养结合起来，主要分为以下三步：

第一步，以胜任力为模型的人才选拔。华为需要从市场上招聘很多的研发人员，从应届毕业生到成熟的研发人员，时间周期长，培养难成本高，所以选择高潜质、符合研发人员特质、匹配公司价值观的人才非常重要，借助胜任力模型能有效帮助华为准确识别人才。

第二步，以任职资格为基础的人才培养。华为的任职资格管理，树立了有效培训和员工自我学习的标杆，激励员工不断提升职位胜任力。同时合理建立了员工的职业发展通道，让员工工作有盼头，打破了有效激励在员工中的“瓶颈”束缚；让员工的学习与工作更有目标与动力。

第三步，以绩效考核与高效激励为基础的人才价值创造。华为的高绩效、高激励性是出了名的，华为建立了独特的“四位一体”薪酬激励体系，华为员工的收益由工资、奖金、TUP分配和虚拟股份收益四个部分组成。华为认为，激励的本质是期望值管理——员工不看薪酬数量的绝对值，而是看薪酬绝对值与个人期望值的差距。华为对员工设定高绩效的目标考核，不让员工容易达成，华为有相当一部分的员工考核为C，员工拿到钱就会产生“内疚感”。同时，对干部与关键人才实施的是动态管理机制，能上能下，末位淘汰。

由华为的案例可以看出，企业在实施关键人才培养时一定要与绩效考核、任职资格结合起来，并为员工规划合理的职业生涯通道，让员工工作与学习有目标、有盼头、有动力。

2. 关键人才培养三部曲

根据广大企业HR的实践，一般可将关键人才培养归纳为三大步骤，如图6-4所示。

	第一步：明确目标，梳理现状			第二步：制定计划，优化模式			第三步：方案实施，成果展示		
	1 战略研读	2 关键人才盘点	3 需求调研访谈	4 能力素质模型	5 关键任务界定	6 培养模式设计	7 培养方案实施	8 输出成果转换	9 过程资产沉淀
主要工作	• 研读战略与经营策略 • 行业对标分析	• 进行企业人才盘点，梳理关键岗位与关键人才数量	• 领导访谈 • 学员代表访谈 • 职能与项目管理痛难点调研	• 关键人才素质能力差异分析（优势识别） • 重构关键人才能力素质模型	• 分析前期所有调研及访谈结果 • 定义需改进的关键任务	• 制订关键人才培养实施方案 • 根据关键任务，与团队一起开发订制团队学习工作坊	• 课堂教学 • 沙盘演练 • 实战训练 • 挑战性任务 • 自我学习 • 导师带徒 • 教学评估	• 课后作业 • 工作坊成果转化 • 配套阅读 • 挑战性任务落实跟踪辅导	• 课程实施及教学过程中沉淀专业工具、解决方案
输出结果	《组织绩效目标识别与分析》	《人才地图》	《访谈纪要》	《关键人才素质模型》《任职资格体系》	《关键能力改进分析报告》	《关键人才培养实施计划》《团队学习工作坊实施方案》	《教学实施评估报告》	作业评估 工作坊成果 读书笔记 挑战性任务落实跟踪评估报告	《毕业论文》 《专题报告》 《案例手册》 《合理化改善建议》

图6-4 关键人才培养三部曲分解图

（1）第一步：明确目标，梳理现状。

这一步主要包括两个方面，一方面通过战略研读、行业对标分析明确人才培养的目标与方向，做好人才培养的系统性与前瞻性；另一方面通过人才盘点、需求调研访谈，了解企业关键人才的数量与人才培养的需求（包括组织维度与学员两方面的需求），梳理企业人才培养的现状与问题，从而让关键人才培养做到有的放矢。

（2）第二步：制定计划，优化模式。

首先，建立关键人才胜任力素质模型或任职资格体系，再对比现在人才的技能、素质差距进行有目的性地培养，制定明确的人才培训计划。

其次，优化人才培养的模式，以真实任务为基础，注重训战结合，并根据关键任务与团队管理者一起制定团队学习工作坊。比如华为大学的人才培训原则就是训战结合，即围绕实际工作场景，进行问题解决式的培训。例如，新市场拓展的成功要素是什么？哪些是导致失败的主要原因？为了了解这些关键问题，需要我们具备哪些关键能力？我们如何才能有效提升这些关键能力？

（3）第三步，实施方案，展示成果。

这一步是关键人才培养的重要步骤，人才培养计划的实施精准度与效度关乎关键人才培养的落地效果。

首先，应对照人才胜任力模型、培训计划表有计划地组织、实施人才培养工作，HR 要充分调动各方参与力量，尽量争取管理层大力支持与学员的积极参与。

其次，丰富多样化的人才培养形式，为人才持续赋能。培养方式可包括：课堂教学、沙盘推演、挑战性工作、自我学习、导师带徒、岗位轮换、内部技能比武、行动学习工作坊等。

再次，人力资源管理部要有效沉淀关键人才培养过程中的有形、无形成果，包括学员成长档案的建立、学习考核成绩、合理化建议的采纳、经验萃取后的案例集及相关学习过程视频。

6.3　建设有方，关键岗位能力建设

6.3.1　关键岗位的确定方法

关键岗位指在公司的经营、管理、技术、营销、生产等方面对公司发展起重要作用，与公司战略目标的实现密切相关，承担起重要工作责任，掌握公司发展所需的关键技能，并且在一定时期内难以通过公司内部人员置换和市场外部人才供给所替代的一系列重要岗位的总和。

1. 关键岗位识别的标准

关键岗位的识别可结合战略影响度、价值贡献度、技能复杂度、人才紧缺性、专业特殊性等方面来识别，如表 6–5 所示。

表 6–5 关键岗位识别标准

序号	识别维度	说明	备注
1	战略影响度	该类职位对公司未来战略目标的实现和核心能力形成起关键作用，其业绩情况对公司的目标产生直接明显的影响	—
2	价值贡献度	该类职位对公司近期的效益影响很大，是公司收入和利润的主要来源	收入、利润贡献相关性分析
3	技能复杂度	该类职位任职者培养周期长，技能复杂，对任职者要求知识领域广泛，行为复合度高	可结合任职资格分析
4	人才紧缺性	该类职位市场招聘难度大，易于流失	—
5	专业特殊性	该类职位任职者专业较为特殊，比较难找到替代者	结合岗位特性分析

2. 关键岗位确定的方法

关键岗位是基于公司战略分析，对公司战略与经营目标实现起关键作用的岗位，它不是一成不变的，随着公司的发展阶段与战略发展而变化。

（1）战略解码法。

按照战略解码这个思路来梳理关键岗位是最合理的一种方式，它主要包括以下四步。

第一步，梳理公司的战略目标，明确公司目前的经营方向与重点工作。

第二步，梳理公司核心流程。哪些流程是为客户提供增值，能为公司带来利润？哪些流程又是这些流程中的关键流程，对公司战略的落地与发展起着较大的推动作用？

第三步，梳理公司的部门信息，梳理哪些部门对公司核心流程、关键能力的建设起着重要的作用，并验证各部门的职责。

第四步，进一步梳理公司的职位信息，梳理哪些职位是重要职位，再通过岗位价值评估工具，最终确定公司的关键岗位。

从战略解码角度来梳理关键岗位逻辑，如图 6-5 所示。

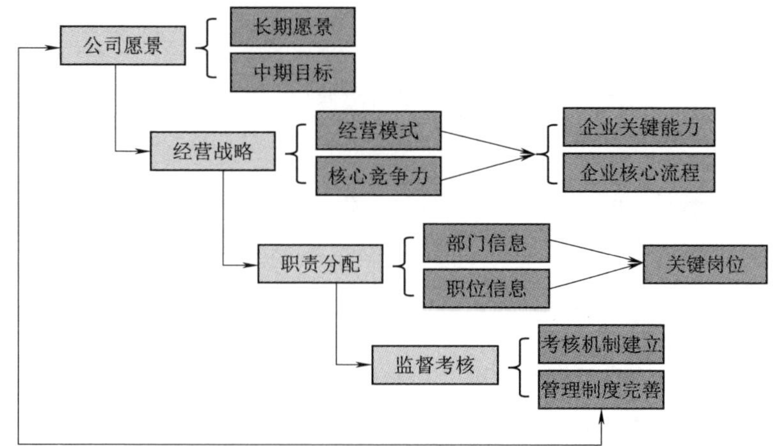

图6-5　从战略解码角度来梳理关键岗位逻辑图

（2）关键指标评估法。

也许有人说，按照战略解码法来梳理关键岗位原理没错，但过于复杂且不能量化。下面提供一种可量化的评估方法—关键指标评估法，主要包括两大步骤。

第一步，从公司层面，对不同部门岗位的重要性进行初步评价，可采用要素评估法，如表 6-6 所示，然后再对这些岗位进行初步分类。

表 6-6　岗位价值因素比较法

维度	因素	评分标准	实际评分
对组织的影响	对组织的影响	35 分	
监督管理	下属种类	5 分	
	下属人数	5 分	
职责范围	工作多样性	5 分	
	工作独立性	5 分	
	业务知识	8 分	
沟通协调	内外部沟通	8 分	

续上表

维度	因素	评分标准	实际评分
任职资格	工作经验	4 分	
	学历要求	4 分	
问题解决	工作复杂性	6 分	
	工作创造性	6 分	
工作环境	工作条件	4 分	
	工作风险	5 分	

第二步，再用战略目标贡献度、可替代性、责任重要度及职责复杂度四个维度、12 个指标再做进一步进行综合评估，确定公司的关键岗位，如表 6-7 所示。

表 6-7　关键岗位评估指标

	一级指标	一级指标权重	二级指标	二级指标权重
关键岗位评估指标	战略目标贡献度	45%	产值利润	50%
			管理创新	25%
			对客户的影响	25%
	不可替代性	20%	关键技能	45%
			实践经验	40%
			文化素质要求	15%
	责任重要度	20%	风险控制	40%
			成本控制	30%
			决策责任	30%
	职责复杂度	15%	工作环境与压力	1/3
			工作难度	1/3
			协调范围与难度	1/3

6.3.2　关键岗位能力建设

企业之间的竞争是人才的竞争，尤其是关键人才之间的竞争。做好关键岗位能力的标准化建设，为人力资源能力管理和开发提供衡量尺度与导航方向，是组织能力管理和关键人才管理工作的基础和核心工具。

企业的关键岗位能力建设是提升组织关键能力的重要手段，一般企业的关键岗位能力建设可分为四部分，即关键岗位能力标准建模（岗位胜任力模型）、关键岗位员工能力建设、关键岗位经验萃取、关键岗位后备人才培养，如图 6–6 所示。

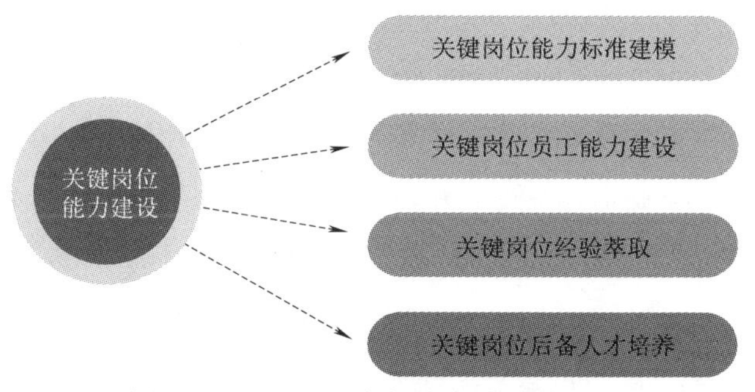

图6–6　企业关键岗位能力建设四要素

"胜任"表示某项工作的卓越标准，而不是基本标准；胜任能力是员工潜在的、深层次的特征。一套完整的胜任力模型应包括：模型结构、指标名称、指标定义、指标维度、行为等级等几个方面，简单的胜任力模型可以没有模型结构或行为等级描述。

关键岗位的胜任力模型构建可从以下五个步骤来实施。

第一步，选好对象。选取关键岗位中最优秀的人才，以此人的典型特征、技能水平为基本标准开始建模。

第二步，用对方法。胜任力模型的构建不外乎两大类方法，即归纳法与演绎法。归纳法是通过访谈、调研的方法，挖掘目标群体中高绩效员工与一般绩效员工在工作中的不同特质，并归纳出实现绩效优异所需要的个人素质，进而形成胜任力模型。归纳法的主要应用工具有：工作情境分析、行为事件访谈、焦点小组访谈、问卷调研、数据统计等。演绎法是一种逻辑推理的过程，它主要从企业的愿景、使命、核心价值观和战略推导出群体所需要的素质，整理加工后形成胜任力模型，主要方法包括：战略文化演绎法、高管访谈、头脑风暴法、专家小组讨论法、对标分析法等。其中归纳法更适合于技术、技能型关键人才的胜任力构建；演绎法更适合中高层管理型关键人才的胜任力构建。

第三步，素质能力模型的框架梳理。关键人才的素质能力包括通用能力指标、关键工作能力指标、核心价值观。通用能力是指每一个工作都必须具备的专业和管理的技能，如表达能力、企业的应知应会能力；关键工作能力指每一个工作中某些技能对其工作的影响会比其他技能更重要的技能，这些技能被称为“关键的工作能力”。例如，财务岗的归纳分析能力、市场岗位的推进演绎能力、研发岗的创新能力。同时，每个关键岗位的能力和其级别也应有最优的对应关系。

第四步，编辑素质词典。此环节对关键岗位上工作人员所具备的素质进行编辑为词典，包括：专业知识、行业知识、工作经验、项目经验、管理素质等，每个素质又可分为多个等级，一般可分为 3 ～ 5 个等级，模板如表 6-8 所示。

表 6-8　素质词典模板

素质名称：		素质类别：
素质定义：		
级别	等级标准	
1		
2		
3		
4		
5		

第五步，设计关键岗位素质模型。最后一个环节结合职位分析，选取与每个岗位所应具备的管理能力、专业能力、核心价值观、工作经验等每个关键岗位的素质形成胜任力模型。某企业管理层素质模型如表 6-9 所示。

表 6-9　某公司管理层素质模型

管理能力（一级部门负责人）		专业能力（营销类）		核心价值观	
等级	素质指标	等级	素质指标		
3	目标导向	4	沟通、谈判	☆	忠诚度
3	解决问题	4	销售规划	☆	敬业精神
3	计划与组织	3	客户关系管理	☆	坚韧性
3	推动变革	2	产品知识	☆	大局意见
2	员工发展	3	运营商管理	—	—
3	绩效管理	5	渠道管理	—	—
3	团队合作	2	业务敏锐性	—	—
3	沟通力	2	市场运作	—	—

6.3.3　关键岗位的经验萃取

关键岗位经验是企业的一级宝藏，将岗位上过往成功的、优秀的、有参考价值与警示作用的好经验合理开发出来形成成果是提高组织效能的有效方法。

在企业内部不乏各类掌握知识经验的专家、多面手，这些人大多占据关键岗位，我们需要把这些专家、骨干的“干货”倒出来，如果他们在工作中积累的经验没有进行有效的总结和梳理，而让后来的员工从头开始尝试并慢慢积累经验，这是企业最大的浪费。越来越多的企业意识到组织经验积累对组织能力建设和内部人才培养的重要性，以及经验流失给企业带来的损失，因此开始尝试开展组织经验萃取工作，尤其是关键岗位员工、各类专家骨干员工的经验萃取工作。可是这些人员要么不愿意讲，要么讲得不好，这就需要人力资源管理部门或培训管理者拥有一套娴熟的知识萃取技术，即从专家的头脑中提出结构化的专业知识或经验。

经过大量的萃取实践，我总结出组织经验萃取的“三步加工”技术：识矿（锁定价值选主题）、选矿（循着主题萃取内容）、炼矿（整理内容成方案），如

图 6-7 所示。

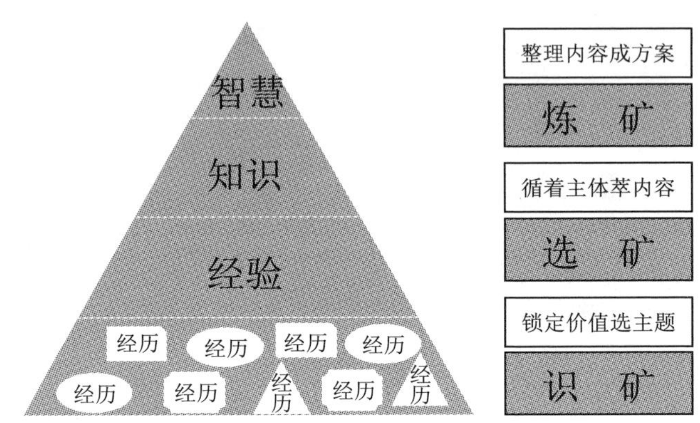

图6-7　关键岗位经验萃取“三步加工”技术

1. 识矿——锁定价值选主题

这个环节就是要让经验萃取锁定关键岗位上有价值的问题，并不是什么问题都需要萃取，否则花了大量的时间精力去萃取，结果发现对组织没有价值。对关键岗位人才经验的萃取一定要围绕企业最迫切需要解决的问题或最值得沉淀的经验去开展萃取。只有先锁定有价值的萃取主题，才能使后面的萃取工作有意义。例如，新晋升的管理者要学习优秀的中层管理干部的管理经验，可这些专家们积累了多年的经验，并不是一下子就能掌握的，这时就要锁定最有价值的问题点，通过对新晋升的主管人员调研，咨询他们遇到了哪些问题？比如：

“不知道自己的角色如何定位，晋升后如何管理原有同级别的同事？”

“如何合理分配工作，有什么方法与秘诀，它背后的原理与逻辑是什么？”

“不知道如何授权，哪些事情必须自己亲力亲为，哪些事情可以授权别人去做？”

“如何进行有效的团队建设，当员工处于消极状态时，怎么去激励员工？”

把这些问题一一记录总结出来，你会发现，新晋升管理人员普遍对角色定位、自我工作管理与员工管理有较大的挑战，于是我们可设置一个萃取主题《新晋管理者的自我角色定位与有效管理技巧》，从优秀、有经验的中层管理干部身上萃取经验、方法、工具和案例，这就锁定了有价值的问题。如果还嫌主题太大，我们可以进一步细化将萃取的问题缩小，比如：如何分配工作？如何授权？如何激励员工？如何有效进行沟通？如何进行自我管理等不同的小专题进行萃取。

2. 选矿——循着主题萃取内容

这个环节主要是通过场景还原、访谈技术在关键岗位上的标杆人员身上萃取有价值的内容（包括有价值的资料、信息、数据、流程、说话技巧、方法、案例、事件等），这个环节可通过以下三个步骤来进行内容萃取，如表 6-10 所示。

表 6-10　“选矿”三步骤

萃取步骤	关键技术	关键动作
找典型	做好案例分析	第一，根据挑战问题，找成功和失败的案例 第二，就是要讲案例本身，请关键岗位或曾经深度参与的同事回顾案例的起因、经过、结果 第三，围绕曾经深度参与的同事进行案例回顾，深入分析过程中的人的行为、思维、后果，提炼有价值的内容
巧还原	完整还原案例	第一，回忆背景，即案例发生的时间、地点、人物、事件、起因 第二，任务，说明当事人遇到的、面对的目标和任务、挑战是什么 第三，行动和思考，分析关键挑战时，怎么思考？怎么行动？可以按照步骤一一展开 第四，分析结果和看影响，因为好的方法不仅短期效果明显，长期影响也要好
寻金子	BTC 深度分析	行为（Behaviour）特点：当时表现沉着、冷静、把控全局，克服重重困难迎接挑战所展示出来的行为特点：包括主要行动步骤、每个步骤的关键行为要点 思维（Thought）模式：关键当事人是如何分析挑战、采取哪些合理的做法、其合理性在什么地方 后果（Consequence）影响：关键人行为带来的结果和影响是什么，包括采取行动后的直接结果，如有没有达成销售、有没有解决问题；带来的后续影响，如对客户满意度是否有影响，是否有后遗症等

3. 炼矿——整理内容成方案

等内容萃取出来后，第三步就是要将萃取内容输出，输出的方式包括：流程、量表、口诀、说话技巧、案例、模型、公式、方法论及系统理论等。同时，为方便输出内容传播，还须将初步萃取出来的内容进行结构化呈现。

（1）口诀化呈现。

口诀化呈现是最常用的呈现形式之一，指从关键岗位人才经历的优秀案例中间的经验提炼出来，然后形成口诀，包括重字诀、要字诀、韵字诀、英文诀等形式。

如公司服务礼仪中的口诀：

门店服务礼仪口诀

顾客进门有“迎声”。

顾客询问有“答声”。

顾客帮忙有“谢声”。

照顾不周有“歉声”。

顾客离店有“送声”。

（2）流程式呈现。

按照事情发生的先后次序，梳理出工作中的关键动作，并串联成系统性的知识，形成工作流程，流程一般用箭头图来表示，比如招聘工作流程，如图6-8所示。

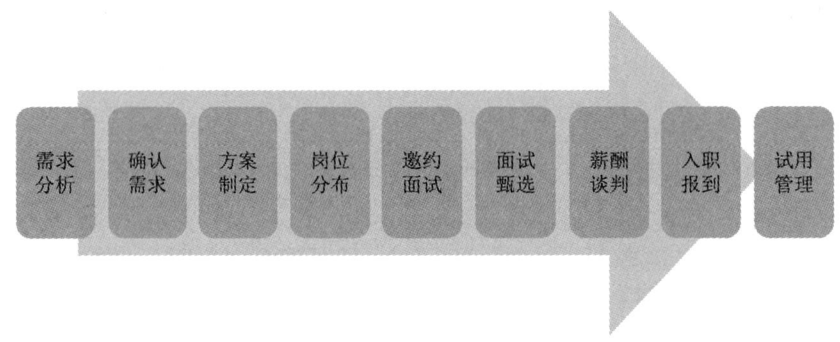

图6-8　员工招聘全流程图

（3）数字式呈现。

通过数字来归纳知识、经验也是我们工作、生活中经验萃取最常用的方式之一。例如，我们日常生活中过马路的安全教育宣传：一停，二看，三通过。再比如企业安全生产“三不伤害原则”：不伤害自己、不伤害别人、不被他人伤害。这种用数字方式来归纳总结的方式具有吸引注意力和联想记忆的效果，容易传播。

（4）归纳式呈现。

用分类的方法呈现知识，也是非常普遍的。通过归类，可以把复杂的问题进行分解。比如，针对“如何做好绩效面谈”。我们把影响员工绩效不佳的因素分为

4 种类型：态度、技能、方法和环境，如图 6-9 所示。

图6-9　影响员工绩效的4个因素

（5）表格 / 公式呈现。

用表格与公式来表达知识、经验也是常见的一种呈现形式，并且这种公式的出现类比我们上学时的数字公式，使用范围广，计算简单，把抽象的事件具体化。比如，有人把幸福用一个公式来量化表示：幸福 = 能力 - 欲望；把感谢和赞美用公式量化表示：感谢和赞美 = 一个时间点 + 一个小事 + 细节描述 + 感受；把学员的学习价值用公式量化表示：学习的价值 = 动力值 ×[（信息量 × 有效率 × 转化率）- 不可控因素]。

用公式来表示，可以把抽象、复杂的知识、概念具体化，做到量化而形象，让后来者少走许多弯路。

（6）模型式呈现。

原理、模型是把知识提升为高度抽象的阶段，能帮助大家直观、形象地说明某领域的知识、思维。各个领域都由我们的前辈们总结出许许多多的原理、模型。例如，马斯洛需求层级模型、ADDIE[①] 课程开发模型、柯氏四级培训效评估模型、时间四象限管理模型等，但在经验萃取时要能把专家们的经验、知识上升为原理、模型是相对比较难的，需要萃取者有高度的认识与思维架构。

① ADDIE：Analysis Design Development Implement Evaluation，简称 ADDIE，是指一套有系统地发展教学的方法。

第7章 人力赋能，员工培育与 HR 转型

本章主要介绍 HR 如何实现从人力管控到人力赋能；如何提升员工的忠诚度与敬业度；如何有效进行员工的培育，稳步打造高绩效人才；HR 如何完成转型突破，实现人力资源管理从 AM（行政事务员）到 BP（业务合作伙伴）的转变；以及 HR 如何进行有效的自我修炼。

北京大学国家发展研究院管理学教授陈春花对管理的未来发展趋势认为：所有可标准化、可量化、可考核的部分，其实都可以被机器人替代，唯一不能被替代的是人的创造力。因此管理者的职能就是如何赋能并激活员工的创造力。

管理者要做到通过赋能以激活员工，首先要改变以管控为主的管理方式。如今管理者不能只是给员工提供一个岗位，而是要给他平台和机会，只有这样，员工才能创造价值。所以，今天的企业管理或者管理体系，核心其实是要做五件事情：第一、做好目标引领与员工思想工作，做到上下同欲；第二、打造一个让信息透明、让授权成为可能的系统；第三、设置更多的岗位激发大家；第四、建立有效的沟通机制；第五、为员工赋能，提升员工能力进而提升组织能力。如果一个组织做到这五点，那这个组织的管理就不再是命令式和管控式的了，而是转变为授权和赋能。

除了从管控转为赋能之外，还有一个要考虑的问题——怎么让员工从胜任到创造，这也是人力资源管理最大的挑战。从胜任到创造很重要的一点，就是给很多员工设计角色。陈春花说，互联网企业跟传统企业有一个很不同的地方，就是互联网企业愿意给员工很多新的头衔，而传统企业不舍得给。人是在角色之中成长的，当你给了一个员工具体的头衔和责任时，他就会想办法扮演好他的角色，就有机会成长。

人力资源管理负责人，在企业里到底是什么角色？后勤服务角色，行政管理角色还是促动师角色，抑或企业高层的参谋角色？你怎样定位他，他就会创造出对应的价值，释放出更大的潜能。

7.1　管理升级，从人力管控到人力赋能

7.1.1　从人力管控到人力赋能的转变

1．从管控到赋能的必要性

在传统的组织里，老板往往特别在意员工每天在岗有多少时间，而对于员工有效价值与实际产出的重视度不够。但在 VUCA 时代下，光管控员工的时间是没有意义的，从工业时代到互联网时代的转变，知识型员工越来越多，这类员

工的工作价值产生更多依靠员工自动自发与创造力、依靠员工技能的不断熟练与团队的协作，而不仅仅依靠工作时间。

【案例 7–1】管控员工的时间还是价值。

广州某公司老板每天下午 5 点钟一定会回到公司，10 多年来没有间断过，他下午到公司干什么呢？就是到全公司走一圈，且走路轻到不发出声音，悄悄地来到员工的身后看你在干什么？全公司这一圈审视到了 17：50 左右，再开始第二次的转圈，员工自然就不好意思下班走人了，只能在办公位上加班，久而久之老员工都习惯上班时不干活，主要工作都放在下午 4 点钟之后，老板看到的是自己的员工是多么努力，可企业的效益非但没有上升反而在下降。

公司在招人方面也越来越难，新人进来工作一两年，有一定能力而还保持着上进心的人都会选择离职，留下来的都只是一只只老“蜗牛”。由于公司的效益上不去，随着广州的产能升级，房租也越来越高，而公司的赢利能力一般，所以其公司只能一步步地向外迁。

像这样以管理与控制为主导的人力资源工作，是非常典型的只关注时间而非效益，通常情况下企业的人效都不会太高。比如略好一点的企业，可能还会以企业的战略和部门任务为主导，明确管理与控制的重点问题与难点。在管理的过程中，一切以事情为主导，最有创造力、最有主观思维的人却被当成严格管理的对象，在这个过程中将人作为了一种工具，特别是工业化流程高度标准化的行业，人才只不过是工序中一个“机器”，不需要发挥自己的创造性与能动性。

2. 人力赋能要解决的问题

5G 时代的来临，人与人之间的距离在无限缩小，世界已处在一个巨变的数字化云时代，这些快与变化，给企业的管理、组织行为都将带来全新的挑战。那么我们如何来驾驭变化带来的不确定性？在企业的运营中，什么是最易变？最难控的？显而易见是人，人是最复杂的资源，是最具备可变性、可塑性的，也是最不可控的。因此，组织的管理就需要做一件核心的事情：赋能你的员工。将他们的创造力释放出来，将主观能动性发挥出来，以尊重代替管控，以有温度的人性代替冰冷的制度，这就要我们解决以下四个问题。

其一，赋能的基础，选择价值观趋同、有一定能力并愿与企业协同发展的员工进行。被赋能的员工越多，企业的战略成功就越有可能。

时代变化之快，没有时间来验证组织的选择是否正确，也无法用竞争优势来衡量成功概率，更不能简单地去讨论产业的边界在哪儿，因为很多优秀的企业都是被看似非同行的企业打败的。

人力资源管理六大模板最关心的是让合适的人放到合适的岗位上，以物质激励作为方向，对员工进行考核。但现在企业经营环境在变，企业管理参数也在变化，我们就要调整指挥棒的方向，我们需要的是有创造力的人，人才的考核方式是“从胜任力到创造力”。

其二，避免科层式组织造成的企业“深井病”。为什么深圳这座城市成为年轻人向往的天堂，最主要的原因就是这座城市的创新力与活力。

最近几年一些传统的大型企业很难留下招聘到的合适人才，即便去校招学生也很困难，为什么呢？原因就在于大型企业是非常典型的科层式组织架构，管理流程相对僵化与冗长，企业的决策依赖于各层级领导，年轻人在这儿也很难得到职务上的升迁，每向上走一步都需要非常漫长的时间，需要论资排辈，这让年轻人觉得压抑。越是具备创造力的年轻人往往越不喜欢科层制，他们喜欢打破常规得到更快的晋升机会。特别是在大众创业的时代，给了他们一个有多种可能性的平台。现在高效能的企业，就是要构建蜂窝式网状架构来打破“部门墙”。

其三，要建立合伙式的分享机制。将企业与员工之间以前的雇佣关系改为合伙式的组织结构，即原有企业变成一个共享的平台，原企业的投资人变成资本提供方，职员变成智本提供方，将两者变成一个有机制，即企业是大家共有的，员工也是“企业主”。这个过程中，必须把资本方的权力、责任和利益等与合伙人一起共享、共担，每个人都是企业的核心成分，企业的发展也与每一个成员息息相关。

当下很多中小企业老板将企业当成自己的王国，认为自己打拼多年的商业王国不能被外人所窥测，所以常常将企业的权利、利益紧紧地把握在自己的手里，这样责任自然也划不出去了。在企业人才的眼里自己无权决策，所以就也没有责任与义务为企业来分担风险。合伙人机制是将权、责、利、名一起分出去。

我们在辅导企业管理时，曾有一位老板说：“我最担心的就是我一个人在前面冲，回头一看却发现没有一位员工与我同步，全都远远地跟在后面，甚至于还有抱臂而视的员工。如果这样，那对于企业将是一种怎样的伤害啊？”怎么会出现这种情况呢？为什么你的员工会有一种事不关己的“冷漠”？为什么我们的高层和老板时常会抱怨中基层员工的执行力差、做事积极性不高？原因或许就是因为后者承担了很多事务的主要责任，却没有得到应有的利益，付出和回报不成正比。久而久之，这些人就会产生事不关已、多一事不如少一事的心态，怠工或跳槽便成了常态。

其四，区分真忙与假忙。很多中小企业老板都认为员工准点下班那一定是工作量不够，企业不能养着闲人，只要企业里没有人加班那就一定会想方设法去安排部门负责人开始减员。特别是在晚上 8 点或 9 点还看到那些灯火通明的办公室，心里就有一种踏实感。我们认为企业加班并不是工作量超额，反而 90% 的加班只不过是习惯及工作效率低造成。

【案例 7-2】区分真忙与假忙。

刘小姐新进一家由国有企业改制的民营企业，任人力资源经理。但她很快发现了一个让自己非常困惑的现象：员工加班非常普遍，更有甚者会加班到晚上 10 点或更晚。随着和同事日渐熟悉，她还发现，许多同事加班时常常在做与工作无关的事情。少部分同事虽然在工作，但在她看来，这些都是可以在正常工作时间内完成的。

刘小姐感觉这样不对，但作为一名新进企业的 HR，又担心自己擅自行动会破坏原有的同事关系，因此向我咨询。

【诊断】

在判断企业加班文化是否需要改变之前，首先必须了解加班文化形成的“前因”。据了解，这家企业前期作为国企改制时，主要负责人深感原来管理体制涣散，正式出文提倡加班，并多次在员工大会上对加班的同事给予了充分的肯定与奖励。为了能在转制过程中留下来，很多老员工都“自觉”起来，表现自己的竞争力。

在改制的前期工作中，也的确有很多工作需要切割。如人事档案、历史遗留问题、退休人员转接等，都需要与相关部门对接，支持部门不得不加班。

企业文化上的推崇和工作中的实际需要，使“加班”成为很长一段时间内员工的工作状态。经过三年多的转制，企业的加班文化深深印在每一位员工的心中。

现在，企业虽然不需要大强度加班了，但文化还是传承着。

由此可见，刘小姐所在企业的加班文化和员工行为，实际上是“惯性思维”在作祟。消极的惯性思维是束缚创造性思维的枷锁。该企业的大部分员工在加班时间处于非工作状态，就是这样一种体现。显然，该企业的加班文化，已经对企业的团队风气、工作效率都构成了负面影响，必须改变。

【处方】

如何改变这种情况呢？那就是通过“诱利”的方式，引导各个层级员工对时间、管理、效率形成正确的认识，再推动改革。基本操作思路如下。

（1）激活“老人”。

在企业的发展过程中，对企业抱怨最多的主要是工作 5 年 ~ 8 年的老员工。他们的特点是职务一般处于中层或基层，常常是升职无望。他们既享受着企业提供的“温水区”，却不甘心就这样毫无建树。其实，企业中最想改变的也是这一群人，他们有发展的渴望，只是当局者迷，需要外界提供突破口。

这时，提供培训就是一个“诱利”方式。HR 可以帮助他们分析自己难以继续进步的原因：走出去学习的机会太少。让老员工意识到，提升自己，比无目的性的加班更能获得发展机会。HR 通过引导并为他们提供学习机会，通过培训来促使他们反思自己的行为，改变心智定势，他们就能对原有的团队风气改变起到很大的作用。

（2）启发中层。

中层的工作既需要得到高层的认同与指引，更需要基层的执行与配合。因此，高效率的团队对于他们来说是至关重要的。很多中层一直升不上去，主要原因还是没有工作状态良好的基层员工支持自己的工作。HR 必须让中层意识到这一点，意识到原有加班文化造成了基层员工的惰性。

此外，HR 还需诱导中层意识到：优秀的管理者要善于发现员工的心理矛盾；加班，特别是脑力工作者对加班的焦虑，是中层需要解决的基层员工心理问题之一。更重要的是，在员工意识到并提出需求之前，有领导力的中层管理者就应该向企业申请找到解决方案，这样的中层必然能够得到基层员工的拥护与支持。

（3）影响高层。

高层领导更多关注企业的战略、方向问题，很多时候对于员工的加班状况、必要性并不清晰。看到大家都在加班，作为领导，感觉到的只是员工的“敬业”，当然高兴。可这份“敬业”有价值吗？这一点同样需要 HR 或中层通过分析报告形式，向高层剖析这种虚假的“敬业”可能带来的效率低下等后果，引起其关注。同时提醒高层领导，企业已走向成熟，此时的管理需要人性，工作效率需要提升，员工需要幸福感，而加班文化是与这一切相悖的。

对老员工、中层与高层的有针对性的做法，其实都是一个理，通过“诱利”的方式，分析出加班与不加班对于他们的利与弊，最终带来水到渠成的改变。

7.1.2 组织能力建设与企业效益

在同样的行业中，时常会有规模相当的企业效益却相差数倍的情况，为什么会出现这样的情况，特别是企业在同样的市场机会下，两者之间的最大差别就是组织能力的差异。企业效益取决于组织建设能力与企业管理水平，因此说保持并增强企业有效的组织能力是企业可持续发展的根本保证及内在动力。

1．组织发展的四个阶段

在企业发展战略定位与规划中，要十分清楚地知道什么是本企业的组织能力，同时需要明白组织能力的发展过程及构建方式。如此，认清企业组织能力所处的阶段，找出该阶段的瓶颈，进而提升组织能力，向更高阶段发展。着眼于企业组织能力建设的过程，我们可将企业的组织能力建设分为四个阶段，如图 7-1 所示。

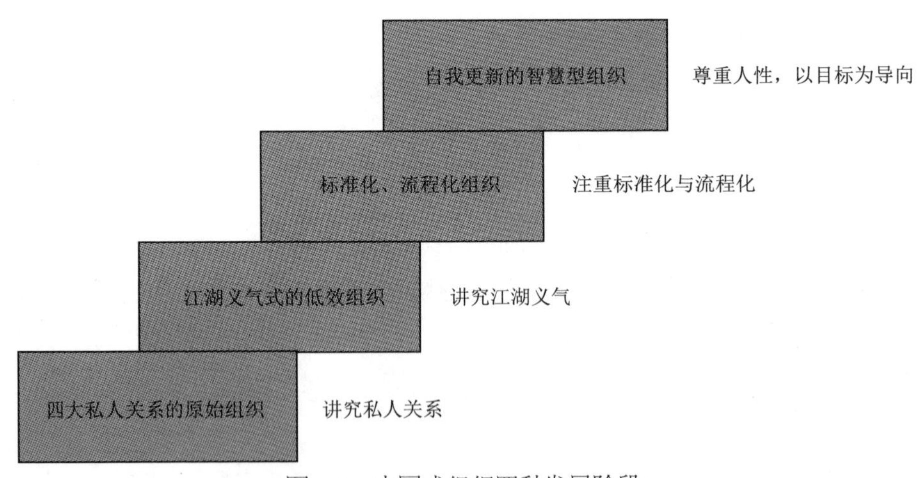

图7-1　中国式组织四种发展阶段

第一阶段是基于血缘（亲属）、地缘（老乡）、学缘（同学）和业缘（同事）四大私人关系的原始组织。这种组织依靠主要发起人的私人关系为控制手段，并作为企业的运行轴心，表现为组织内部高度的集权、强烈的认同感、凝聚力。调查表明，如今相当数量的中小企业组织尚未脱离依靠四大私人关系的阶段。

第二阶段是基于江湖义气式的低效组织。该阶段的组织以“军阀化”的模式控制员工，强调忠与义，而并不会特别注意组织的高效与商业竞争的残酷。此时组织内部很容易出现“小山头主义”，部门负责人就容易变成“军阀头子”，对待员工就向对待小弟一样，哪个部门是企业的利益或利润部门，哪个部门就易成为老大。各部门之间为维护各自的利润容易形成内耗，相互拆台。

第三个阶段是标准化、流程化组织。所有的作业都有明确的流程与标准，所有工作安排都需要走流程。这里没有变通，没有紧急事务特殊处理的先例，很多时候还会形成一事一议，一事一报告，一事一研讨的机械化工作。这个阶段相对适合劳动密集型的标准化流程型企业，其生产完全通过程序、步骤、标准进行控制，也适合从“游击”到正规化管理的过渡阶段。由于高标准化能满足“权责利对等”的心理需要，所以此阶段的组织存在着对企业流程化“设计师”进行个人崇拜的现象。

第四阶段是具有自我更新能力的智慧型组织，这个是目前活力性组织建设的目标。智慧型组织由三层组成：一是基于共同价值观的分享机制（包括精神资源分享、能力共享、荣誉共享和财富分享）。二是公开透明的运营机制，正式的制度和非正式的全面合作文化构成的中间层级。第三是最高层级即自我更新机制。智慧型组织把人当作具有独立人格的人对待，组织有自我意识，自我分析能力，可以自我调整、自我更新。正如海底捞的成功一样，用其董事长张勇的话说就是服务好客户、把员工当人看。尊重和重视人性，让全体员工把海底捞当成自己的企业，其实这就是智慧型组织的源头。

2. 组织发展四阶段建设要点

（1）从原始组织到流程化组织的建设。

我国中小民营企业组织发展的初期大多数是依靠私人关系建立起来的，如家族企业。这种类型的组织，老板有很强的权威性，表现出极高的凝聚力和合力，初期有很好地抵御风险的能力。但随着企业的发展壮大及企业环境和社会环境的变化，原有的老板个人文化可能不利于企业开放系统的形成，从而导致发展机会丧失、内部管理开始变得混乱、优秀的外来职业经理人难以生存，出现发展瓶颈。此时要想提升组织的效率就要在企业管理上进行转型，企业需要改变依靠以私人关系为主、规范化管理为辅，即要从个人英雄崇拜时代进化到制度约束时代，强调制度高于企业任何人的权利。没有个人英雄，只有法律制度下来的平等协调机构，群策群力、共商大事。在这种打破老板权威之时，需要建立严格的制度，在企业发展过程中根据工作关系的疏密度划分部门、分配人力资源，明确分工，划分岗位，建立属于自己企业的监控体系。

（2）从流程型组织到活力型组织的建设。

随着企业的不断发展，容易将人当作机器一样，就会陷入事事都需要有明确授权而不能充分发挥人的主观能动性，员工会因此而产生抵触心理，冲突升级而形成无意识的部门墙。此时就要开始重视所有权和经营权的区别，通过合理的授权激活经营者，在激发的过程中建设一套可靠的“容错机制”来避免“不授权无法运作，授权又担心失控”的局面。

企业的发展是循序渐进螺旋式上升的，企业经营发展到一定的程度，就不是经营资产了，而是经营企业的资本，更进一步说是经营企业的人才，特别是关键高级管理人才与技术人才。伴随企业不断发展与壮大，企业老板的角色要发生转变，从排头兵的角色中跳出来，将自己变成梦想大师（激励大师），充分激励员工，从而发挥员工的集体智慧。

企业做到一定规模之后，老板要经营的重点是：客户对企业的信任、员工对企业的信任、股东对企业的信任、合作伙伴对企业的信任、社会环境对企业的信任，建立一个良性共赢的价值链体系，形成企业强有力的竞争闭环，企业就能保持坚持而高速的发展。

（3）自我更新的智慧型组织的建设。

企业发展过程也是企业组织能力不断成长的过程，其中既包括量的增加，也包括质的变化。企业的发展就是从一种状态向另一个更高、更理想的状态演变的过程。当一个企业遇到问题的时候，如果不能在大环境下顺利地完成转型或突破，终将会被变化的环境淘汰。所以，分清企业组织能力所处的阶段“对症下药”，进而突破该阶段的瓶颈尤为重要。

在智慧型组织阶段有四个显著的特点，分别是价值观的分享、能力的分享、荣誉的分享、财富的分享。在这一组织阶段，组织中的所有成员高度认同组织的核心价值观，着眼于提高员工个人能力和长远发展。如通过选择、培训、考核、职业生涯规划、辅导计划、接班人计划等方式对员工进行全方面提高，即能力的分享。此外，通过设置完善的薪酬福利体系，给员工满意的报酬。四个分享机制相辅相成，浑然一体，如图 7-2 所示。

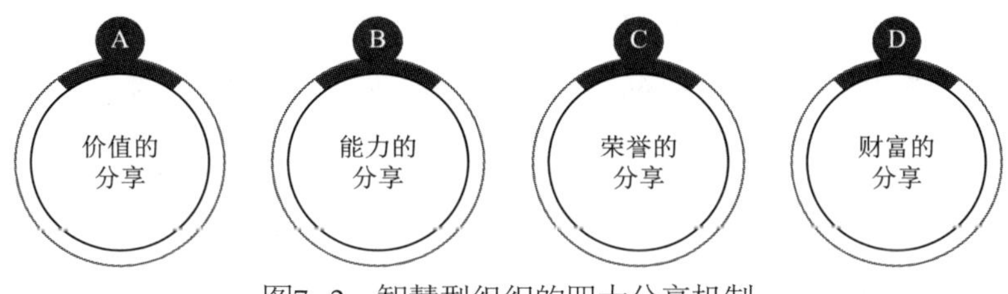

图7-2　智慧型组织的四大分享机制

四种分享机制的建立，是形成核心竞争优势的关键，目前在我国中小企业中分享机制的建立并不顺利。由于我国数千年的"溥天之下，莫非王土；率土之滨，莫非王臣"的帝王思想的影响，管理者与被管理者间难于建立一种基于分享型价值观的合作关系。所以，把传统的牺牲型价值观改造成分享型价值观是保证组织内部长远合作的路径。

7.1.3　员工敬业度与忠诚度

智慧型组织体现了员工的敬业度与忠诚度，大家都将企业视为己出，把自己当成企业的一分子，没有打工者的心态与行为，企业里的所有事情都是每一位员工自己的事情。在今天这个快时代：人人都是自媒体，人人都是创业者，那么影响员工敬业度与忠诚度的维度有哪些呢？

1．社会维度

人作为高级动物，有着本质上的优越感，处于社会食物链的顶端。现在物质极度丰富，互联网高度发达，加之在人人创业的时代，这些大的社会趋势非常直接地影响着企业员工忠诚度。再者，竞争企业可能会给出相对有诱惑性的条件，也会加剧员工的离职。与此同时，社会的经济环境和观念等因素也会对企业员工的忠诚度产生一定的影响。如果在薪酬丰厚的竞争企业影响下，员工仍然能够在自己岗位上坚守，那么就可以说员工十分忠诚。另外，针对企业自身的经济变动，员工的不离不弃也是忠诚度的一种重要体现。在当下的社会中，大多数年轻人都重点关注自身价值的实现和自身的历练，这样的社会观念也会在一定程度上影响着员工的忠诚度。

2. 企业维度

企业自身也是影响员工忠诚度的一个重要原因。如领导人的风格、企业文化、管理理念以及涉及具体的薪酬、福利政策、工作环境等都会对员工的忠诚度产生一定的影响。如果企业中能够拥有更加灵活和合理的薪酬制度，就会为员工的生活提供坚实的保障。在更加公平的工作环境下，员工也会逐渐提升自身工作的积极性和主动性。同时，如果企业的文化能够在某种程度上影响着员工，那么对员工的发展都会具有促进和推动作用。这样员工才能够心甘情愿地留在单位中，提升企业的经济效益。

3. 员工维度

员工自身的年龄、文化水平、观念、经历、价值观、职业阶段、职业追求等也会对在某家企业里的忠诚度产生一定的影响。通常情况下，员工的年龄和员工的忠诚度呈现出正比的趋势，文化水平和技能水平却呈现出反比的趋势。与一些存在的客观因素相比，员工自身的主观因素（价值观、职业阶段、职业追求）显得更为重要。员工在一开始进入企业的时候，就会产生一定的心理契约，主要是自身对工作的一个期望，只有企业在发展的过程中能够满足员工的需要，才能够让员工更好地为企业服务，并贡献出自己的一份力量。

企业在提升员工的敬业度与忠诚度时应重视人力资源体系在培育员工忠诚度方面所发挥的作用。从构建和谐劳动环境、基于价值观的招聘考核，文化理念的培训、公平合理的薪酬和晋升制度、科学合理的绩效考核等方面着手。

第一，构建和谐劳动环境，企业与员工是平等、相互合作的关系，做到相互尊重，尽可能地分享企业管理相关信息，提升员工的参与感。在员工能力或某些方面达不到工作需求时，可以先进行适当的培训与转岗，做好员工的思想工作，取得他们的理解。不要将“铁打的营盘，流水的兵”挂在嘴上时常说，这样会让员工很反感，而无法融到企业中来，无法发挥其主人翁精神。

第二，在招聘的过程中，特别是关键管理岗位与重要的技术岗位人才，除了专业知识、技能符合需求之外，更需要进行价值观的分析与审查。一次成功的招聘必须要考虑人才与企业目标一致、价值观一致，这样他们才愿意与企业一起奋斗而忠诚。

第三，员工的薪酬福利是决定员工忠诚度的关键问题之一。常言道："低薪无良企，好企无低薪"。薪酬是衡量一个人社会价值的主要因素之一，企业需要通过提升管理效能，提升企业的赢利空间来吸引更好更优质更忠诚的员工。另一个方面就是"不患寡，而患不均"现象，即企业的薪酬制度要相对公开、公平、公正。做好这一点要能满足三个基本要求：一是员工所得相对于企业其他员工是公平的；二是员工所得相对于同行业的职员是公平的；三是员工所得反映了员工对企业的价值。

在增强员工忠诚度的同时，需要增强企业自身的活力，打造企业核心竞争力。一方面，增强企业社会的知名度与美誉度，给员工增加无形的光环。另一方面，在知识经济时代，面对激烈的市场竞争，构建核心竞争力已成为企业竞争的优势之源和发展的基石。现在企业管理方面需要关注细节，从对人才管理的细节中找到问题的解决之策，从而提升员工的愉悦度。

7.2　员工培育，稳步打造高绩效人才

"员工能力差不是你的错，但不能提升员工的能力就是你的错。"在职场上时常会听到有人对管理层说这句话。是的，提升员工能力是企业管理层的核心要务之一。

7.2.1　员工培育与辅导的方法

员工培育是管理者的核心技能之一，也是人力资源管理部门的重要工作，往往在企业中员工存在忠诚度不够、工作积极性不高、技能不到位等问题，通过对员工的有效培育与辅导，可有效解决上面问题，从而促进员工绩效的提升，尤其是对打造高绩效人才团队非常重要。一般而言，员工培育与辅导可分为三个方面：一是培养员工的业务技能；二是培养员工的职业精神；三是培养员工的忠诚度。

1．员工技能的培养

提升业务技能并支撑员工发展是取得良好业绩的唯一手段。譬如，销售部要拓展某一片区的业务并希望从竞争对手中夺取更大的市场空间，我们则要放开思

路、积极引导员工去主动挖掘市场、寻找客源，并教会他们如何处理各项销售业务，如何灵活多变地与客户进行有效的沟通，如何从深度上把握客户的需求、赢得他们的信任与支持。

在员工技能培养方面，主要有三种常用方法：OJT[①]在岗辅导（师带徒、现场辅导）、OFF JT[②]脱岗培训和自我启发。OJT 在岗辅导为培养员工技能的重要方式，一般包括如下四个步骤，如图 7-3 所示。

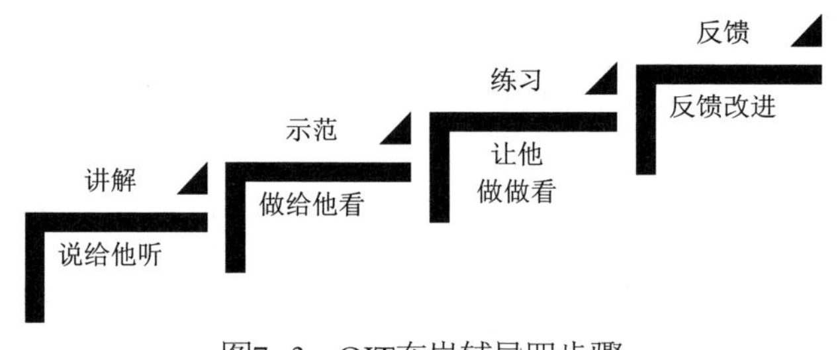

图7-3　OJT在岗辅导四步骤

第一步，讲解——说给他听。

教练（师傅）首先要阐述这项工作对于企业和团队的意义，让员工明白为什么做这项工作；其次还要说明干好这项工作对当事人的意义；最后，要详细描述如何做好这项工作，如何做好工作的每一个步骤以及应该注意的问题。

第二步，示范——做给他看。

教练（师傅）实际操作一遍给员工看，让他观察学习，并清楚讲解每个步骤的原理、细节，询问员工存在的疑问和想法。

第三步，练习——让他做做看。

教练（师傅）让员工试着做几遍，观察在此过程中，员工的操作与自己传授的方法、步骤是否一致，有错误及时纠正。必要的时候，可以要求员工再重复多做几遍，持续反复练习，直到员工基本掌握。

第四步，反馈——反馈改进。

在工作中让员工不断按照学习的方法持续练习，直到将这种方法变成习惯，

① OJT：On the Job Training，简称 OJT。是指工作现场内，领导和技能娴熟的老员工对下属、普通员工和新员工们通过日常的工作，对必要的知识、技能、工作方法等进行教育的一种培训方法。

② OFF JT：Off the Job Training，简称 OFF JT，即脱岗培训。

固化为熟练的技能，加强过程的反馈与改进。

2. 员工职业精神的培养

员工的职业精神反映员工的状态，若一个员工的工作积极性不高，热情不高，则可判定为他的职业精神不够。企业的根本目标是为了盈利，而要实现获得利润就要依靠忠诚的客户，但事实上没有客户会主动青睐你的产品，欲让产品卖出去，关键要通过员工这个桥梁来实现，所以海底捞对门店店长的考核为员工满意度与客户满意度两个维度，通过尊重员工，塑造员工的职业精神来提升海底捞的服务水平与营业能力。

在企业里我们培养员工的职业精神，主要可以从以下四个方面入手。

一是加强员工职业精神的教育，包括员工职业文化教育、职业素养与职业技能教育。

二是用制度规范员工的职业行为，让员工养成自觉的职业习惯，比如工作中的很多员工习惯性违章、不自觉的行为就可以依靠制度的约束来解决。

三是塑造榜样，加强榜样的宣传。在日常工作中为工匠型人才、技能型人才、敬业型人才的培养营造好的工作环境与氛围，塑造敬业、忠诚、精益求精、勤奋的员工榜样。

四是管理者以身作则，要求员工做到之前先管理自己做到，以自己忠于业务、踏实勤奋的工作态度去打动你的下属，并以承诺的方式明确期望值。

3. 员工忠诚度的培养

员工只有忠诚于企业，才有敬业可言，但在 VUCA 时代下，培养员工的忠诚度非常难，受外界用工大环境的影响，频繁跳槽似乎成了员工的家常便饭。员工忠诚度不高导致企业优秀人才、优秀员工的流失，同时给企业的整体效益带来负面影响，因此，提升员工的忠诚度对企业至关重要。

员工忠诚度的培养可从以下四个方面来进行。

一是尊重员工，让员工感到自身的价值，通过合理的薪酬福利、工作肯定与认同、有效激励等来满足员工的需求。尊重员工是情感管理的本质，对员工的尊重可以换来员工对企业忠诚度的提升和信赖，给员工机会并施展自己的才华，让员工感到自己有价值。

二是给予员工一定的工作权限与工作空间。通过工作的有效授权、信息透明、让员工参与管理等方式，使其在工作职位上能有一定的工作权限和空间，让员工可以自主处理业务、做决定，这样可以提升员工对企业的认同感和忠诚度。

三是绩效考核制度的公平、公正。比如在薪酬分配、奖励、员工晋升、培训等，都要通过绩效考核得出科学的结论再对照实行，如果绩效考核结果失真，甚至出现较大的偏差，这种考核制度中存在的不公平现象会大大降低员工的工作热情。员工对于自己的水平、职称等级与工资收入、奖惩情况的匹配程度是非常敏感的，因此，在绩效考核时一定要确保公平性和客观性，以事实说话，以德以理服人。

四是营造积极向上的企业文化和工作环境。如果没有好的企业文化和工作环境，员工便觉得工作枯燥乏味，尤其对于90后、00后员工而言，他们更看重企业的工作环境和企业文化。

有些企业之所以一直留不住人，在于企业的氛围与环境不好，企业内部斗争频繁、上下级缺乏信任与沟通，员工的价值得不到肯定，员工在企业中工作有种莫名的压抑感。因此，企业应该让员工在一种积极向上的文化氛围和工作环境中工作，这样可以增强员工对组织的归属感和忠诚度。

7.2.2 师带徒人才培育模式

师带徒是一种传统的人才培养方式，在人类文明发展与经验传承中起着巨大的作用。以精工制造业享誉全球的瑞士，更是将“师带徒”做到极致！各行各业都有专业师傅培训学徒工，这些师傅必须持有联邦颁发的技能证书。学徒工必须进行为期2~4年的专业培训，学徒工经过考试合格后，便可领到联邦颁发的技能证书，成为正式的专业技术工人。瑞士产品大到机床，小到军刀、手表，无不以其完善的设计、实用的性能以及精美的内外质量吸引消费者，而这主要得益于瑞士传承至今的“师带徒”。

松下幸之助曾说过，企业即人！做企业就是做人，做好了人的工作，企业也就做好了发展，反之无人，企业则止。师带徒作为企业人才梯队建设的一种重要人才培养措施，既适用于一线操作人员的培养，也适用于各层级业务、技术、和管理人才的培养。它的目的性强、针对性强、操作性强，只要把握好方向，就会取得明显效果，不仅能有效缩短员工达到胜任标准的时间，增强员工的归属感、稳定性，也有助于师徒双方产生相互影响、相互促进的作用，同时还影响和带动周围的人，形成良好的积极向上的企业氛围！

如今许多的企业在师带徒人才培育方面取得非常好的成效，一方面有效传承了老师傅、技能专家们的优秀技能、经验；另一方面有效促进了徒弟级员工的技能水平，并增强了师徒之间的交流与互动，形成良好的学习文化与师徒关系。要做好师徒制人才培育模式相关工作，我们 HR 要做好如下相关工作，如图 7-4 所示。

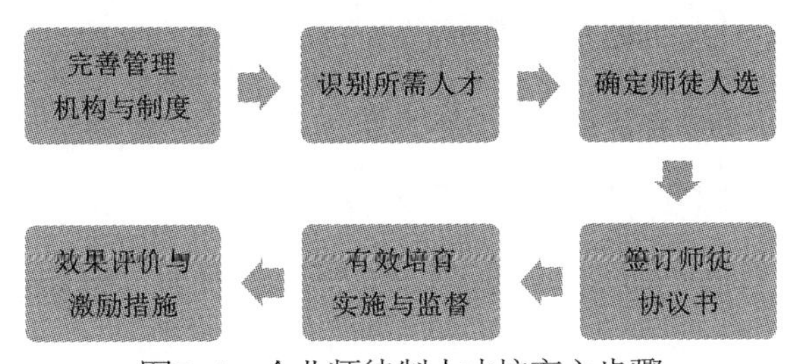

图7-4　企业师徒制人才培育六步骤

第一步，完善管理机构与制度。以确保师带徒模式得到有效策划、实施和持续改进。

第二步，识别所需人才。依据企业发展状况，行业竞争态势，现有人才数量与技能状况等，判断人才现存缺口与潜在缺口，确定企业所需的人才数量与种类，然后厘清所需人才应该掌握的知识、技能和具体意识，以便提高后续培训的精准率和效率。

第三步，确定师徒人选。以内部有经验、优秀者为主担任师傅，实施师徒双向选择，应征得双方的同意，不宜强拉硬配，以确定合适的师徒人选，可以 1 名师傅带 1 名徒弟辅导，也可以 1 名师傅带 2～3 名徒弟进行辅导，最多不超过 3 名为宜；师傅应具备如下品质：品德过硬、专业对口、经验丰富、乐于传授等。对徒弟人选的选择应挑选品德过硬、专业对口、乐于实践，愿与企业共同成长的人员。

第四步，签订师徒协议书。师徒协议书可包括师徒姓名、部门 / 岗位、培育方向与目标、培育期限与培育成果等。如有可能，人力资源管理部可组织召开“拜师仪式”，充分体现对师傅的尊重，亦可显示对徒弟成长的重视。

第五步，有效培育实施与监督。这个阶段，师傅应紧扣师徒协议，并根据自己的技能特长与徒弟个性进行针对性辅导，因材施教。在这个过程中，人力资源管理部要加强对师徒制实施过程的监督，部分师傅可能有技能但传承与表达能力欠佳，还有部分师傅在带徒弟的动力方面不足，认为带好了徒弟会饿死师傅。这时 HR 一方面要加强师傅的传授技能的培训，比如组织开展《TTT 讲师培训技能》《萃取技巧》《高效表达技巧》相关课题的培训；另一方面要完善师傅带徒弟的激励措施，不能让师傅做免费劳动，要设置相关的费用与奖励。

第六步，做好培育效果评价与激励。按时公布培育的评价结果，并根据制度兑现相应的激励，并且激励措施可适度倾斜于成果丰硕、徒弟超越师傅的培育结果，如此可催生一代比一代强的人才竞争环境，继而让优秀技能、经验得到有效传承并不断提升。

7.2.3 高绩效人才的特点与塑造方法

什么是人才，有人认为是：一是自己得行（能力），二是得有人说你行（有背书），三是说你行的人得行（背书背景），四是你自己身体力行（愿意干）。因此，在企业里的高绩效人才的特点总结如表 7-1 所示。

表 7-1 企业高绩效人才特点

高绩效人才特点	主要行为特质	他们的反面行为
认可本企业文化	对本企业文化高度认同。其行为诠释了企业文化。行为中总是体现出尊重、正直、诚实、说到做到、合法合规等价值观	内心对本企业文化不能认同。表现出不理解、不支持和抵触行为
持续稳定的高绩效	每个阶段的绩效结果都是优异、稳定的、令人放心的，且有超出期望的地方	绩效时好时坏的，让人不放心，需要密切的监督
对变革持开放态度	愿意并且主动接受新事物，尝试新突破，对变革持开放态度	虽然能取得业绩，也对新事物新方法有初步了解，却不主动接受新事物与尝试新方法，对变革持不积极和冷漠的态度
学习力强	主动学习且方法多样，善于思考和感悟。如果对下一个目标职位的专业知识或软技能有差距，主动通过学历教育或向内、外部专家求教等方式弥补短板。有两种类型的专家（帮助其提高技术或者是领导能力的专家）可求教帮助。知道学来的东西哪些现在用，哪些在将来具备条件下可用。不断主动提高自身综合能力	不主动去学习，方法单一，知道自己有短板，但是依赖企业安排，缺乏专家的指导。学习、培训之后也不去积极练习或寻找机会使用
喜欢迎接挑战	越是有挑战性的事情，越能调动其潜能，越能干劲十足	对有挑战性的事情顾虑多，需要领导的引导、鼓励

续上表

高绩效人才特点	主要行为特质	他们的反面行为
成就动机	其内驱力是成就动机。不受一时的得失而影响（如出国机会，奖金多少等）努力程度，自我激励	内驱力不是成就动机，往往受到一时的得失（如出国机会、奖金多少等），影响努力程度，更看重薪酬、名气等
有洞察力和远见	有行业和市场的洞察力，往往超出目前的职能范围。能清楚感知到未来发展趋势是什么，并知道企业和自己如何去利用这个趋势	对未来的发展趋势及其对企业和对自己的影响是不敏感或不感兴趣
精力旺盛、有余力	在企业和部门运作较正常的、没有太多救火工作的情况下，高潜质员工比较轻松地取得优异的绩效，有较旺盛的精力作为后劲储备	在无太多救火工作的前提下，靠经常每周工作 100 小时来完成的，或者经常使自己处于救火状态还乐此不疲，以为这是敬业。犹如强弩之末，无后续动力。经常救火的人无法有效发展员工
心理成熟度高	情商高。知道自己的性格特征和能感知他人的性格特征，并知道如何控制自己的情绪和如何与他人（尽管他人有自己不认同、不喜欢的地方）良性互动，善于寻求和扩大共识，说服他人，获得他人的认可、合作和支持	情商不高。特别是有时不能有效控制住自己的情绪，和不喜欢的人无法交流、合作
非职务影响力	不仅自身成功，而且乐意与同事分享知识、经验，同事对其有信任感和他的专业程度而乐于听取其意见。自己始终有职业安全感。往往在本企业之外的职业圈子也有一定的影响力	很少或不与同事分享知识、经验。对同事设防，担心同事超越自己。缺乏安全感
工作生活相对平衡	工作与个人生活（家庭、朋友等）安排得较为合理。能安排出时间从事社交活动、带家人休假等；这是企业提倡的，因为其具有可持续性	经常牺牲个人生活，家人严重抱怨甚至要求其换工作，或者该看病也不去，一直拖到病重。这是企业不提倡的，因为其成功不可长期持续

对于高绩效人才的塑造方法主要有以下两个方面。

1．高期望塑造

高绩效人才都有清晰的人生目标与职业目标，且斗志都非常高，所以高期望更能刺激他们的工作动力。根据期望理论公式：激发力量 = 效价 × 期望值，其中，激发的力量指调动员工的积极性、激发他们内部潜力的强度；效价是某项活动成果能满足个人需要的价值的大小或某项活动成果的吸引力的大小，其变动范围在正负 100 之间；期望值指一个人根据经验判断的某项活动导致某一成果的可能性的大小，以概率表示。

期望理论启示企业要给高绩效人才设定更高目标，让他们为自己的目标而工作。要能激发他的力量，取决于以下两个因素。

一是目标实现对员工吸引力，如果实现目标对他们的吸引力比较大，其被激发的力量就比较大；如果实现目标对他们本身没有吸引力，其力量就激发不出来。

二是目标的难度系数，所谓难度系数，是指员工经过努力，能不能实现这个目标。对于高效人才，他们的目标一定是高于企业的平均水平，同时通过激励能促使他们达成。因此，企业应该为高绩效的人才制定合理的目标，即符合 SMART 原则的，即明确的、具体的、量化的、可以达成的、有时间限制的目标，让员工经过努力之后可以实现。

2. 高荣誉塑造

一般高绩效人才都处于企业的中高层或核心岗位，同时他们经济水平也处于职场的中高等水平，当他们物质达到一定的水平之后，他们则会追求精神层面的。按马斯洛五层次需求理论，他们基本上处于对尊重的需求、自我实现的需求的人生阶段，企业要给予这部分群体归属感、荣誉感、成就感等，帮他们在团队中塑造人格魅力，使其得到非职务方面的尊重与地位，帮他们树立专业与成就方面的权威，有人倾听并认可。

7.3 转型突破，人力资源管理从 AM 到 BP

HRBP（HR Business Partner，下文简称 BP）又称为人力资源业务合作伙伴，实际上是企业派驻到各个业务或事业部的人力资源管理者，主要协助各业务单元高层及经理在员工发展、人才发掘、能力培养等方面的工作。其主要工作内容是负责企业的人力资源管理政策体系、制度规范在各业务单元的推行落实，协助业务单元完善人力资源管理工作，并帮助培养和发展业务单元各级干部的人力资源管理能力。要做好 HRBP，需要切实针对业务部门的特殊战略要求，为其提供独特的解决方案，将人力资源和其自身的价值真正内嵌到各业务单元的价值模块中，这样才能真正发挥和实现 HRBP 的重要作用。

HRAM（HR Administration Manager，下文简称 AM）又称为人力资源行政经理，一种是指企业的人力资源管理还没有达到人力资源化的阶段，以行政的管控、监管等手段为主，强势执行企业的规章制度。另一种则是以每天面临着大量的、琐碎的、不起眼的事务，作为企业的“传声筒”、工作的“服务员”、后勤的“保育员”。AM，在企业的业务价值链上做着纷繁复杂的琐事，无法体现应有岗位的有效价值。

BP 这个角色是连接人力资源与业务部门的关键纽带，这个岗位的人既要懂专业，又要懂业务，同时他了解人力资源的各个模块，做好桥梁，用人力资源专业帮助业务部门解决问题。

7.3.1　HR如何与业务跳好“双人舞”

人力资源管理者如不懂各模块的业务情况，如何提供高效而切合实际的管理方案或人才呢？因此说，人力资源管理者如果不懂业务，就不能与业务团队共舞，所做出的方案必然是徒劳的，且终究将被业务部门所淘汰，而陷入尴尬的局面。

1．懂业务流程与业务术语

HR 要想成为 BP 首先要懂得业务流程、产品知识以及业务中常用到的专业术语，否则你将无法与其他部门人员交流。同时，在招聘的时候如果 HR 懂了业务知识、产品知识，就可以和求职者更好地交流；如果不懂专业知识可能连提问都不会提，只是问一些行为方式的表象。很多人都认为 HR 这个职业没有行业限制，其实是没有理解到 HR 工作的精髓。

2．理解企业的商业模式

很多企业在产品和业务流程上是类似的，但是在战略、商业模式、核心竞争力上却有很大的不同。比如同样做 LDE 元件设计的，有的企业以生产代工为主，有的企业以营销为主，还有的企业是自主品牌为主。同样是卖鸭子的，主要有周黑鸭、绝味、煌上煌三个品牌，作为一个顾客你可能体会不出太多产品方面的区别，但周黑鸭是直营，绝味与煌上煌是加盟，运作模式完全不同。

所以不仅要懂得企业的产品和业务流程，还要深度理解企业的战略与商业模式，了解企业的核心竞争力及真正的盈利点。

3. 了解行业相关的趋势环境

企业所处的行业变化是 BP 必须要思考与高度关注的方面。环境变了，客户需求变了，首先要向“外”看，了解外部环境是怎么变化的，客户需求是怎么变化的，竞争对手有怎样的变化，整个产业链有怎样的变化，基于这些变化，你要做的是及时调整对应的人力资源管理方面的战术。因为外部的市场环境、客户需求才是企业制定战略的基础。以外部趋势为导向引导企业内部的适应性与创造性。才能在企业业务战略方面调整自己的话语权。这就是业务的思维，或者说是企业战略思维。

HR 要真正懂业务，从懂业务的流程与专业术语开始，进而提升自己的业务与战略思维。真正的业务思维是向外看的用户思维和市场思维，企业战略制定的源头是用户和市场。当你开始思考用户是谁？需求是什么？市场是怎样的？才开始真正站在懂业务的门口，这才是业务的源头。

7.3.2 HRBP的3个核心

要做好 BP 需要从了解业务流程与专业、企业战略与商业模式，以及对外部趋势的把握。作为专业的 HR 如何才能做好这 3 点呢，业务部门的同事为什么会同你聊专业，聊过了又如何才能转化为自己的知识？

1. 制定流程

我认为人力资源在企业的供应价值链来说是在直接贡献价值之外的，但“当局者迷，旁观者清”，在直接供应链价值外的 HR 反而能更清楚地知道节点和问题点，所以 HR 还是非常重要的。人力资源要想做好，必须能从业务的角度熟练地梳理和制定出企业供应链的整个流程，从而能把控企业的整个运营流程，这是 BP 思维的第一个核心思路。

2. 有效地处理好员工关系

HR 制定出的流程是由一线员工去实施的，所以人力资源 BP 要发挥良好的价值，必须能够有效地处理好员工关系。我之前在任职的企业作为劳动仲裁员处理过很多的员工纠纷，在工作中，发现大多数员工其实都是很善良的，纠纷多是因为管理者把一个很小的事情没有沟通好而造成小事变大事。多数员工纠纷在企业通过劳动仲裁员协调就可以处理好，极少数是闹到用法律法规来解决的。所以 BP

的第二个重要职能就是能够处理好员工关系，有效避免劳资纠纷的产生。

3. 做好战略伙伴

公司的发展，基于战略业务的推动。某公司总经理曾说过他的人力资源总监经常抱怨组织架构经常变动让他很被动，这样只能说明其人力资源管理尚处于基层事务初级阶段。优秀的人力资源从业者应该做到了解公司现状，从而提前对人才储备有预判，甚至在公司尚未发布变革信息的时候，就能够提前做好准备工作，协助公司推动变革是一个优秀人力资源从业者应该拥有的能力。

公司战略变革后需要有人来让变革落地，这一点我们对此深有体会。下面以我曾在某公司任 HRD 时的一个案例进行分析。

【案例 7–3】HR 如何有效为企业制定引领性变革方案。

当时我们公司要做一个新款女性产品，公司总部有人力、财务、营销、生产、电子商务、综合部 7 个一级中心，总经理让每个中心的总监做一个新业务的方案。营销总监以前是做高端服装和化妆品的，于是从营销服装化妆品的角度做了一个方案；生产总监按照生产流程的角度做的方案；财务总监从使用资金和成本利益控制来做的方案。

时任人力资源总监的我所做方案如下。

首先，进行综合筛选，统计出这个产品在全国竞争者的数量和做得好的国内 5 家公司。然后通过猎头公司找到了这 5 家公司的组织架构资料，并拿到了 5 家公司关键岗位共约 5 千名的员工名单。最后锁定了 40 多位人员做面谈。第一次电话面谈后，就有了公司新产品的组织架构和方案设置思路，对市场划分和区域定位也有了基本的规划。

有了思路和基本规划，就开始做方案、设置组织架构，进行人员招聘。这份企划书出来之后，立刻得到了公司所有总监和董事们的认可。而其他 6 位总监都是从个人单一的角度做了预测，没有考虑到竞争对手。

而人力资源管理部因为有和猎头机构、外界 HR 合作交流的优势，所以能得到该产品所需的人力、人力来源与成本、公司应该具备的市场能力等信息。这都是公司战略布局的决定因素。自从做了这个方案后，人力资源管理部门被公司正式重视起来，这个项目也由本人兼任了项目启动总负责人。这个案例充分说明，公司要变革，要用集成思维来做方案，以突显人力资源在公司中的作用。

7.3.3 HRBP的转型与胜任力提升

HR 转型为 BP 后，常见阻力与问题有哪些？

1．业务出身的 BP 要提升 HR 专业知识，培养 HR 系统思维能力

大多 BP 是非专业出身，其中有部分企业的 BP 是做业务出身，这类 BP 虽然很了解业务，也熟悉业务流程，对一线现场非常熟悉，有影响力，技术过硬，但是没有 HR 的系统思维。

【案例 7–4】业务出身的 BP 要提升 HR 专业知识和系统思维能力。

××医院很多分院的 BP 是从专业岗提拔的，作为护士长、院长的行政助理，对医院的流程也有一定的运营基础，但从事 BP 仍然很吃力的根源在于缺乏对人力资源的系统理解，没有 HR 系统管理知识，工作出发点局限于业务，没有把业务与人力资源有机结合起来，形成了“两张皮”。

2. HR 专业出身的 BP 要努力切入业务

我们曾为某高科技企业做内训，该企业的 BP 是从人力资源中心派到各个事业部的。每次开会，业务部门说的和人力资源部门介绍的完全是不同的两个概念，久而久之，就形成了业务部门觉得 BP 完全就是摆设。该企业的 BP 总是强调专业性，专注于考核、沟通、协调，把人力资源管理部用的表格、流程、标准拿出来要业务部门配合。业务部门就拒绝：你是我部门的 BP，不了解部门业务，不根据实际情况，仅套用一些表格工具对我部门的工作没有用，这种局面就增加了 BP 融入团队的难度。所以，HR 专业出身的 BP 需要了解、熟悉业务部门的业务流程与制度。

3. 变革能力的培养

BP 和决策层之间缺少关键的互动就会造成人力资源要想参与企业的变革会得不到认同或者认同后得不到执行。BP 经常会遇到提供给企业或业务部门很好的方案，得到的反馈都很好认同，也觉得方案在理论上是很好的，但到落地的实施，却没有下文。人力资源从业者要培养变革能力，要得到决策层的信任和授权。

比如传统企业里常见的员工春节福利，BP 做了一份方案提高奖金或者是发礼品。决策层总是想是否有更好的方案，而让 BP 找新方案，但最后不了了之。结果员工抱怨企业福利差，决策人说 BP 做了这么多方案，没有一个可用的。这个案例充分说明决策者与 BP 的隔阂，彼此之间没有真正的认同，表面上有信任而授权，实际上没有执行。

4. 将胜任力转化成有效的管理

很多 BP 对企业认同，也了解企业的商业环境与模式，但必须要把这个了解转化成为有效的价值。企业变革的时候如业务调整，新增一个事业部，这个部门需要招聘员工。那么在没有组织架构，也没有配备标准和岗位说明书的情况下，如何去完成招聘工作？这时候 BP 就需要了解业务，用业务部门专业的思维和行为模式，去理解部门招聘的意义，从而协助业务部门进行招聘准备工作。BP 必须能够将自己的专业知识转化到实际的工作中。

5. 明确 BP 的归属

很多人都不明白 BP 是隶属于人力资源管理部门还是业务部门，有时候 BP 自己也很尴尬。业务部门认为他是人力资源管理部门派来的，所以对其也不是太友好；而有时人力资源管理部门却认为他在为业务部门负责，按就近管理原则，他是业务部门的人。而在遇到冲突的时候业务部门与人力资源部门可能对 BP 的要求相反。

针对上述常见的 BP 转型压力，提升 BP 价值感就显得非常重要。对胜任力培养的 4 个关键点如下。

（1）良好的沟通协调能力、对事情有敏锐的洞察和分析能力、平衡关系，是 HR 的关键核心能力，也是 BP 的核心胜任力。找到具有核心能力的人，并把他放在 BP 岗位上，就具有体现价值的基础。

（2）通过核心能力评估后，派驻与业务部门工作匹配度高的 BP。BP 必须对业务部门的工作感兴趣，否则如果有抗拒心态的话，即使 HR 理论再深厚，再有良好的服务态度，也无法能做好。这就类似学生偏科的现象，偏科学生 90% 都是因为对老师不感兴趣而造成的。BP 要与业务部门“脾气相投”，才能够结合业务部门的发展战略和业务需求提出理念，才能够有效融合，工作才能够高效。

（3）能力培训计划。BP 通过实际沟通分析后，能够制定出业务部门的基本要求并提出培训计划。

（4）内外部有效结合，进行再次评估，以有效地提升 BP。

7.3.4　HRBP的职责转变与价值呈现

在戴维·尤里奇先生提出的战略伙伴变革中，人力资源是推动业务前进与战略变革的专家。而当前的很多 HR 却把事务性管理工作当成重心，事务性工作比重高达 60%，而员工关系方面的工作占 20%，战略变革与业务伙伴方面的工作则占 20%。

而要实现 HR 向 BP 的转变，需要将人力资源的工作权重做相应的调整，在 BP 的职能工作中，战略变革占工作比重的 20%，业务伙伴占工作比重的 60%，员工关系与事务性管理工作压缩 20% 以内，如图 7–5 所示。从图 7–5 可以看出，调整的变化比较大，一是要用变革为主导来分析职能之间的关系。二是聚焦业务伙伴工作，让人力资源管理服务于企业业务的发展与战略目标的实现。

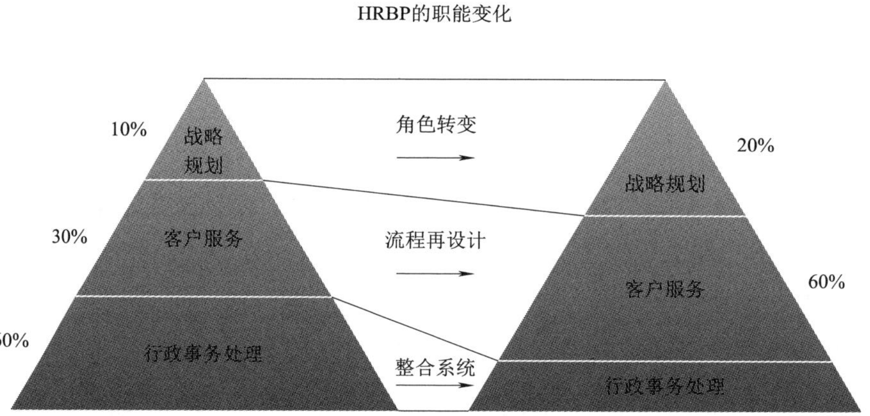

图7–5　HRBP职能的转变图

【案例 7–5】惠普公司数据、系统思维开展人力资源工作。

惠普公司把业务部门的负责人当成第一战略伙伴，取得了非常好的实效。有效的经营和人力资源管理策略，业务部门占 85% 的主导权，人力资源管理部门占 15% 的主导权。组织效益的提升，业务部门负责人占 51% 的主导权，人力资源管理部门为 49%，这两个比重比较接近。

关于员工的敬业度方面，业务部门占 95% 的主导权，只有 5% 是由人力资源管理部门来触动的。而在人力资源管理部门的流程效率方面刚好相反，业务部门占 5%，人力资源管理部门占到 95%。所以惠普将成功归结于对客户的需求有着清晰的认知。

对于正确的职能划分，惠普也做到了用数据清晰地描述。他们在员工管理过程中倡导“442 原则”，即对员工的管理，员工自身承担 40% 的责任，直接经理承担 40% 的责任，人力资源管理部门承担 20% 的责任。人力资源管理部门在其中要逐渐降低具体事务管理的比重。

7.3.5　BP的成长阶段与自我修炼

HR 的发展从初级到高级，扮演着各种角色："勤务兵""消防员""出气筒""心灵师""脑与手"。扮演的角色和 HR 的晋级是相辅相成的，是循序渐进的成长过程。我们在辅导企业时，特别强调团队的学习，HR 晋级的能力成长阶段如图 7-6 所示。

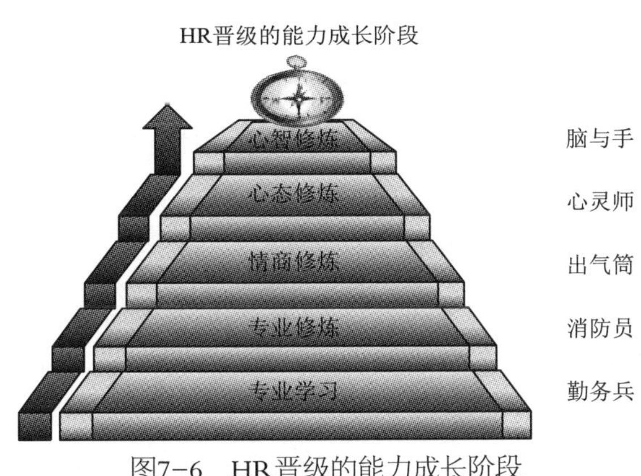

图7-6　HR晋级的能力成长阶段

1．第一阶段：专业学习阶段

HR 在初入职场要用 2～3 年的时间，学习专业基础知识、人力资源基础知识，此阶段 HR 扮演的角色是"勤务兵"。

作为初入行业的 HR 还没有多少专业知识，也没有掌握核心技能，要修炼出专业能力，必须用 2～3 年学习专业知识。所以这个阶段，HR 要做好一个"勤务兵"的角色，承担大量事务性工作，在此过程中锻炼自己。

例如我刚毕业从事人力资源工作时，连什么是 5S、盘点等都不知道，幸亏当时有学习的意识，并坚持向有经验的同事学习，主动帮助领导做事，遇到问题主动思考，而且事后还要总结优缺点，思考更高效的做法，在此过程中学习到了很多专业知识。

2．第二阶段：专业修炼阶段

基础专业知识与实践完成后，进入专业修炼阶段，HR 开始扮演"消防员"的角色。

此阶段，HR 与员工沟通时，会谈及标准、流程或者专业，结果发现谈了很多对方却不理解。业务部门如营销部、生产部，很少理解所谓的人力资源专业。所以这个阶段 HR 需要修炼，使用能够让对方听得懂的语言，再去交流。

3. 第三阶段：情商修炼阶段

业绩好是业务部门的功劳，业绩不好，是人力资源招聘不当、流程制定有问题等过错，HR 天天背黑锅，充满委屈。但是，我可以肯定地告诉所有背黑锅的 HR，此时你是已经拥有了一定的专业能力并得到了认同的情况。如果没有专业能力且没被认同，你还没有资格被人想起，被人抛黑锅。

情商修炼阶段是既有制约但是易跳跃的阶段，如果能够坚持度过这个阶段，在这个阶段修炼好情商，锻炼与提升把负能量转化为正能量的能力，不仅人力资源职业之路、连人生之路都会变得更加平坦。

4. 第四个阶段：心态修炼阶段

此时 HR 承担的角色是员工的“心灵师”。在这一阶段，HR 要学习心理学知识和沟通技巧，与员工进行心与心的沟通，帮助员工舒缓心情、释放情绪，而这个过程也是提升 HR 在员工心目中的地位，为 HR 建立扎实良好的群众基础。HR 如果有了专业知识，群众基础以及业务部门的认可，得到企业领导的重视和认可就更容易了。

5. 第五个阶段：心智修炼阶段

HR 的终极目标就是成为企业的“脑与手”，成为企业的战略核心伙伴。

从初级专业学习阶段逐步提升到心智修炼阶段后，HR 的整个心智模式已发生巨大的改变，再看待问题的时候，能从问题中提炼需要的关键因素和关键意见。

HR 成长的五个阶段，每个阶段需要修炼的方向和内容都不同，需要提升的内容也是逐级升级的。根据各阶段明确修炼的目标和内容，HR 就能够清晰地知道某阶段该承受哪些“磨难”，做好心理建设，迎接挑战，最后把自己修炼成顶级 BP。

在 HR 成长的五个阶段中，晋级成为 BP 常出现于第三个阶段。相对而言，第三阶段是个坎儿，要求 HR 熟悉业务、提升情商。优秀的 HR 绝对是一个智商与情商完美结合的高手，所以只要走过第三个阶段，HR 的职业之路才更加明朗开阔。

第8章 管理升级，打造人才价值发挥的平台

本章主要介绍HR如何回归“管理”的本质；如何聚焦人效提升、成本控制，从而做好人力资源的量化管理；如何完成人力资源管理能力的四重修炼；如何实现由专业化职能思维向经营思维转变。

8.1 管理剖析，梳理管事理人的要领

8.1.1 员工为什么这么难管

“管理”一词一百多年来尚无准确的定义，不同的专家、学者给出了不同的答案，维基百科针对“管理”给出的定义为：“管理是一种让人们合作达成预期目标的行为”。管理学的缔造者彼得·德鲁克在1954年出版的《管理的实践》一书中，提出管理者的5项基本职责：设定目标、组织生产、激励沟通、业绩评价和培养员工。

但在日常的企业管理中发现管理的命题涉及广泛，复杂且动态变化，而VUCA时代的日新月异，更是加剧了企业管理的复杂性与难度性。

1. 管人理事VS管事理人

管人理事的思维逻辑是基于人是可控的，而人又是企业一切资源的核心，人决定企业的发展，人管好了事就不难了。这个想法理论上没错，但在实践操作中要把人管好这一点非常难。比如员工今天答应不会再犯这种错，第二天又犯了；表面说得很好，背后依然我行我素。因此也经常听到管理者抱怨：“企业什么都好管，就是人难管”。答案很简单，因为人有思想，思想是千变万化的。管理者在管人维度出现的困惑可总结为三类：一是不敢管；二是不会管；三是不愿管。

【案例8–1】曹经理的“管理之道”。

曹经理是一家公司的中层管理者。一次，他手下的一个得力干将拿着一张报销单去找他报销。曹经理看了一眼便知道，这个报销单内所填的报销项目并不在公司的报销范围之内，并且数额较大。

一边是得力的、私交不错的下属，一边是公司的报销制度，曹经理权衡一下对下属说：“你先交上去吧，大不了老板不同意给你打回来。”

最后，不该报销的当然没有报销，并且老板了解事情的原委后非常生气。他直接告诉曹经理：“你这是在转嫁矛盾，这种事情本来应该在你那里就卡住的，但你直接把皮球踢给我。我不答应，显得我作为老板很小气。可是基于制度，我又无论如何不能答应。你让我很难办。”并且在老板看来，这件事反映出曹经理身上

一个致命的管理问题——办事没有原则，并且习惯于把所有矛盾集中到上级领导那里去处理，他做了好人，让老板来做“坏人”。

此案例中曹经理不愿意当“坏人”，害怕得罪下属而失去群众基础，容易给自己树敌，这也是导致企业管理者不敢管、不愿管的原因。其实管理是一门艺术，更是一门科学，既然是科学必须坚持与遵循一定的原则与规矩。

管事理人的思维逻辑正是依据“管理具有科学性与艺术性”：“管事”基于科学性出发，建标准、定制度，梳理与优化做事的流程与方法，提升做事的效率；“理人”基于人性出发，围绕人才的选用育留做文章，采取组织、指导、沟通、激励与监督等　系列手段来激活人才、协同好资源的利用，提1人才价值的效用。大禹治水之所以能取得胜利是采取“疏导”的方式，而之前人们的治水方式是“堵”，就像员工的管理方式应采用“疏导”而非“管控”。

【案例 8-2】基于人性的管理措施。

某公司有许多女生喜欢擦口红，而且每次在洗手间擦口红时，喜欢在镜子上留下唇印，这给清洁卫生的阿姨带来很多麻烦，多次向公司领导投诉，于是公司领导要求行政人力部门想办法解决，于是行政人力部出文禁止这种行为，结果收效甚微。有一天，行政人力部经理召集公司所有女生在洗手间集合，要她们目睹镜子有多难清理……只见清洁工拿出一个长柄刷子开始示范，刚开始大家不以为然，最后，清洁工在最近的马桶里沾上水，到镜子上做最后的清理，在场所有的女生看得目瞪口呆，原来她们在镜子上留下红唇时，都需要与马桶里的水亲密接触，从此以后，洗手间再也没有出现过红唇印。

2. 制度管人 VS 机制管人

某公司有一个 200 人一起办公的开放式办公室，但由于管理不到位，办公室经常发生电灯、空调彻夜未关的现象。最近，公司高层也知道了此事，指示行政部必须强化管理，尽快解决问题。为此，行政部想出许多办法，他们起初想到贴一张“人走灯灭”的温馨提示，但是完全没效果。后来，行政部发出言辞恳切的通知，要求大家务必注意。再后来，行政部干脆出台相关处罚措施，抓到“犯人”罚款 100 元 / 次。看得出来，类似此类问题，管理者往往会在制度建设上不断加大力度。结果是：制度加码，管理复杂，增加了人力成本，效果还不好，员工抵触。

针对同一个问题，另一家公司的管理者想出了一个办法：

他们在办公室大门的门楣上方悬挂一幅卡通画，只要门一锁，带语音功能的卡通画就会掉下来，上面写着“你关灯、关空调了吗?”甚至采用了定时关灯、关空调的自动设备，该公司的这个联动方法，属于机制的范围，是纠错机制的一种。

类似问题还时常在酒店发生，客人离开酒店后，电视和电灯都开着，酒店想出一个两全其美的方法：房间钥匙（IC 卡）既可以开门，还可以插卡取电。客人离开的时候取走钥匙，电源立即被切断。酒店的这个联动方法，也是属于机制的范围，是防呆机制的一种。

后面这两种机制比制度管理更有效、更简单，效果更好。制度固然重要，但机制比制度更重要、更可靠，它会对管理对象产生远大于制度的约束力。中国有个组织叫“绩效改进协会”，倡导一种新型说法：技控＞人控，大抵意思是说“能用技术、机制解决的问题不要用人去管理，这样会增加管理成本”，比如员工的考勤管理用一台考勤打卡机就可以解决，没必要派专人去每个部门盯员工的出勤。

3. 直接给答案 VS 启动下属思考

经常有管理者和我聊天时会这样说：

“我的那些员工，什么都做不好，事事都要我亲自上阵。”

“等员工经验丰富了，我才能省心。我真想有人能帮我一把，有时感觉太累了。”

“下属都没有接受过正规培训，我也没时间教，公司大大小小的事情都离不开我。”

“有时间教他们，我自己早做完了，我十分钟做完的事交给员工做要一小时。”

以上的情境在企业管理中经常会遇到，管理者天天忙得像个救火队长，事无巨细、凡事亲力亲为。相反，员工则什么事都做不了主。记得 2015 年我有一位朋友去某私营贸易公司做常务副总，他们老板是典型的亲力亲为型，什么事情都要管，我这个朋友虽说是常务副总，可连 500 元销售活动经费使用签字权都没有。我想这可能是许多小微企业管理现状的缩影吧。

实际上，管理者这样做的结果有 3 个:（1）公司全部事情都依靠管理者，导致管理者很累，不能聚焦时间做重点工作。（2）员工会形成懒惰心理，不愿意主动思考与担责。（3）下属得不到成长，下属活力得不到发挥。

威廉姆·翁肯提出了猴子管理法则，目的在于帮助管理者确定由适当人选在适当的时间，用正确的方法做正确的事。管理者要学会有效的“猴子管理法”，别让下属的“猴子”爬到你的背上，下属的事情让他们自己想办法解决，而不是大包大揽。

我们举个例子：

有一天，一位团队成员跑到你办公室求助：“领导，今天我在工作中遇到一个难题，能否向你请教下怎么办？”

此时，你可能清楚地看到下属的身上有一只需要照顾的“猴子”，接下来他将问题向你汇报了一番，尽管作为管理者的你有事在身，但还是不太好意思让下属失望。你非常认真地听着……慢慢地，肆无忌惮的“猴子”爬上你的肩膀上。

你一直在认真倾听，并不时点头，几分钟后，你做出了决定。然后，过一会儿，你对他发问：“那你觉得该怎么办？”

这时，下属很“狡猾”地说道，“老大，我就是因为想不出办法，才不得不向你求援的呀！”

实际上，此时，我们应该向狄仁杰学习，每次元芳问狄仁杰：“大人，此事必有蹊跷，您怎么看？”狄仁杰马上反问元芳：“元芳，先说说你怎么看？”。于是元芳讲了自己的几点初步想法，狄仁杰马上追问：“还有呢？”，于是元芳继续开动脑筋，又讲了几点想法。结果，跟在狄仁杰身边的元芳越来越厉害，俨然也成为一个断案专家。

因此说，作为管理者要善于启发下属思考，与下属一起解决问题，而非直接给答案。因为 VUCA 时代下，管理的复杂性与可变性越来越强，光靠管理者个人的智慧有时无法准确、有效地解决问题，而启发员工的思考，能集中大家的智慧，让员工主动担责，提升其参与感与行动力。

8.1.2　HR的基础管理任务

HR 管理者的基础管理任务有 4 项：（1）选对人；（2）做对事；（3）塑文化；（4）建团队，如图 8-1 所示。

“选对人”是找靠谱的人来为企业做事，即精准选才；“做对事”是聚焦战略与业务，清理不靠谱的事；“塑文化”是协助老板塑造特色的企业文化，包括愿景、使命、价值观及企业规章制度的建立；“建团队”是要求 HR 在熟悉业务，把握企业业务的发展方向的基础上，协助各部门快速打造团队，做好人才的选用育留工作。

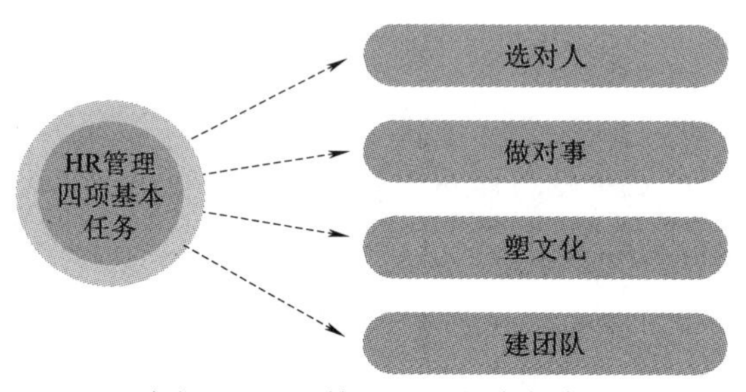

图8-1 HR管理四项基本任务

1. 选对人——找靠谱的人做事

找靠谱的人做事是人力资源管理的首要工作，但何谓“靠谱”？一定要有一个标准，并不是工作能力强就靠谱，而要综合员工能力、素质、企业的价值观及岗位匹配性等因素，对应到企业人力资源管理工作就是“任职资格的构建”与“人才区分”；对应到人才价值来看，“靠谱”的人就是与企业价值观相符的、能力强、绩效好的优质人才。

（1）任职资格构建。

任职资格是为了保证工作目标的实现，任职者必须具备的知识、技能、能力和个性等方面的要求，通常以胜任职位所需的学历、专业、工作经验、工作技能、能力加以表达。

任职资格明确了企业岗位各个等级的标准，明确员工选拔的标准，也是衡量员工贡献的一把尺子。一是可以用来衡量员工对企业的贡献，二是通过结果看出每个人的专业能力的不同，可以作为员工调薪、选拔的一个重要依据，如表8-1所示。

（2）人才区分。

人才区分是帮助我们找到“靠谱”的人的另一项重要工作，我们可以从区分类别、区分层次、区分核心人才三个维度来进行有效的人才区分。结合企业任职资格库对人才进行有效的区分，在招聘、选拔时为企业快速、有效地招到合适的人才，尤其是帮助企业找到关键技术型人才和关键管理型人才为首要任务，保障企业持续发展的人才源源不断得到补充，如图8-2所示。

表 8-1　某公司岗位任职资格要求表

部门		工作岗位	
工作环境	□ 车间　□办公室　□ 其他		
岗位内容说明			
学历要求	□ 本科或以上　□ 大专　□ 中专 / 技校　□ 高中　□初中　□ 无要求		
专业要求	如有要求，请填写		
工作经历	如有要求，请填写		
职称要求	□ 高级　□ 中级　□ 初级　□ 无要求		
外语要求	□ 六级　□ 四级　□ 普通　□ 无要求　□ 其他		
电脑要求	□ 精通　□ 熟练　□ 一般　□ 无要求　□ 其他		
性别要求	□ 男　□ 女　□ 不限	年龄要求	□ 无　□ 有：40 岁以下
其他培训要求	1.	2.	3.
	4.	5.	6.
特殊技能要求	1.	2.	3.
资格证书要求	1.	2.	3.
其他要求			

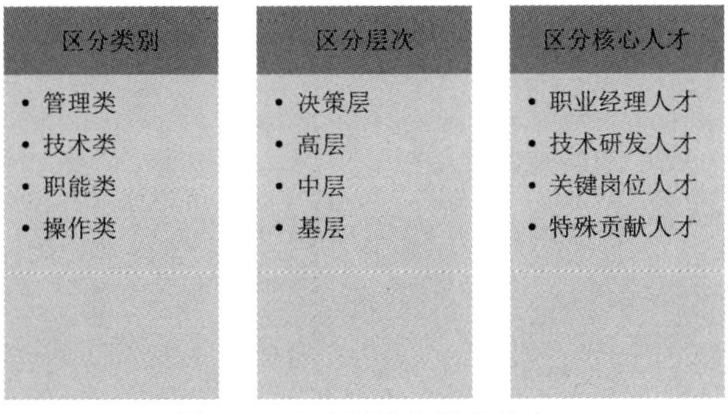

区分类别	区分层次	区分核心人才
• 管理类	• 决策层	• 职业经理人才
• 技术类	• 高层	• 技术研发人才
• 职能类	• 中层	• 关键岗位人才
• 操作类	• 基层	• 特殊贡献人才

图8-2　人才区分的思考维度

2. 做对事——清理不靠谱的事

人力资源管理要服务于企业战略和经营活动，以确保企业经营目标的实现，如果不能满足这一点，不管人力资源工作做得多规范、多专业都是徒劳。在人力资源管理工作中，主要有三个服务方。一是服务于企业的战略目标，具体体现在企业的人力资源管理活动要符合企业的经营方向、愿景和价值观。二是服务于企业的经营业务，而它是一个动态的经济活动体，因为市场是不断变化的。三是服务于人力资本的所有者，促进人力资源的价值最大化，它也是一个动态的思想活动体，因为人的思想是不停变化的。

因此，企业的人力资源管理工作应根据企业的战略、经营活动的变化及“人力资本最大化”的理念，及时建立与之相适应的人力资源管理制度，调整管理措施，预防员工做出不靠谱的事情，做到有理有据，如图 8-3 所示。

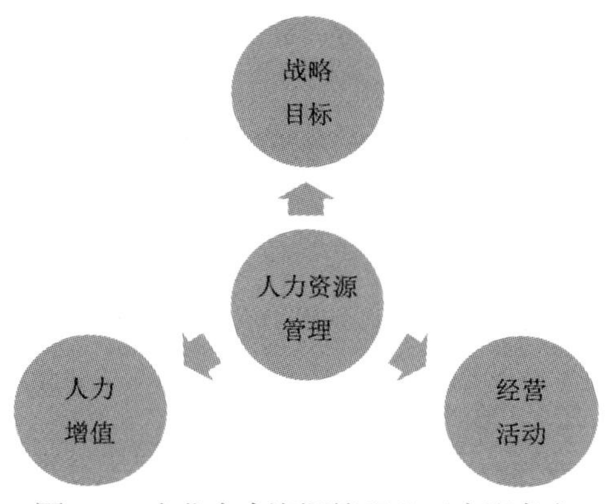

图8-3　企业人力资源管理的三个服务方

在企业管理中，由于各部门的利益冲突，员工的思想观念各不相同，难免在处理问题时各抒己见，大家都认为自己是对的，那么就要给出相应的标准，做到“合法、合理、合情”地去解决各类不靠谱的事情，并且能形成规章制度，做到让大家心服口服。一般来说，企业人力资源管理部门可以从以下六个方面来作为事情的评估标准。即参照国家法律法规、企业价值观、企业经营要求、客户满意度、企业集体利益和民主协商六大维度建立评估标准。针对工作中各类问题的处理，我们既要依据企业的规章制度办事，又要掌握人性化的一面。对于不靠谱的事情，可以根据上面的六大评估标准及时清理，做到有理有据，同时要艺术化地处理，掌握人力资源工作的艺术性，如图 8-4 所示。

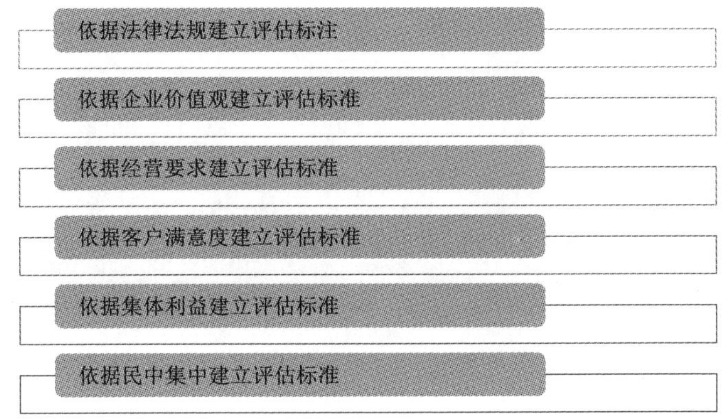

图8-4　清理不靠谱的事情的六大评估标准

3. 塑造良好的企业文化

企业文化是价值观、信念等精神因素的结合，人们常说："物以类聚，人以群分"。建立企业文化，是在精神上将企业员工凝聚在一起，是一个企业区别于其他企业的最高级状态。华为的任正非说："物质资源终会枯竭，唯有文化才能生生不息"。企业文化的建立需要一个用心的漫长过程，可一旦建立，对于企业长期持续健康发展会有事半功倍的效果。

在企业文化的塑造中，老板是第一责任人，所以有人说："所谓企业文化其实就是老板文化"。虽说老板是企业文化第一推动者，但人力资源管理部才是真正推动企业文化落地的关键部门，同时企业文化对人力资源管理工作也有着深远的影响，它是人力资源有关政策、工作的指导方向与落脚点。

但在企业要使文化落地并不一是一件简单的工作，我们要逐步做好企业文化体系的 4 个层次：理念层、物质层、制度层和行为层的相关工作。因此，这是一个长期建设的过程。根据知名企业的文化落地实践，我把企业文化落地实践总结为以下 4 步：理念入心，制度协同，载体传播，优化升级，如图 8-5 所示。

（1）理念入心。

理念入心是企业文化落地的第一步，要让企业的文化理念从文化墙上走进员工的心里，要做好这一点就要对企业文化理念进行精心设计，让大家容易记住，把文化理念用企业实际的通俗语言来描述，让大家看得懂、理解到位。

首先，需要对企业文化理念进行"性感"表达，主要体现如下特点：有独特性、带有情绪、有号召力、有画面感和容易传播。比如，华为是以"以奋斗者为纲”为文化理念，而不是“拼搏进取”“创新创业”之类的词，这就是独特性；又如，说企业文化号召“廉洁奉公”，情绪就很平，而“敢贪公款，必砸饭碗”，就带有情绪性；再比如，阿里文化的“六脉神剑”就很富有画面感。

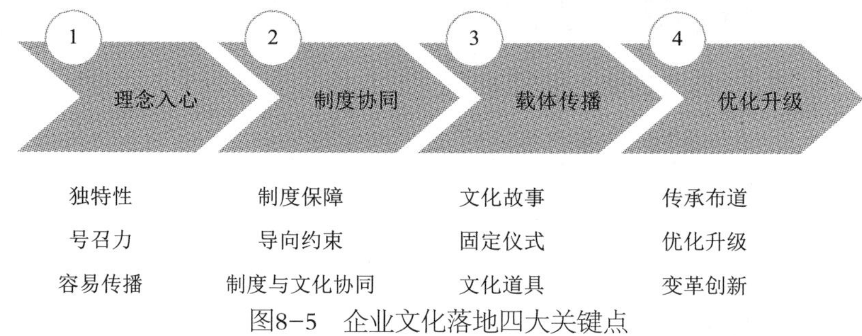

图8-5　企业文化落地四大关键点

其次，要不断加强对企业文化的解读，防止企业文化传播方向走偏。比如阿里对“敬业”（专业执着，精益求精）文化的解读：“上班只做与工作有关的事情”“今天的事不推到明天，遵循必要的工作流程”“持续学习，自我完善，充分体现以结果为导向”。

（2）制度协同。

缺乏制度保障的文化是空洞的，而缺乏文化的制度是乏力的。因此，文化与制度的协同非常重要，这样才能摆脱文化与制度两张皮的困惑。

首先企业制度的制定必须以企业文化为指导思想，1998 年诞生的《华为基本法》可谓是华为的另一张名片，华为基本法中有一条“以客户为中心”，为了实现“以客户为中心”就需要员工“以奋斗者为纲”，那么“什么是以奋斗者为本”呢，一个最简单的定义就是“以客户和利益关系者创造高价值的员工为本”。因此，华为会把员工大致区分为“卓越奋斗者”“一般奋斗者”“不奋斗者”，并通过一套价值评价和利益分配机制，让奋斗者不吃亏，不让奋斗者无容身之地。这充分体现了企业文化对企业制度的指导作用。

其次，要用有效的制度、机制来促进企业文化的落地。保障文化落地有四大制度，包括企业文化发展规划制度、考评制度、激励制度与监督制度。比如，格力、海尔、宝洁等知名企业无不以制度化严谨著称，他们企业的制度实施非常严格，做到了令行禁止，统一执行，有力保障了企业文化的落地。

再次，在所有制度建设中，不断地做制度与文化的一致性审核，发现不一致的地方就要及时调整。中国很多企业的文化都强调“用户至上”，但实际考核评价绩效的时候，依然以短期利润或收入作为主导，将客户体验，乃至客户安全底线置之不顾，最后的结果就是百度的“魏则西”、滴滴的“顺风车”、长生生物无效疫苗这类的恶性事件屡发不止。所以在阿里巴巴绩效考核体系中，50% 与员工绩效有关，50% 与价值观相关；在海底捞考核店长重点考核门店的服务满意度，而不直接考核门店销售收入。

（3）载体传播。

企业文化的落地很重要的一步是传播与传承，而传播与传承需要一定的载体或仪式来进行。比如，阿里巴巴文化落地依靠五大工具：价值观、文化道具、仪式感、文化墙和故事传播。阿里巴巴会借助一些有意义的实物来与员工连接，在阿里巴巴文化中，按照酒的年份对员工进行分级，工作 1 年的员工视为“一年香”，工作 3 年的员工是“三年醇”，工作 5 年的员工是“五年阵”；并按照工龄可得到相应的纪念物品，比如一年香拥有一个纪念徽章，三年醇获得一个白玉吊坠，五年阵就是完完全全的阿里人，颁发一枚白金戒指。在仪式感方面，阿里巴巴每年的 5 月 10 日是“阿里开放日”和“员工集体婚礼日”，员工可以带朋友到公司来玩。

（4）优化升级。

同时，企业文化的建设过程也是一个优化升级的过程，不是一成不变的。企业文化不追求高大上，而在于合适，它不是写在墙上的装饰品，而是要在企业实践中发挥其应有的作用。因此，企业文化的进化与升级也非常必要。

以阿里巴巴的文化体系进化为例，共经历了四个阶段。

第一阶段，2000 年 3 月～2001 年 3 月，湖畔时代：约法三章。

第二阶段，2001 年 3 月～2004 年 7 月，华星时代：独孤九剑。

第三阶段，2004 年 8 月～2012 年，创业大厦时代：六脉神剑。

第四阶段，2012 年～至今，互联网时代：子橙文化。

4. 快速打造团队

协助各部门管理者打造团队也是 HR 的一个核心工作之一，中国企业一个常见的现象是老板与管理人员非常勤奋，整日起早贪黑，忙忙碌碌。相比之下，员工却反而感到无所事事。究其原因是管理者没有明白：管理就是借力，利用他人来完成团队工作。我们很多的工作需要尽可能通过员工完成，为员工能力提升创造一切便利，而不是越俎代庖，事事参与。作为管理者要善于打造团队。

HR 在协助各部门管理者打造高绩效团队时要做好关键三点：人才的精准选配、团队成员的加速成长与有效激励，如图 8-6 所示。

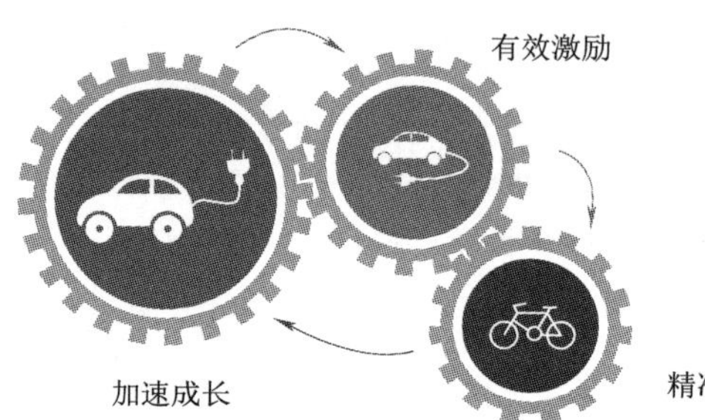

图8-6　HR协助团队打造的“三位一体”模型

首先，选才是基础，在选才时应注意：不需要员工能力最优秀，但需要合作性与对企业的价值观认同。在此基础上，做到用人所长，把合适的人才放到合适的岗位，做到有效的团队人才搭配。

唐太宗李世民就是一个善用人才的贤主，他有两个得力的宰相，一个是“尚书左仆射”房玄龄，另一个是“尚书右仆射”杜如晦，房玄龄善于出计谋，杜如晦善于决断。唐太宗同房玄龄研究国事的时候，房玄龄总是能够提出精辟的意见和具体的办法，但是往往不能做决定。这时候，唐太宗就把杜如晦请来。而杜如晦一来，将问题略加分析，就立刻肯定了房玄龄的意见和办法。这样，房玄龄、杜如晦两个人的优劣势形成了有效的补充，一个善于出计谋，另一个善于决断，这也是成语“房谋杜断”的由来。

其次是做好员工的培训与团队合作，加速人才的成长，尤其是关键人才与核心团队的加速培养。华为的任正非提出“人才不是华为的核心竞争力，对人才进行管理的能力才是企业的核心竞争力”。华为在人才加速成长中倡导“在战争中学习战争”“士兵是子弹喂出来的”“将军都是在战场上打出来的”；京东则打造“无界”战略，发起人才联盟项目和移动课堂项目，旨在打造人才的选用育留闭环。比如京东的“无界育人”，基于人才培养的不同视角，京东开放很多岗位和联盟的伙伴做人才轮岗项目。

最后是要做好员工的有效激励，它是全面点燃企业员工内驱力的关键，实现员工“要他干”变“他要干”，通过有效激励把员工、部门、企业三者捆绑到一起实现“三赢”的效果。

8.2　量化管理，学会分析人力资源管理的有效性

《孙子兵法》云："夫未战而庙算胜者，得算多也；夫战而庙算不胜者，得算少也。多算胜，少算不胜，而况于无算乎"，意思是，在未开战之前，经过周密的分析、比较、谋划，如果结论是我方占据的有利条件多，胜算的把握就多，在实战时才能取胜。如果在战前干脆就不做周密的分析、谋划，那在实战中就不可能获胜。

对应到企业管理中，就是要做好企业的目标管理、预算管理与管理谋划。如果把管理企业比喻为搭建房屋，企业的经营发展目标犹如"房顶"，往下延伸出目标与计划分解、全面预算与决算管理、全面绩效管理与激励管理，这些犹如房屋的"框架"。"地基"则是各部门的基础管理，其中财务部门与人力资源管理部门放在两边，表面上是辅佐部门，实际上财务部门与人力资源管理部门犹如老板的左膀右臂。财务部主要负责全面预算管理和全面决算管理，支撑企业"钱生钱"。人力资源管理部主要负责全面绩效管理与全面激励管理，支撑企业"人才供给与人才价值输出"，如图 8-7 所示。

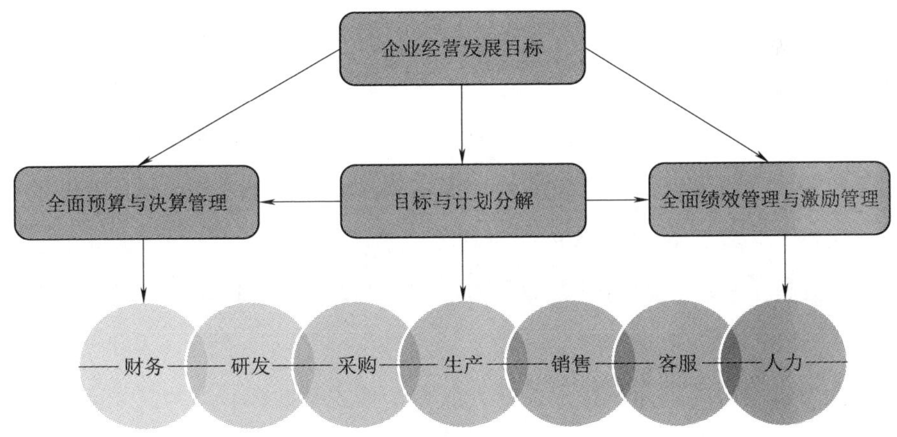

图8-7　管理核心本质的"房屋模型"

因此，企业的经营管理要学会有效的谋划、分析、科学计算，做到未雨绸缪，量化管理，不断提升管理的有效性与精准性。但实际情况却是，企业经营者往往不太关注财务指标和管理的有效性，只关注销售收入，结果一年下来企业表面上忙得要死，销售业绩也不错，可年度核算发现利润所剩无几，究其原因是不懂得量化管理、成本控制。

管理学大师彼得·德鲁克说过，企业经营者只做两件事：第一件是销售，第二件是控制成本。也就是说每个企业的运作都要遵循这样一个公式，那就是：收入 - 成本 = 利润。从等式来看，追求利润的方法有两种：一种是增加收入；另一种是降低成本。但在 VUCA 时代下，企业发展大多遭遇瓶颈，产品同质化，生产过剩，要想增加销售非常难。因此，要想保持利润，降低成本是关键，而掌握量化管理与精益管理是降低成本的关键。

8.2.1 人力资源的量化管理

在我培训咨询生涯中经常有机会接触各类企业的 HR，通常我都会问他们一个问题："究竟 HR 管理工作的重心是什么?"有的 HR 说是人力资源的六大模块；有的 HR 说是帮助老板赚钱；有的 HR 说是做好人才的选用育留；但大部分情况下 HR 答不上这个问题，被我问得一头雾水。接着，我继续追问 HR："企业目前的人力成本是多少？人均效能又是多少？与行业相比，我们的人均效能是高还是低?"结果，90% 的 HR 答不上来，究其原因，HR 平时只关注事务性工作，只关注人才的选用育留，不懂得从经营的角度来思考人才管理的问题，更不懂得财务管理与人力资源的量化管理。HR 之所以不被重视，一是人力资源管理结果难以量化，工作结果没有数据支撑；二是 HR 只关注人力资源专业本身，而非从经营目标与业务活动出发，知识与技能的宽度不够，容易被经营者认为是企业的边缘部门。彼得·德鲁克说："只有可测量的才能够被管理"。因此，掌握如何运用量化方法、分析工具和科学的逻辑来帮助企业的人力资源管理实践活动显得越来越重要。

从人力资源管理指标来看，可分为人力资源效率指标、人力资源运作能力指标和人力资本能力指标。人力资本能力层面指标包括与人力资本能力相关的人力资源数量、学历、结构、流动性、年龄、职称等方面的指标；人力资源运作能力层指标包括人力资源基本运作流程：人力资源规划—招聘配置—培训与开发—考核与评价—薪酬与福利—劳动关系等反映各个环节运作能力的指标；人力资源效率层面指标指人力资源要达到的基本效率指标，也是人力资源战略实施效果的反映。人力资源指标总体框架模型如图 8-8 所示。

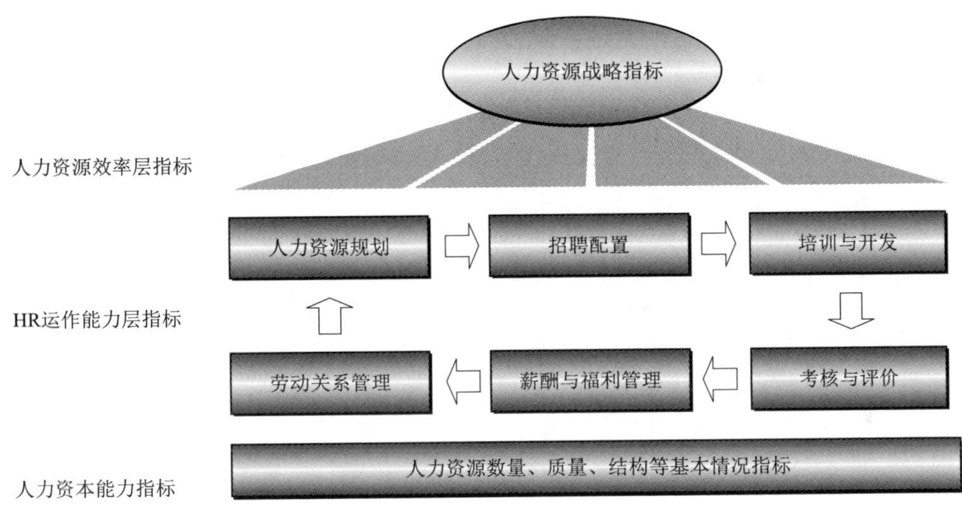

图8-8　人力资源分析指标体系框架

现将常用的、比较重要的人力资源量化管理指标列举如下。

1．人员总体及异动指标

作为 HR，首先应清楚企业人员的总体情况及异动情况，有清晰、量化的统计表格，并及时更新，做到了然于胸，不管老板什么时候问起都能答得上来。正如部队打仗，你作为军队管理的"组织部门"，你要清晰知道你们部队有多少兵、有多少将，有多少可用之才。这些兵力如何配备，如何才能提高人才战斗力；作战部队有多少，后勤部队有多少，人员配备是否合理；哪些部队缺编，哪些部队满员等。

现将企业人员的总体及异动统计表格举例如下，如表 8-2 所示。

2．人力成本常用指标

（1）人力成本费用率。

人力成本费用率是最常用的人力成本分析方法，它是衡量人力成本投入和收益水平的指标，也是衡量企业人力成本相对水平高低程序的重要指标。

某时期人力成本费用率 = 某时期人力成本 ÷ 某时期销售收入 ×100%

举例说明，某企业 2019 年员工数为 200 人，年度人力总成本为 2 000 万元，企业年度销售额为 8 000 万元，那么 2019 年该企业的人力成本费用率 =2 000 万元 ÷ 8 000 万元 ×100%=25%，也就是说该企业 2019 年每投入 1 元的人力成本创造 4 元销售收入。

表 8-2　企业 XX 月人事异动统计表

上月末总人数					本月末总人数			
本月新聘			本月离职			本月转正		
姓 名	部门岗位	入职时间	姓 名	部门岗位	离职时间	姓 名	部门岗位	转正时间
学历结构			年龄结构			岗位分布		
学历	人数	所占比例	年龄	人数	所占比例	岗位	人数	所占比例
大专以下			20～30 岁			技术类		
大专			30～40 岁			销售类		
本科			40～50 岁			后勤类		
硕士			50 岁以上			管理类		

（2）人力成本占总成本的比率。

人力成本占总成本的比率反映人力成本在总成本中的占比情况，这个指标能够反映企业在某段时期的经营管理活动中，在人力资源方面付出的代价与企业经营管理活动付出的总体代价之间的关系。用于供经营者分析企业经营活动中资金的配比、资源的合理分配。

某时期人力成本占总成本的比率 = 某时期人力成本总额 ÷ 某时期总成本额 ×100%

举例说明，某企业 2019 年第一季度人力成本总额为 200 万元，支出总成本为 1 000 万元，那么该企业一季度人力成本占总成本的比率 =200 万元 ÷1 000 万元 ×100%=20%。

一般情况下，人力成本占总成本的比率不能直接作为判断人力资源管理水平高低的指标，仅供经营者分析企业经营活动中资金的配比与资源的合理安排。首先，不同的企业人力成本占总成本的比率不同，比如制造行业一般人力成本占总成本的 15% 左右，销售型公司高达 30%，物业公司可高达 40%～50%。其次，企业的每一周期经营成本是在动态变化中。

举例说明，某快消型企业每年 7～9 月是销售旺季，人员需求增大，人力成本剧增，但其他方面的成本增长没有人力成本增长快，从而数据显示结果为人力成本占企业总成本的比率偏高，这并不能说明该企业的人力资源管理水平差。

（3）人均人力成本额。

人均人力成本额指的是企业在某段时间内全部的人力成本平均分配到每名员工身上后，平均每名员工的人力成本额。人均人力成本额反映的是企业在某时期内，每聘用一名员工，需要负担的人力成本水平。

某时期人均人力成本额 = 某时期人力成本总额 ÷ 某时期平均从业人数。

举例说明，某生产型企业 2019 年员工 200 人，年度人力成本合计 2 400 万元，那么该企业 2019 年人均人力成本额 =2 400 万元 ÷200 人 =12 万元 / 人，但员工反馈:“到手工资没有那么多呀，也就每月 4 000～6 000 元 / 人，那中间的差额去哪里了?”中间的差额包括员工奖金、福利、保险、办公费用及其他人力支出。一般而言人均成本是员工到手工资的 2～3 倍，也有的专家说高达 5 倍，即员工到手工资 5 000 元 / 月，实际企业在该员工身上支付了高达 25 000 元 / 月。

3. 人力资源结构指标

人力资源结构分析是对企业现有人力资源的调查与审核，只有对现有人力资源充分的了解与有效运用，人力资源的各项计划才有意义。人力资源结构指标包括人员结构、人工成本结构。人员结构包括员工的性别、年龄、学历、工龄、资质、岗位分布、能力素质等指标；人工成本结构包括内部结构和外部结构，内部结构反映人工成本各项支出之间的比例关系，一般用人工成本构成比来衡量；外部结构主要指人工成本与其他成本之间的比例关系。人工成本构成比可以用来分析劳动报酬、保险、福利、教育费、劳动保障费等，根据人工成本各组成部分之间此消彼长的情况，来判断企业薪酬分配的合理程度。

4. 人力资源效率常用指标

人力资源效率指标是用来反映人力资源投入和产出对比的指标，可以直观反映人力资源的利用效率，主要包括全员劳动生产率、人均销售收入、人均净利润、万元工资销售收入、万元人工成本净利润等指标。

（1）全员劳动生产率。

全员劳动生产率是考核企业经济活动的重要指标，是企业生产技术水平、经营管理水平、员工技术熟练水平和劳动积极性的综合表现，反映劳动生产率和横向比较反映人力资源使用的优劣程度。

全员劳动生产率 = 某时期工业总产值 ÷ 某时期员工平均数

（2）人均销售收入（人均劳动效率）。

人均销售收入指的是平均每个员工创造的销售收入，这个指标能够反映员工为企业创造价值的能力，是衡量人力资源效能与水平的重要指标。

某时期人均销售收入 = 某时期的销售收入 ÷ 某时期创造该销售收入的人员数量

举例说明，某家电连锁型企业 2018 年销售收入 4 亿元，员工 500 人，那么人均销售收入 =4 亿元 ÷500 人 =80 万元 / 人，说明该企业的人均劳动效率处于中等水平。

（3）人均净利润。

人均净利润也是考核企业效率的重要指标，普遍适用于企业处于成熟期进行同业间的比较。

某时期人均净利润 = 某时期的利润额 ÷ 某时期创造该净利润的人员数量。

还是以上面案例来说明，该家电连锁企业 2018 年销售收入 4 亿元，净利润率 15%，员工 500 人，那么人均净利润 =（4 亿元 ×15%）÷500 人 =12 万元 / 人。说明该企业员工创造的人均净利润处于中等偏上水平，按照 60% 的净利润用于员工的人力成本支出，则用于员工的人力成本支出为 7.2 万元 / 人。

8.2.2 人力资源管理的有效性

1．HR，其实你不懂老板的心

在企业管理中往往存在这样的情形，HR 总在抱怨老板不懂人力资源专业，甚至部分老板根本不关心人力资源的工作，好像眼里只有销售和生产部门。

情境 1：为什么年度考核给人力资源管理部评中等？

年度考核时，老板给人力资源管理部李经理的考核评级为中等，李经理很是不解，一年来自己天天加班加点，招聘、绩效管理工作开展得也不错。招聘方面想尽各种方法去招人，甚至自己亲自下乡去招农民工；绩效管理也开展得如火如荼，员工从开始的不理解到现在的慢慢接受。所以李经理怎么也想不到老板会给自己考核评分为中等，而其他大部分部门为优秀。于是李经理跑到老板那里去讨说法。

老板给李经理的答复如下。

（1）一年来人力资源管理部的确做了不少工作，但好像找不到什么亮点，并且你们人力资源管理部一年做的工作离我的期望差很远。作为老板，我时刻在思考如何赚更多的钱，生产部门、销售部门是能直接创造利润的部门，而你们人力资源管理部好像只会花钱，不能赚钱。

（2）当初公司设立人力资源管理部门的主要目的有两点：一是把人招进来放到合适的岗位；二是帮助公司打造一支能承接业务的优秀团队，协助各部门完成工作目标。一年来人力资源管理部离这两个目标都有着一定的距离，首先是岗位经常性缺人、招聘不及时；其次，你们虽然做了绩效考核，但员工队伍士气低迷，各部门做事喜欢推诿，团队战斗力不强。

听完老板的答复，李经理陷入了思考：究竟人力资源的价值在哪里?

情境 2：经营者为什么那么抠门?

某快消贸易型公司的老板薛总主管公司业务，而其爱人张总分管财务和人力，对公司的各方面费用抓得很紧，用一句话来形容“简直到了牙缝里抠钱出来的程度”，但公司的财务在她的管理下好像从来没有出现过资金困境，员工工资发放也比较准时。但有一点却令员工们比较恼火：员工工资低，公司员工涨薪缓慢，部分老员工与新员工出现工资倒挂的情况，并且有时销售员的当月销售奖金比较高时，财务会安排销售奖金分到下面 1 ~ 2 个月延迟发放。在这样的情况下，公司的人力资源管理部门工作自然是难做，两年来 HR 经理都换了 3 个，小李是第 4 个入职该公司的 HR 经理。自从小李进入公司就经常听到员工类似的抱怨，于是热心的小李准备去跟张总进行一次长谈，主要想法是重新规划公司的薪酬体系，提高老员工的待遇，并请求给全部员工上缴五险一金。可当小李把花了将近一周准备好的薪酬、福利体系改革方案递交给张总时，张总一看每月将增加近 20 万元的人力支出时，将小李劈头盖脸骂了一顿。

小李很是气愤，张总这么抠门，难怪员工抱怨多，公司做不大!

上面两个案例很直观地反映出企业经营者与 HR 之间的思维差异，老板用的是经营者思维，关注的是投资回报率、价值最大化、成本的可控性；而 HR 用的是专业者思维，关注的是人力资源六大模块的专业性，如何把专业做到极致。

综上，我们从 HR 的最大客户——老板，从他的角度出发，结合 HR 的工作实际，总结出人力资源管理的主要价值有三点：一是协助管理，包括协助老板、各部门完成业务运营目标与工作目标，主要通过团队打造、目标分解与跟踪、成本控制、人效提升等工作来完成。二是员工配置，主要通过人力规划、招聘、培训及人才发展、优化等工作来完成。三是员工激励，主要通过组织设计、薪酬管理、绩效管理、制度保障等工作来完成，如图 8-9 所示。

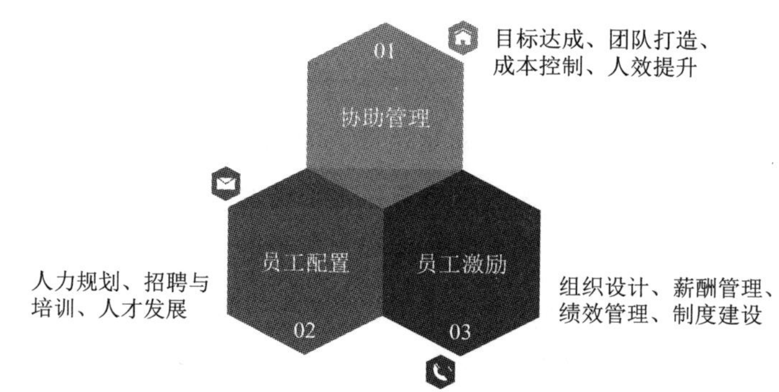

图8-9　老板对人力资源管理部门的期望

2. 人力资源管理的有效性评估

（1）人力资源管理有效性评估“三看”。

人力资源管理的有效性主要从三个维度来看：一是看人力资源管理的合理性与合规性，包括组织设计、人才的选用育留的流程、员工配置的合理与合规性；二是看人力资源的效能指标，即观察人力资源这门生意的投入产出；三是看企业的人才增值水平。如果说人力资源管理部门是紧紧围绕“人才”这个产品开展工作，那么人力资源管理部主要工作应围绕：①如何保障与加速“人才”产品从原料选择—加工—快速成品输出；②用最少的人力成本获得最大的投资回报率；③由于人力资源本身是可塑的、可增值的，如何提升人才增值的水平，即如何让人才更值钱。

人力资源管理有效性评估“三看”，如图 8-10 所示。

（2）人力资源管理有效性 360 度评估。

人力资源管理的有效性可从人力资源管理的过程与结果两大方面来进行分析，对应到平衡计分卡四维度：战略层面、运营层面、客户层面和财务层面，企业对人力资源管理的要求可分解为 4 个层面，如表 8-3 所示。

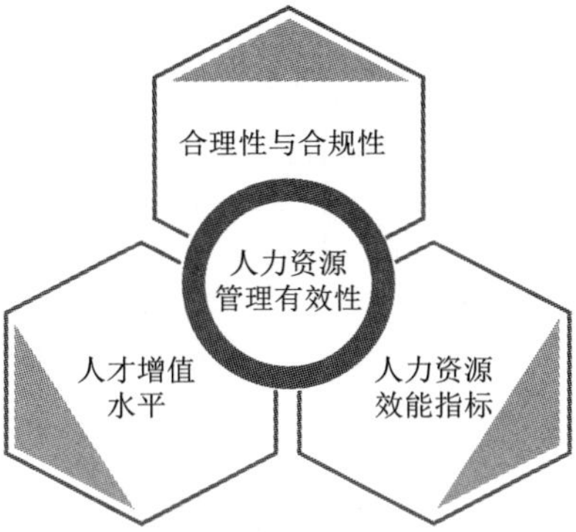

图8-10　人力资源管理有效性评估“三看”

表 8-3　人力资源管理侧重点与评估要求

层面	人力资源管理要求
战略层面	主要关注战略的匹配性和协调性，一方面战略要成为组织战略的有机组成部分并为战略服务，人力资源要为业务的战略伙伴提供有效的支持；另一方面，在人力资源体系内部，既要做到横向上的各个子系统的无缝契合与有效协同，又要关注纵向上的人力资源上下级体系一体化的完整性
运营层面	人力资源的各个子系统的自发作用为组织提供高效的人力资源服务。这些子系统包括人力资源规划、组织架构设计、人员招聘、人员配置、薪酬福利、绩效管理、培训管理、职业发展通道等
客户层面	人力资源工作必须树立内部客户导向的意识，而组织和员工就是人力资源工作者的客户。在组织层面，要打造服务战略需要并具有活力的组织架构，对组织各项资源进行优化配置。在员工层面，要通过招聘、培训、发展、激励等措施提供一支高质量、高效率、低流失率的合格人才队伍
财务层面	人力资源管理的结果最终应回到财务层面，即人力资源管理的核心是人力资源回报率，要在人工成本投入合理的条件下，促使人员产出最大化

8.3　管理升级，人力资源管理能力突破四重修炼

如今微利时代下，大多中小型企业生存艰难，生产成本、用工成本居高不下，员工劳动效率低下，产品同质化，销售利润微薄，唯有让管理回归本质，从粗放

式经营向现代精益化、精细化经营转型。而作为人力资源管理更要回归“管理”的本质，摆脱专业的职能型管理思维，树立综合型、以目标为导向的经营思维，成为老板有力的助力，成为战略与业务伙伴。广大 HR 要完成这一转变，回归管理本质，需要一个循序渐进、次第修炼的过程。

我认为在 VUCA 时代下人力资源管理者能力突破至少需要以下 4 重修炼，如图 8-11 所示。

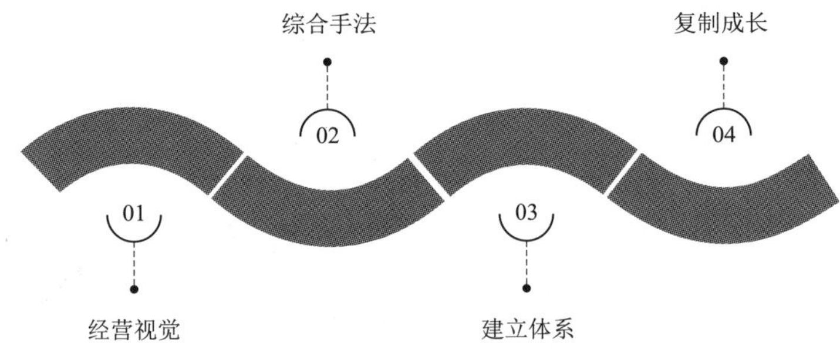

图8-11　人力资源管理能力突破四重修炼

8.3.1　经营视角，从专业思维向经营思维转变

老板最关心的永远是企业的业绩和利润，他的视角一定是经营视角、全局视角。因此 HR 要想让老板重视人力资源必须学会与老板同频，学会用经营的思维去开展工作。由于许多 HR 不懂业务，与老板的沟通存在许多障碍，也得不到老板及业务部门的重视，自己的职业生涯也会受到严重的阻碍。据数据显示：中国企业中仅有 0.84% 的老板是 HR 出身。大多数老板曾是干业务、生产出身，甚至财务出身的老板比例都远高于 HR 出身的。因此，许多 HR 高管抱怨，自己在企业的职业生涯能做到 HRD 也基本上到头了。

1. 从专业思维向经营思维转变

1996 年，学者托马斯·斯图沃特发文炮轰官僚的人力资源管理部，这篇文章的标题叫《炸掉你的人力资源部》，托马斯·斯图沃特的文章一石激起千层浪，管理界争论异常激烈。关键时刻，戴维·尤里奇站了出来，他的聪明之处在于，他通过重新界定问题，巧妙地避免了陷入争论的旋涡当中。他指出，是否废除人力资源管理部这样的问题是个坏问题：如果有价值，当然就不废除；如果没有价值，当然应该废除。同时，他抛出一个更有现实价值的问题：人力资源管理部到底该如何创造价值？由此，他提出了成就其大师地位的第一个观点：人力资源管理部不应该再关注活动本身；人力资源管理部不应该关注做了什么，而应该关注产出是什么。在此基础上，斯维·尤里奇发展出 HR 角色与贡献四象限，几乎被所有优秀的企业采用，产生积极而深远的影响。

后来，戴维·尤里奇又进一步指出：拆与不拆并不重要，重要的是 HR 要懂得经营，从官僚、本位、专业的 HR 到熟悉业务、创造价值的 HR，要完成以下转变。

◆ HR 的重心要转向企业价值链。

◆ HR 要提升企业盈利能力。

◆ HR 聚焦提升组织能力。

◆ HR 要吸引和保留关键人才。

（1）从了解六大模块到了解企业的全局。

在企业中，HR 对人力资源的专业了解特别深，但对于其他模块的了解知之甚少，企业经营是一个系统的过程，人力资源只有在整个系统中才能发挥真正的作用，它不是一个独立的系统，必须把人力资源与企业的经营业务目标及各个业务的管理模块相结合才能产生更大的价值，如图 8-12 所示。

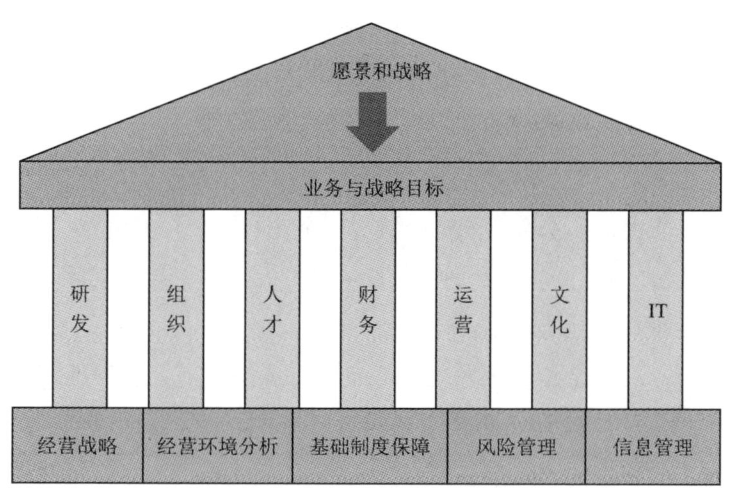

图8-12　企业经营体系运营图

对于一个企业的老板来说，他的视角一定是全局的视角，他不会只看某一个局部，如果你要跟老板同频的话，必须要把视角从人力资源专业向外延伸，从局部到整体，当然你不需要对每个模块都非常了解，但必须知其一二。必须了解企业的业绩；必须了解企业的业务到底是如何形成的，它的演进过程是如何变化的；企业的每一个战略背后它又是如何思考的；我们如何从财务的角度去看待这家公司，使其成为有价值的企业。所以，当广大 HR 具备全局思维、经营思维时，你的人力资源六大模块工作会做得更好，工作做起来也更加得心应手。这就是我们 HR 需要做出的改变，你需要从只懂 HR 的专业知识的本位角度变成了解整个公司价值链的 HR。

（2）学会看懂老板最关注的三张财务报表。

稻盛和夫曾经说过这样的话，如果把经营比喻为驾驶飞机，会计数据就相当于驾驶舱仪表上的数字，机长相当于经营者，仪表必须时时刻刻把变化着的飞机的高度、速度、姿势、方向正确及时地告诉机长。如果没有仪表，就不知道飞机现在所在的位置，就无法驾驭飞机。所以，作为管理者虽然不一定会记账、会编制财务报表，但一定要能够和会计进行对话，一起对过去的经营结果、经营数字进行分析。同样，作为人力资源管理者也必须学会基础的财务数据分析，只有这样，才能让你更了解企业经营，才能够与老板和企业同频。

财务的三张报表是老板最关注的，新时代的 HR 也必须懂财务基础知识，最起码学会看懂财务的三张报表。这三张财务报表分别是资产负债表、损益表、现金流量表，这也是老板“行军打仗”的地图，没有地图，就会迷失方向。HR 如果不懂这三张报表就不明白老板经营的逻辑，工作缺乏数据支持，结果也无法量化。

◆ 资产负债表，反映企业的资产状况。企业有多少自有资金、多少外债。如果企业陷入危机，资产负债表就是鸣枪警示，老板就要立刻采取行动，此时，HR 应协助老板找到问题的根源，化解危机。

◆ 损益表，反映企业的获利能力。企业有多少收入、多少利润、多少成本，损益表上一览无余。HR 要了解企业利润的来源，区分哪些是成本，哪些是收入，如何来提升企业利润。

◆ 现金流量表，反映企业的现金流量。现金流是企业生死的关键之一，企业要保持多少的现金流才安全，这是老板最关心的问题之一。

2. 从成本中心向利润中心转变

在微利时代，人力资源管理部门也要学会开源节流，从成本中心向利润中心转变。开源就是帮助企业赚钱，节流就是学会控制人力资源各项开支。在开源节流维度可通过如下思路来开展相关工作。

◆ 向流程要增值。优化流程，减少工作执行中不必要的流程，降低时间成本。

◆ 向人均要产值。突出员工价值，提高工作效率，发挥员工主观能动性。

◆ 向节约要利润。严格控制各项费用的支出，杜绝铺张浪费，在无形中创造利润。

◆ 向管理要效益。优化企业各项管理制度，提高企业的各项产能。

（1）企业盈亏平衡分析。

学会盈亏平衡分析是要 HR 从经营思维的核心出发，因为企业要正常有序地经营，需要具备一定的盈利能力。当企业的销售收入或产品销售达到某个点的时候，企业将会盈利；当企业的销售收入或产品销售低于某个点的时候，企业就会亏损，这个点叫盈亏平衡点，如图 8-13 所示。

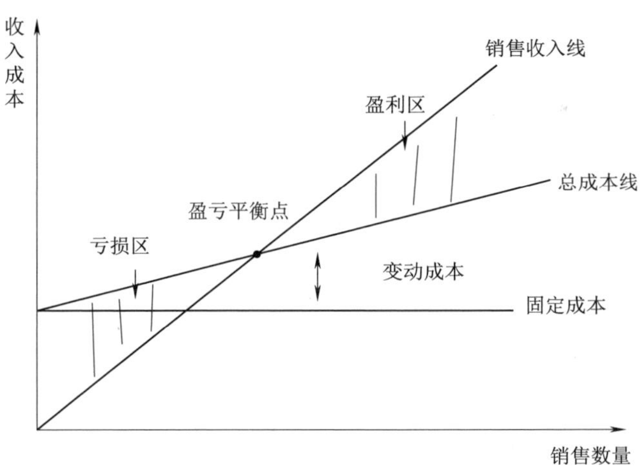

图8-13　企业盈利平衡分析示意图

企业经营一边是销售收入，另一边是运营成本，运营成本又包括固定成本和变动成本，固定成本包括厂房租金、设备维护、折旧、管理费用等，这部分费用是只要企业经营便会存在；变动成本，包括原材料费用、研发投入、人力投入、办公费用、广告投入、利息成本、办公成本等。当销售费用高于运营成本时，企业将会盈利，反之企业将会亏损，得到计算公式如下。

盈亏平衡点的销售收入 = 固定成本 + 变动成本

我们来看一家企业的经营数据。某企业每季度的固定运营成本为 45 万元，生产每件产品的生产成本（包括原材料、机器损耗、管理费）为 15 元，生产每件产品的人力成本为 20 元，如果每件产品定价为 80 元，那么该企业产品销售的盈亏平衡点是多少?

假设该企业当季的销售盈亏平衡件数是 X 件，推算公式如下。

80×X=450 000+（15+20）×X，得出盈亏平衡点销售数量 =10 000 件，从而推出：每季度的盈利平衡点的销售收入 =10 000 件 ×80 元 / 件 =80 万元。

（2）经营成本结合分析。

成本按不同的分类法有不同的区分结果，我们这里把企业的经营成本分为常见的固定成本和变动成本，通过对这两个维度的数据分析可让 HR 深入了解企业的经营逻辑与成本支出。

通俗地说，固定成本就是不随产量的多与少而发生变化的成本。诸如厂房、机器设备等都属于固定成本，固定成本一旦投入进去，需要较长时间才能慢慢收回来，而且不管盈利与否，固定成本一旦投入了，总是有一个时间段的，是没有办法变的。变动成本它是随着产出的水平而发生变化，比如原材料、人工、研发费用、销售广告费等，变动成本可以根据情况及时调整。产品滞销，如果企业能够马上停产，就可以让变动成本归零，以减少损失。

企业降本增效从成本分析的维度运用，一是尽量降低变动成本，比如降低原材料的浪费、库存浪费与无效的广告投入等。尤其是沉没成本，比如某 HR 花费了 700 元会场费、300 元打车、物料费参加一场线下招聘会，结果招聘效果很不理想，一个合适的人员也没有招到，这花费的 1 000 元就属于浪费的沉没成本。二是学会分析固定成本与变动成本之间的比例结构，当一件事所带来的收益增加大于所需要增加的成本，这个总利润就一定是增加的，就值得做。

某便利连锁店管理层与人力资源管理部讨论员工晚上闭店时间究竟要不要由原来的 9 点推迟到 10 点 30 分。这个就要分析这增加的 1.5 小时内营业收益是否大于开支，如果收益增加大于成本增加，就可以考虑推迟。其中收益由顾客的数量及其购买水平决定，由原来的晚上 9：00 推迟到晚上 10：30，公司的固定成本是不增加的，增加的只是员工的加班工资、照明电费、空调费等，结果经过一段时间的调研分析发现，这些便利超市晚上 9：00—10:30 还是有比较多的顾客，其经营收益远超过支出成本的增加，且晚上 9：00—10：30 是公司统一配送货物的绝佳时间，避免白天员工上货导致的货物凌乱，于是公司便将晚上经营时间统一调整至 10：30 关门。

综上，HR 要学会成本分析，了解哪些是固定成本、哪些是变动成本？哪些是直接成本，哪些是间接成本？学会用经营的思维来帮助公司赚钱，降本增效。

（3）向流程要增值。

从理论上来讲工作中的每个流程都应该增值。什么是增值呢？就是客户愿意为这个活动付钱。鉴于这个标准，我们工作流程中许多流程是不直接产生价值的，组织中的内耗、官僚化、员工的消极怠工严重阻碍流程的增值。一般我们可以从以下几个方面来促进流程增值。

◆ 消除或压缩工作等待和传递时间。

◆ 将串行活动改为并联活动。

◆ 合并流程中不增值（或没必要）的环节。

◆ 调整各个环节的地理位置。

◆ 压缩每个环节的工作时间，在规定时间内完成。

◆ 加强工作优化检查、评审点。

【案例 8-3】客户投诉带来的业务流程改善

我曾在一个产销一体化的公司工作，有一段时间公司客服部接到客户较多投诉，大部分是关于“产品质量不稳定”和“交货周期严重延迟”，于是公司由生产部门、人力资源管理部牵头组织召开会议，经过多层分析讨论发现造成客户投诉的原因如下。

（1）产品质量不稳定的主要原因：一是公司的研发投入与人员不足，产品测量阶段没有严格把关；二是原材料供应商缺乏竞争，提供的原材料次品较多。

（2）交货周期太长的主要原因：一是销售缺少计划性，产品数量波动较多，且非标准的订单较多；二是人员安排不合理，有些工序人员非常少，有些工序出现冗余现象。

针对以上情况，公司采取了利用流程改善的措施，大大提升了产品的稳定性，缩短了产品交货周期，生产效率也提升了 20%。主要措施如下。

（1）从源头上入手，原材料供应商采取竞标形式，增加供应商的数量，严格把关供应商的产品质量，并要求供应商交纳一定的原料产品质量保证金。

（2）加大研发的经费与人员投入，提升研发在业务流程中的地位。

（3）加强销售部门与生产部门的沟通与磨合，形成研发、生产、销售平台化办公，信息通畅，无缝链接。

（4）合理配置人员，重新梳理生产工艺流程，减少生产流程的等待时间。

8.3.2 综合手法，打造多面手型人力资源管理者

综合手法意味着 HR 要成为工作中的多面手，工作技能呈“T”型发展，既要有 HR 的专业深度，又要有能推进公司目标实现的业务宽度。要做好这一点，HR 在工作中要学会掌握以下四个原则：预算先行、数据说话、灵活应变、突显价值，如图 8-14 所示。

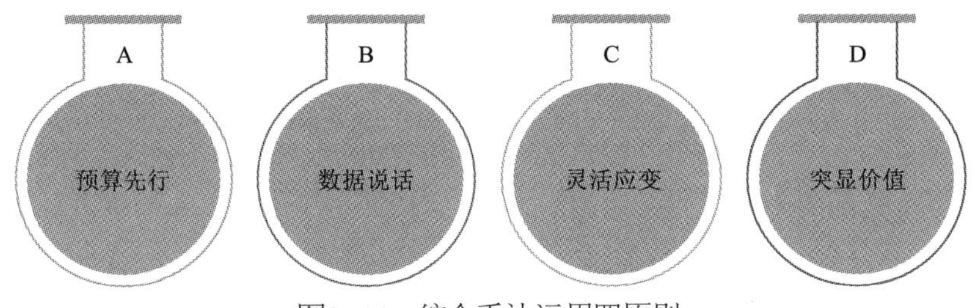

图8-14 综合手法运用四原则

1. 预算先行——HR 预算化

《孙子兵法》曰：“善用兵者，役不再籍，粮不三载”。意思是说一次征兵就解决问题，不要仗打了一半，人打没了，又回来招兵；打仗的粮食运输最多不超过三次。用现代的管理思想来说就是通过预先计算、谋划，一次把事情做对，一次搞定，不返工，就是最高效率。同理，人力资源管理要懂得学会预算管理与计划管理，一次性把事情做对，做事的过程尽量做到精细化与精确化。

（1）人力资源预算的流程。

做好人力资源预算管理，首先要遵循相应的预算流程，从公司的年度人力资源计划出发，分析本年度公司的人员需求；其次，核算人力资源相应费用并提交预算委员会审核。在人力资源预算过程中，难点是年度人力成本总额的预算与指标的选取，因为公司中的各项人力成本都是在不断动态变化中，往往有许多不可

抗的额外费用或增加费用出现，如图 8-15 所示。

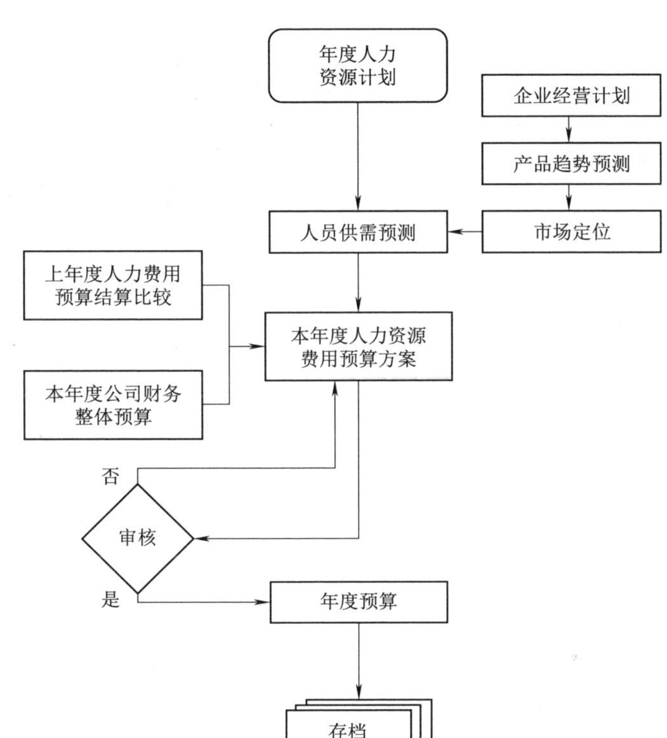

图8-15　人力资源管理预算流程

因此，做好人力资源预算工作就要把工作做细，让人力资源预算编制的指标、数据尽量准确、有据可依。在做人力资源预算指标选择时，建议大家可以从人力成本总量、投产效率、结构和监控四大类指标入手，科学、精准地选择现阶段企业需要重点监测、体现的人力资源指标。通过各细项的科学核算使得人力资源预算编制表尽量精确化，同时可通过关注各项指标来调整未来一年的人力资源管理的重点管控工作。

（2）人力成本预算编制。

为有效承接公司的战略目标和遵循人力资源管理规划，合理安排人力资源管理活动的资金情况，规范与人力资源管理活动相关费用的使用情况，做到合理规划和应用，就需要提前编制人力成本预算，把钱用到刀刃上，避免人力费用的浪费。人力成本预算又包括年度人力成本预算和月度人力成本预算。一般来说，人力成本费用内容主要包括以下方面，如表 8-4 所示。

表 8-4　企业人力成本预算编制表示例

人力成本预算编制计划表				
项　目	上年度实际		本年度预算	
	合计	二级单位	合计	二级单位
（一）期末职工人数（人）				
1. 在岗职工期末人数（人）				
按岗位级次分：（1）企业负责人（人）				
（2）专业技术人员（人）				
（3）其他管理人员（人）				
（4）操作层人员（人）				
2. 不在岗职工期末人数（人）				
（1）内部退养人员（人）				
（2）待岗人员（人）				
（3）长期病休假人员（人）				
（4）其他（人）				
（二）期末离退人员（人）				
（三）劳务派遣人员（人）				
（四）企业人工成本总额				
1. 工资总额				
2. 社会保险费用				
其中：养老保险				
医疗保险				
失业保险				
工伤保险				
生育保险				
3. 商业保险费用				
4. 福利费用				
5. 招聘费用				

续上表

人力成本预算编制计划表				
项　目	上年度实际		本年度预算	
	合计	二级单位	合计	二级单位
6. 教育培训费用				
7. 工会经费				
8. 劳动保护费				
9. 一次性支付的住房补贴				
10. 技术奖酬金及技术保密金				
11. 辞退补偿费				
12. 其他人工成本				
（五）在岗职工人工成本总额				
其中：工资总额				
（六）劳动派遣用工支出				

2. 数据说话——HR 数据化

大数据时代，数据的重要性毋庸置疑，数据同样在人力资源管理中几乎可以说是无处不在，这是我们的客户（老板）需要，也是人力资源管理的核心工作之一。因此，人力资源的数据化管理是推进人力资源管理迈上台阶的重要工作，通过数据分析与管理，一来可以清晰了解人力资源各个模块的运作情况；二来可以有效存储，作为 HR，用数据、表格来向老板汇报更有说服力。HR 数据化管理主要可以分为三种类型。

第一种是基础信息分析，它是人事管理阶段，处理信息的主要方法，比如人员统计、结构分析、人事档案统计、人员异动分析等。

第二种是 HR 职能分析，主要用于衡量人力资源各个模块的运作情况，比如招聘的到岗率、关键人才的留存率、绩效的覆盖率分析等。

第三种是人力资本计量，主要用于人力资本的核算与人力投入产出的情况衡量。这是一种更有深度的人力核算方法，比如人均销售收入、人均人力成本分析等。

数据在人力资源模块中的运用，如图 8-16 所示。

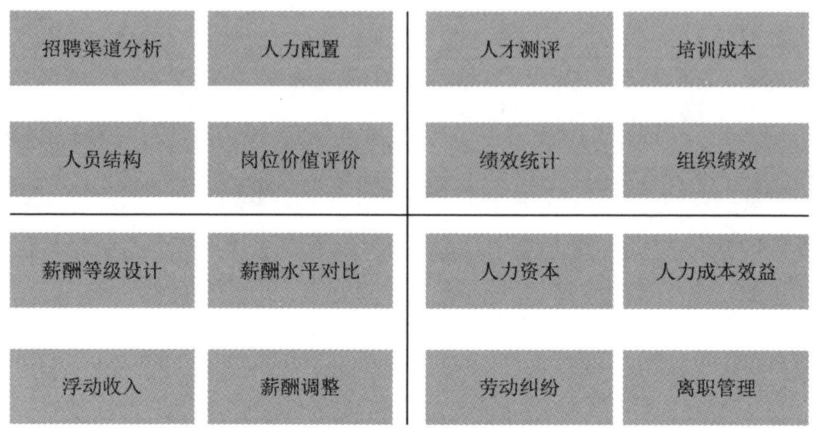

图8-16 数据在人力资源管理模块中的运用

3. 灵活应变——HR 灵活化

人力资源的主要工作是解决矛盾，在日常工作中要做好各种平衡，这就需要 HR 学会灵活应变，在充分了解人性与业务流程的基础上，用合适的方法把事情做到恰到好处。

（1）服务与管理的平衡。

HR 一般既做服务又做管理，那么服务与管理如何平衡呢？有人说：HR 好像在运动场上既做运动员又做裁判员，这没法工作呀？如果我们用静止的平面思维肯定没法解决这个问题，但是用动态的立体思维来考虑的话，这个问题很好解决：变换角色！打个比方说，我们 HR 的工作犹如交警，既为大家服务，又是在做监督管理工作，这两者并不矛盾。但在不同的企业以及企业的不同发展阶段，其服务职能与管理职能的比重各不相同，要根据企业实际情况作相应的调整。

（2）业务需求与企业政策的平衡。

HR 在监督执行企业规章制度、各项政策时，常常需要坚持原则而不考虑人的感觉和价值，这样就会出现“目中无人”的情况，引起员工的反感，尤其当业务需求与企业政策相冲突时，令 HR 左右为难：坚持原则但阻碍业务的发展，不坚持原则又可能让企业的制度变得形同虚设或企业政策的执行变形。在这种问题的处理上，HR 最好的处理方式是应用辩证唯物主义法，工作的原则是先跟直接关联业务部门沟通，了解该部门对遵守与执行将制定的规章制度切实存在的问题与难处；然后从管理的合理性、制度执行的便利性的角度，收集相关部门的建议和想法；最后不妨请这些部门的相关人员来起笔相关制度，人力资源再进行整合、修改与完善。这种制定制度的方法，能够让相关部门明确了解该制度是站在为被管理者提供工作便利、帮助被管理者提升工作效率的角度而制定的，且经过部门负责人同意后人力资源管理部才颁布的制度，执行起来会更顺畅。

（3）企业方与员工利益的平衡。

HR 平衡艺术中，处理员工关系是最头痛的事情。员工似乎认为企业与自己永远站在对立面，认为企业在想方设法克扣员工工资、福利、劳动时间等，而 HR 是老板的“帮凶”，HR 素有多个江湖绰号：“职业杀手”“老板代言人”“企业间谍”等。HR 在企业中的位置说好听点是承上启下，说不好听就是“夹心饼干”，在企业里不但要面对来自老板、高层的压力，还要面对来自员工方面的诉求，怎样做好平衡，那是需要好的心态和技巧的。

4. 突显价值——HR 价值化

HR 的价值在于为企业解决以下四个层面的问题，HR 要紧紧围绕这四个方面来开展工作，才能使得 HR 的价值突显。

第一层面，提升企业人员工作效率问题。包括人才的精准选配、团队的打造、基础人事管理工作，通过制度的约束与管理的监督，减少企业的内耗，提升员工活力。

第二层面，解决企业人事风险问题。对用工中的各种劳动及合同纠纷、薪酬绩效体系中的员工不满、晋升不合适造成的绩效低下问题及时处理，有效避免人事风险。

第三层面，解决管理过程中涉及人事方面流程不完善的问题，重点是各部门完成人事制度、人员管理流程的改善与升级。

第四层面，配合企业战略，重点关注人效提升与企业目标完成。一方面聚焦企业业务目标，配合各部门目标的实现完成人才的能力培训、岗位搭配、绩效考核等工作；另一方面学会开源节流，可通过员工所得税筹划、稳岗补贴等方式；节流方面可通过减员增效、控制用工成本，提升用工人效等方式来完成。

8.3.3　建立体系，体系与标准的有效实施

为什么有的企业，只要老板或管理者不在，团队就会乱成一团麻，企业业务

就会下滑；而有的企业，老板可以自由出差、旅游、学习？究其原因是企业是否建立规范、完善的体系。体系就像一个精确运行的机器，一旦建立起来，就会自然运转下去，不会因为个别因素而停止。同样人力资源管理也一样，一旦人力资源相关体系建立起来，人力资源相应的管理工作便会自行运转，不再需要 HR 天天忙得像救火队员。

1. 建立标准与流程

军队之所以能快速复制大批量军事人才，在于军队组织体系的强大、人才打造流程的标准化。标准化、流程化是企业管理的核心制胜法宝之一，在麦当劳的运营中，标准是最核心的竞争力，麦当劳最重要的资产不是它的产品，而是门店，大多数门店已实现高度标准化，这些标准通过连锁加盟的方式产生了巨大的增值空间，麦当劳从最初 9 家店发展到现在遍布全球的 3 万多家店，可以说标准化是其成功的最重要原因之一。

麦当劳的招聘条件很一般：员工需要具备初中以上文化，店长需具备高中以上文化即可。然而在几年之后，这些普通的人才都会被培养成标准的管理者，成为人才市场的“抢手货”、各猎头的目标，这就是标准化管理的快速复制。

同时，我们会发现，麦当劳的标准化已经渗透到麦当劳门店管理的方方面面，比如对食品质量的要求：面包切不圆或不平不能销售；奶浆接货温度要在 4 摄氏度以下，高一度退货；用机器切的牛肉饼每个重 47.32 克，直径 98.5 毫米，厚度为 5.65 毫米；薯条炸好后超过 7 分钟、汉堡超过 15 分钟还没有被卖掉就要立刻扔掉。麦当劳有自己统一的作业程度和对员工的统一培训，员工“小到上洗手间，大到管理都有手册”。在麦当劳的员工规范中有一条：“与其靠墙休息，不如起身打扫”，拖地的标准是反向画八字；所有的餐具必须在打烊后彻底清洗、消毒，地板要擦干净；餐厅门前要保持整洁，为保持店面清洁，公司总裁甚至亲自去餐厅打扫卫生……

2. 具备体系化操作的思维

许多 HR 高手往往是体系化、流程化操作的高手，企业的人力资源管理就像财务、质量、生产管理一样，必须形成一个体系，才能确保其发挥作用。正确的人力资源管理，必须在人力资源管理体系框架内的分块管理，建立人力资源体系，是有效开展人力资源管理的基础。

完整的人力资源管理体系建设，按步骤可分为如下工作。

（1）建立企业组织构架。

（2）建立职位等级。

（3）编写职务说明书和完成定岗定编。

（4）建立权限划分表。

（5）制定人力资源规划。

（6）制定薪酬制度。

（7）制定考核制度。

（8）建立保障制度。

（9）做好培训及人才储备。

（10）签订劳动合同。

但人力资源体系的建设是一个科学而复杂的过程，需要循序渐进，步步推进。比如很多企业的绩效管理为什么做不好？因为急于求成，没有做好绩效文化的导入与制度的宣传。当 HR 学会体系化操作的思维，视野就更开阔了，更懂得人力资源各模块间的相互联系与影响，不会一直纠结于具体的某一模块的事务性工作当中。

8.3.4　复制成长，向优秀的高手学习

这里所说的 HR 复制成长包括组织能力的成长与 HR 个人能力的成长两个维度。人们学习的方式主要包括：向前人和书本学习，在实践中学习，向成功人士或成功系统学习。因此说，要讲“复制”必须先找到一个可复制的标准，这个标准一般我们称之为“经验”。经验是人们从生活、工作中多次实践得到的知识或技能，经验是可以模仿并且复制的，但经验有待深化，有待于上升到理论。

远古时代的男人，每天都要出门打猎，以此来养活一家人。某一天，“当家男”大强勤劳地出门去打猎，他找了半天，终于在旷野上看到了一只肥硕的大白兔，大强想：“今天的晚餐终于有着落了！”于是，大强趁大白兔低头吃草的时候，以迅雷不及掩耳之势扑了上去，他弓起的身子已经围住了大白兔，他的手也摸到了兔子的皮毛，眼看猎物即将到手，可是，兔子身手非常灵活，它顺利地挣脱出去了。大强急了，到手的兔子不能就这么跑了啊！怎么办？情急之中，大强用余光扫到旁边有根手臂粗的枯树枝，大强想都没想抄起这根树枝就朝兔子打下去，可怜的兔子晕了过去，大强终于顺利地捕获了猎物，一家人的丰盛晚餐终于有了着落！

大家想想，大强第二天出门打猎时，他会怎么做呢？当然是带上一根树枝，这就是经验的利用。

我们把经验用外部、内部、过去、现在四个维度进行一下区分。外部、过去的经验，我们大多利用图书、案例、故事（成功故事、失败故事）来进行学习；外部、现在的经验，我们主要靠跨界、交流来学习；内部、过去的经验，我们用总结、复盘来学习；内部、现在的经验，我们用反省、萃取来学习，如图 8-17 所示。

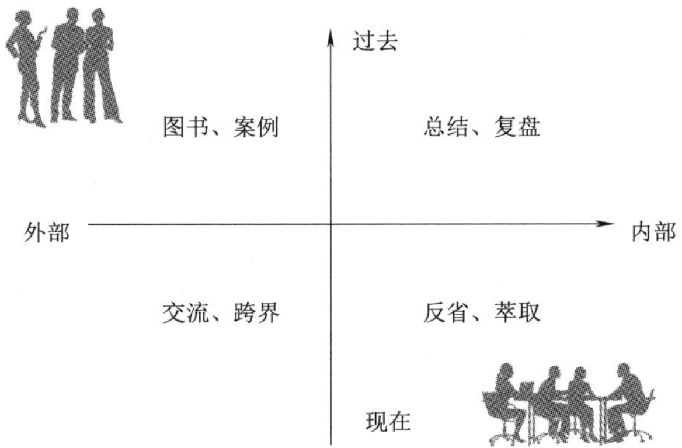

图8-17　有效经验学习四象限

第9章 组织优化，激活组织细胞与聚焦效能

本章主要介绍如何有效控制人力成本；如何实现从成本型人力资源管理向利润型人力资源管理转变；如何通过优化组织模式，提升管理效率；如何通过聚焦组织效能来做好人力资源经营与效能突破，这是核心。

从社会的发展开始，组织就一直存在，从自由混乱到标准的分工明确、高效协调、各司其职，科层式组织架构发挥出了前所未有的高效能。自德国社会学家马克斯・韦伯于19世纪提出科层式组织架构以来，经过100多年的企业实际运用，可以说是深入管理者心里。但任何事情都会出现：物极必反，月盈为亏的现象。科层式组织的成熟也渐渐地给企业管理带来了另一个问题，那就是“深井病”“官僚化”，当组织变大，高度专业化分工导致组织能力、效率和效益方面的整体下降。

组织优化，指将组织运行的能力发挥出来，包括土地、资本、资源、工具、技术、人才的利用和组织能力的发挥等，提升组织效能是体现组织存在的核心价值，进而完成组织使命。无论组织战略如何改变，提升组织效能是永远不变的，比如绩效管理、企业管理的目的是提升组织效能。因此，组织需要激活企业中的每一个业务单元，聚焦战略目标，优先倾向核心资源的利用，达到企业的效率、效益最大化。

而要进行组织优化，首先要进行组织效能分析，熟悉评估组织效能的一般标准。良好的组织应符合以下基本标准：目标明确、组织有效、统一指挥、责权对等、分工合理、协作准确、信息畅通、沟通有效等。遵从上述评估标准进行组织效能分析要具体做到如下5点。

（1）从分析组织的使命和任务的分解开始，对组织的业务进行合理的流程、责任的划分，从而分析出组织设计的合理性。

（2）从组织的内部管理体制开始进行合理化的分析，哪些业务需要集权，哪些业务需要分权，即要做到可控（集权），又要做到高效（分权）。

（3）分析组织架构与现在业务流程，通过对业务流程的推演与分析，找到组织中的内伤，分析问题的节点与归属权的关系，以减少管理环节为高效的原则，再对组织机构进行划分与优化。

（4）分析管理层次与管理幅度，企业的管理层次依企业的规模大小而定，从高效的原则看来，我建议同一问题的管理层次最好在三级或以内，否则就会增加企业的管理沟通成本。对于管理幅度，通常是葫芦的方式，基层的管理幅度可以相对大些，中层的管理幅度最小，高层的管理幅度应介于中层与基层之间。

（5）分析企业现有的人才结构与市场人才动态分布，对组织中现有的管理者进行能力、潜力、职业愿景的匹配分析，同时分析市场上对应的人才动态，找到企业对管理层激励的最佳方法，以确保企业管理中的活力，既能留住高效能人才，又能避免少部分人才恃才而傲。

因此，企业领导者与人力资源管理部门，在企业组织管理方面，应从“经营效能”“人力效能”关键词作为管理的原点进行展开，将企业目标与企业高效人才管理目标相结合，做到双赢的局面，是组织优化的核心，也是呈现企业管理水平与能力的显著标志。

9.1　关注成本，从成本型人力资源管理到利润型人力资源管理

任何一家企业的存在，都聚集了一批人才，集中了一批资源，如果企业不能盈利，那就是在浪费社会资源，辜负企业员工的希望。因此，任何一家企业都必须关注利润，任何一位企业家都应该让企业能盈利。那么，作为职能辅助的人力资源管理部又如何为企业创造利润呢？很多企业老板及高管都认为人力资源管理部门是管理部门或成本部门，还有认为是费用部门，甚至于连很多人力资源从业者都认为自己所在部门是成本型的，而不是能为企业创造利润的部门。

人力资源部应如何盈利，如何从成本中心走向利润中心？这是广大 HR 应该高度关注的课题。人是企业最大的资源，也是最有创造力的资源，并且可重复并越用越高效的资源，而人力资源管理部的主要职责就是开发人、激励人、投资人的部门，为什么就不能成为利润型部门呢？因此人力资源管理部要融入企业的经营价值链，加速人才的成长与增值，要把人力资源作为资本来运营，关注人效的产出与人力成本的控制，才能真正发挥人力资源管理部的价值。

9.1.1　企业的显性与隐性人力成本

1．显性人力成本

从企业实际运营的角度来看，人力成本是一种微观管理成本，具有一定的复杂性和操作难度。人力成本控制体现在从静态到动态的掌控中——控制直接显性成本，降低间接性不可控成本，减少重置成本。

其显性成本可以总结为：人才获得成本、开发成本、使用成本和离职成本四大部分，也可以理解为分别来自人力资源管理工作中的选、育、用、留 4 个维度的成本，如表 9–1 所示。

表 9–1 企业显性人力成本一览表

一级科目	二级科目	三级科目
人力资源成本	1. 获得成本	招聘成本
		选择成本
		录用成本
		安置成本
	2. 开发成本	岗前培训成本
		在岗 OJT 培训成本
		OFF JT 脱岗培训成本
	3. 使用成本	维持成本
		奖励成本
		调剂成本
		劳动事故保障成本
		健康保障成本
	4. 离职成本	离职补偿成本
		离职管理成本

2. 隐性人力成本

表 9–1 中的成本基本上是显性的，看得见的，但在显性成本之中又往往隐含着隐性成本，就跟太极的阴阳统一性一样，阴在阳之内，阴阳互生，并且隐性成本无法考量，存在滞后性，所以它的危害性更大。一般来说，企业的隐性人力成本主要有以下 7 项。

（1）人员筛选的机会成本。在 HR 做招聘时，面对各种各样的简历，我们并不知道哪些是企业真正需要的。在此过程中，有可能有些真正符合企业要求的候选人在简历初选中就被筛选过滤掉了。同时在招聘过程中，招聘面试时间拉得过长，招到需要的人才往往需要比较长的周期。

（2）甄选错误人员造成的浪费成本。在我们并不知道人筛选错了的前提下，我们以为符合企业要求，然后会安排入职、培训、师带徒，到正式上岗或在试用期内发现员工招错了，这就是甄选错误人员造成的低效浪费成本，在此过程中企业在这些员工身上是花了时间与金钱的。

（3）录用不合格的人员造成的离职成本。在企业中我们发现一种现象，新入职的员工流失率很高，甚至有些新员工在企业做完入职培训或试用一段时间后跑到竞争对手那里去了，这无疑是一种成本浪费。

（4）离职后的岗位空缺成本。老员工离职再到新员工上岗，这中间存在一个空档，往往企业的做法是其他在岗成员加班来完成此空缺岗的部分工作，一方面增加了加班费，另一方面造成加班员工的负面情绪。如果是核心岗位老员工离职，企业没有人能接上此岗位的工作内容，那将导致企业的部分生产或管理工作滞后。

（5）培训的时间成本。在核算企业的人才培训成本时，大多数企业只是核算了请老师到企业内训或送人才出去参加培训的老师费用和学员直接学费；而实际上，员工在培训时往往是在上班时间，这是有时间成本的，尤其是管理层在上班期间去参加培训，如果培训没有效果，那也是企业一种无形的成本损失。

例如：一名基层管理人员的基本工资是 8 000 元 / 月，月工作时间为 22 天，月创造业绩为 20 万元，参加 1 天的培训，其直接成本为：对应支持的工资 + 业绩机会成本，最简单的算法：8 000 元 /22 天 +200 000 元 /22 天 =363 元 / 天 + 9 091 元 / 天 = 9 454 元 / 天（此处结果保留到整数）。

（6）员工怠工、低效工作造成的成本损失。企业中有部分员工存在消极怠工、上班时间做与工作无关的事情、故意搞破坏的现象，这种情况无形给企业造成员工工作的低效、时间成本浪费。

（7）组织设置与流程不合理带来的人力成本浪费。由于组织架构与组织模式设置不合理导致员工工作不饱和或者内耗严重，从而给企业造成无形的人力成本损失。再有，工作流程设计不合理造成员工工作分配不均衡、等待时间长、不协同等现象，从而带来人力成本的损失。

综上，根据行业特性，我们可结合企业实际情况进行分析与核算，可用的工具如表 9–2 所示。

表 9–2　企业人力成本具体成本核算表

项目	成本明细	数量	单位	说明
培训开发成本	培训人员工资		元 / 小时	月工资范围含薪资福利等全部支出
	培训花费工时		小时	在培训该员工时所花费的时间
	其他培训费用		元	培训组统计的其他费用，如材料、交通、活动等培训相关费用
	每月培训成本小计		元	包括培训人员时间成本和其他培训费用
管理成本	直属主管分管的人员数		人	下属总数
	直属主管分管人员时间		小时	直属主管基本用于人员管理的时间占总体时间的三分之一
	直属主管的工资		元 / 小时	月工资范围含薪资福利等全部支出
	人力资源离职、入职手续办理人员薪资		元 / 小时	人力资源离职、入职手续办理人员薪资福利全部支出
	平均每个手续办理时间		小时	具体流程办理所用时间
	每月管理成本小计		元	直属主管的管理成本和人力资源相关手续的办理成本
再招聘成本	面试一名人员所需成本		元 / 人	引用“面试时间成本”所得数据
	招聘一名员工需面试多少人		人	一般面试 × 个人，才会确定 1 个
	招聘甄选、录用的准备成本		元 / 人	主要包括确定招聘策略、招聘渠道、修订岗位描述、准备招聘广告、选择、测试等
	每月其他成本小计		元	面试一名人员的时间投入成本 + 其他材料及渠道成本
再招聘人员试用	再招聘人员底薪（试用工资）		元 / 月	填补空缺岗位在招人员薪资底薪
	再招聘人员社保及福利		元 / 月	薪资以外的其他人力成本支付
	再招聘人员各项运营费用成本		元 / 月	除培训和薪资福利外的其他费用支出

续上表

项目	成本明细	数量	单位	说明
再招聘人员试用	再招聘人员适应岗位周期		月	新招聘员工录用至正式上岗所需周期
	每月运营成本小计		元	再招人员的各项费用支出 × 正式上岗所需的周期（如销售经理必须经过 1 个月培训才能上岗）
差异成本	离职人员原薪资福利合计		元 / 月	原薪资福利与再招聘员工薪资福利之差，可正可负
	再招人员薪资福利合计		元 / 月	
	再招聘人员绩效优于原离职员工		元 / 月	上岗后六个月以内的绩效
	岗位空缺后节省的薪资及福利		元 / 月	没有招聘或无须再招聘（原岗位由于离职而省却）
	差异成本小计		元 / 月	离职人员与再招人员的各项费用之差 + 再招人员的由于原岗位业绩之差 + 岗位省却费用
离职人员访谈人力成本	离职人员访谈时间		小时	离职时对其挽留、协商等商谈时间（平均 / 人）
	部门访谈人员薪资		元 / 小时	部门访谈人员的人力支付成本
	人力资源访谈人员薪资		元 / 小时	人力资源访谈人员薪资支付成本
	每月其他成本小计		元	针对离职人员，主管及人力资源所做的挽留或产生纠纷所做的沟通处理等工作费时成本
相关补偿	离职补偿金		元	员工每工作一年支付一个月工资（辞退、协商解除）
	代通知金		元	提前一个月通知，一个月工资
	其他实际支付费用		元	其他在离职时实际支付的费用
	因离职产生的纠纷仲裁等费用		元	如仲裁材料准备费用或相关手续支付费用，按实际支付计算
	每月其他成本小计		元	各项实际支付费用的总计

续上表

项目	成本明细	数量	单位	说明
岗位空缺损失	该岗位空缺周期		月	该岗位从离职到新员工到位的中间阶段
	该岗位空缺造成的损失		元 / 月	平均劳动生产率 × 该岗位投入成本 − 投入成本
	要额外加班的成本		元 / 月	因岗位空缺，需要其他人员完成的工作，额外支付的劳动时间成本
	主管级人员协调完成空缺岗位工作的成本		元	因岗位空缺，主管需要协调其他人员负责该岗位工作所造成的管理时间成本
	损失生产率费用小计		元	空缺损失 × 空缺周期 + 加班成本 + 主管协调成本
离职前后生产率降低	离职前后生产率降低周期		元	因员工有意离职和新人到岗适应阶段生产率降低成本（一般为一个月）
	生产率降低程度		%	员工生产率降低后可达到的产出水平，一般为 70%
	损失生产率降低成本小计		元	（劳动投入 − 降低程度 × 劳动投入 × 劳动生产率）× 周期
造成市场的损失	销售方面的损失		元	潜在市场销售额的下降，离职人员至竞争对手方造成的损失
	知识产权的流逝成本		元	重要的资料文件、知识和技能等的流失
	维护和恢复供应商和客户成本		元	有关客户、供应商因员工离职而中断产生的损失或维持和恢复关系成本
	企业历史、文化的流失成本		元	企业在员工心中建立和形成的历史和企业文化因员工流失而受到影响
	损失成本小计		元	各项损失费用的合计

9.1.2 有效控制人力成本的6种思路

关于人力成本的管控方面，我认为说的最有哲理的可能是经济学家吴敬琏的话，成本控制是一门花钱的艺术，而不是节约的艺术。以节约为成本控制理念的企业只是土财主式的企业，他们除了盘剥工人和在原材料上大打折扣以外，没有什么过人之处。最好的节约就是学会花钱，即通过精细化、科学化管理来提高工作效率，走绿色可持续发展之路，通过不断的改良与创新提升效能，通过不断的激发人才的内驱力以减少管理环节与手段。这才是管控人力资源成本的主要思路与方向。

1．降低人力成本≠减少人力支出

人力资源成本降低不是指一味减少支出，准确地说管控人力成本的最终目的不是减少人力成本的“总额”，而是管控人力成本的“比率”，包括管控人力成本在销售、利润中的比率或人力成本费用在总费用中的比率。

假如某公司每月的人力成本费用是 80 万元，每月利润是 200 万元，单位人力成本的利润为 2.5 元，即投入 1 元的人力成本，创造了 2.5 元的利润；如果人员成本增加到 120 万元，但每月的利润增长到 350 万元，单位人力成本的利润增长至 2.9 元。说明人效是提升的，因此说，增效是降低人工成本的高阶方法。

2. 宁加薪不增人

控制人力成本的重要方法就是要合理管控人员编制，把“总人数”这个分子做小。在人力资源管理中有一个规律：宁可加工资，也尽可能少加人手。这是激发人才内在动力的关系因素之一，只有将每个人的内驱力发挥出来。所以，华为多次提出“减人、加薪、增效”的人力资源管理理念，3 个人干 5 个人的工作，发 4 个人的钱，实现员工与企业的双赢。

如果企业只懂得一味增加人员，那会带来一系列的麻烦，一方面会增加用人薪酬成本、办公成本、福利成本、管理成本等，另一方面会增加企业的管理负担、劳动纠纷风险等。

3. 关注关键业务与客户，减少工作无效付出

在 VUCA 时代，最大的成本可能就是时间成本了，要想降低人工成本，时间变量必须重视起来，加强员工的目标管理与时间管理，坚持把 80% 的时间用在 20% 的关键业务与管理工作中，保证效果的同时兼顾效率。在这个时代一般不会缺少机会，但往往许多机会只是一个假象，一旦进入将消耗你大量的时间与精力。在做人力成本控制时，需要 HR 与业务部门做好沟通，对客户进行盘点分析，将员工的主要精力尽可能地放在重要的大客户身上，因为同样的付出，收获的结果完全不同，企业的效益也就自然不同。

4. **优化流程，去掉不增值环节**

科层式的组织强调流程本质上是对的，流程是人制定的，其目的是规范工作要求，减少人为的干预。因此，我们在实际的工作中，时常就会有工作因为规范流程而要求人为的耽误与延期。

前些年办理工商营业执照时，就需要跑很多次，跑多个部门，这与我国发展速度是严重不相符的，因此后来就有了“浙江省最多跑一次改革办公室”，这样大大地提升了工作效率，去除了大量不必要的中层环节，也节约了人力成本。

企业在做人力控制的时候，需要在职位与岗位设计时进行认真仔细的分析，对每个作业流程必须做到适时的优化。像企业的 IE 工程师工作一样严谨：对每一道程序、每一个具体操作都要制定严格的作业手册。我们在做咨询时，时常会发现业务部门的内勤岗很多，例如：统计文员、行政文员、客服等岗位，这些编制是不是合理呢？如果说这些服务需要从业务员的提成中拔出，业务员就都不愿意了，宁愿不要这些岗位自己来处理；但如果由企业支付，那么，业务员总会嫌 这些内勤岗的人手不够。这就是工作流程与分工的问题，设计流程时，需要以最优的方式进行岗位编制，以减少不必要的冗余，优化流程，去掉不增值的不必要的工作环节，从而降低人力成本。

5. **把控核心业务，实现 360 度协同发展**

为什么很多大企业很强大、人效也很高？最主要的是这些强大的企业会掌控核心业务和关键技术。例如：德国运动用品制造商阿迪达斯他们没有自己的全资设计、工厂、物流，其实他们只做品牌运营，通过品牌的附加值授权给各国或地区，一方面通过收取授权费盈利，另一方面用较少的人、轻资产运作的方式集中力量来做更大的市场。

但我们发现很多中小企业喜欢做全产业链，而不是学会掌握生态链上的关键技术环节。例如，某牙膏公司的核心应是技术 + 营销，但他们却偏要建自己的牙膏生产车间、包装盒生产车间等重资产的投入。因此说，作为高效率的企业要有所为，有所不为，识别自己的核心能力，把部分低技术含量的工作、非核心能力的环节交由低廉的劳动力进行，从而有效控制人工成本。

6. **合理的人员组合**

同样的员工用不同的组合方式，它产生的工作效率是不一样的，管理的任务就是通过有效的人员组合达到 1+1 ＞ 2 的效果。主要可采用以下 5 种组合方式来提升人效，减少无效的人力成本浪费。

（1）把不同熟练程度的人员组合在一起，通过老带新、加强新员工的培训等方式，避免一个部门全部是新人而造成的工作能力不足或全是“老人”而造成工作出现傲慢、懈怠等情况。

（2）把不同性别的人组合在一起，正所谓男女搭配、干活不累，比如生产车间原来全是男的，大家工作积极性不高，纪律松散，说话随便，自从人力资源管理部给生产车间新招入几名女性职工做质检和文员工作，发现工人们的工作积极性提升了，说话文明了，上班也不打瞌睡了。

（3）不同素质的职工搭配。企业的发展需要不断有高素质、高学历的职工加入，不断淘汰低层次人员（低学历、低能力、不善于学习），提升人力资源增值率，降低人力成本。

（4）内部轮岗。一方面通过内部轮岗让员工工作技能提升，形成综合型人才；另一方面让员工更了解其他部门的工作，工作视角更宽广，进而增加工作中的同频沟通，减少内耗。

（5）内部调动。内部调动包括晋升、平调与借用，从而不断完善企业的人才流动机制，做到企业员工职位能上能下，收入能增能减，实现内部的人才优化与薪酬总量控制。

9.1.3　人效薪的有效平衡与价值呈现

优秀的人才是免费的，至少可以说是最低价格的。优秀的人才可能他们的薪酬相对偏高，但其创造的价值却更高。企业在控制人力成本的时候，不能用盲目而简单地将薪酬一刀切的方式来控本，而是要进行效能的分析，再制定相应的薪酬标准，将人效薪三者进行有效的平衡，从而实现员工价值最大化的同时，合理控制人力成本。

很多企业老板常认为优秀人才都在别人的企业，当岗位出现空缺时最先想到的是如何从外面招聘优秀的人才进来，而且外招人才的薪酬远远高于企业的现有水平，从而出现薪酬倒挂的现象。其实，有时外招没有合适的人才时内部培养、挖掘的人才可能更符合企业实际，且其薪酬要求也相对偏低一些。

例如：某企业的大区营销总监，对外招聘时给出的月薪是 2 万元人民币 + 毛利提成；而内部提升负责同样规模的市场的大区总监其基本月薪可能就只有 1.5 万元人民币 + 毛利提成。同样的岗位、大致相等的业绩贡献，为什么外聘的就要给更高的薪酬呢？在我们辅导企业时，很多老板都会认为：内部提升的人才是企业培养起来的，他们的能力并没有达到岗位相应的要求，是企业给他们的机会成就了他们，所以低一点是合理的。

有这种认知的老板，其实对人才的价值呈现并没有搞明白，招聘来的人才也是别人企业培养出来的，当他们在某企业不能实现自己的价值时，就会选择离开，跳槽到下一家他们认为能实现自己价值的企业。同样的，企业的员工做到大区总监在某种程度上也一定是有能力的，他或许可能在你的企业低薪一段时间，但通常不会长久，心理的失衡会让他选择跳槽到你的竞争对手那里去，因为那边的老板也有与你一样的想法。

真正的人才在获得低薪时，他们或许在短时间表现出很努力，但这只是外在行为，其做事的效率也许并不高。提升人效的首要原因并不提升他们的能力，而是提升他们的思想认知，让其心里舒服，感受到被尊重与被需要，员工能力与薪酬相对平衡时，其效率与效能就会得到提升，从而达到人效薪的有效平衡而呈现出他们应有的价值。

9.2 优化组织模式，提升管理效率

9.2.1 经验曲线模式

我们经常会发现身边有部分人靠“一招鲜吃遍天”，他们凭借着“绝活”被尊称为行业的高手。小时候我们学过一篇“卖油翁”的课文，卖油翁通过长期的训练、经验积累能将油倒进铜钱那么小的孔里而能做到不让丝毫油滴出。这些现象与事例证明，长期从事一项工作，能提升工作的效率，从而提升边际利润，这样便构成了边际利润产生的经验曲线，我们把这种通过曲线获得利润的模式称之为经验曲线模式。在企业员工单位成本不变的情况下，通过员工的学习、经验累加，提升单位产出，从而增加利润，如图 9-1 所示。

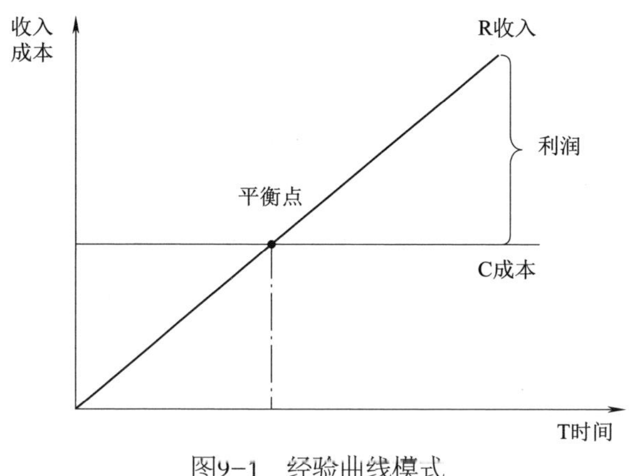

图9-1　经验曲线模式

经验曲线是一种表示生产单位时间与连续生产单位之间的关系曲线，当个体或组织在一项任务中习得更多的经验时，他们会变得效率更高。经验曲线是分工的产物，通过分工，员工只需要对任务中的某个环节熟练即可。1960 年，波士顿咨询公司的布鲁斯·亨得森首先提出了经验曲线效应，他研究发现生产成本和总累计产量之间存在一致相关性。简而言之，就是如果一项生产任务被多次反复执行。每一次当产量倍增的时候，管理、营销、分销和制造费用等将以一个恒定的、可测的比率下降。

越是经常地执行一项任务，每次所需的时间就越少。这个关系最初在 1925 年美国怀特—彼得空军基地量化运用，使得航空效率加倍而所需劳动时间下降了 10%～15%。随着时间的推移，员工越来越有经验，从而提升生产效率，在人工成本不变的情况下，单位产出越来越高，从而所获得的利润也越来越高。

老李经营着一小型生产型公司，聘请生产员工 30 人，专业代加工某产品中的一个零件，然后将这些零件卖给上游的生产组装公司，经过核算，每卖出一个零件的利润是 3 元（不算人工工资），加工每个零件的利润微薄，必须依靠薄利多销的方式来获得利润，老李请一个工人每天工资是 150 元。我们算一算，每个工人每天要做多少个零件，老李才能有足够的利润支付每名员工的工资呢？答案是 50 个，如图 9-2 所示。

经过观察分析，老李发现一个现象：一个新进来的新员工，一般要经过 15 天左右的学习和经验积累，才能达到每天加工 50 个零件的水平，也就是说，新员工工作的前 15 天是没有给老李创造利润的，因为利润还不够他支付自己的工资，因此说，在前 15 天，老李是在给新员工贴钱的。但经过统计发现，在员工工作 60 天以后，员工的生产技能不断熟练，每天的产出能达到 100 个零件，即 60 天以后的员工每天给老李能创造 150 元的利润（除去工资）以上，按照这种生产水平计算，那么老李请了 30 个员工，每天就能赚 4 500 元以上，老李一年就能创造 100 多万元的利润。由此看来，老李赚的是每个员工的经验曲线上 60 天以后的钱。

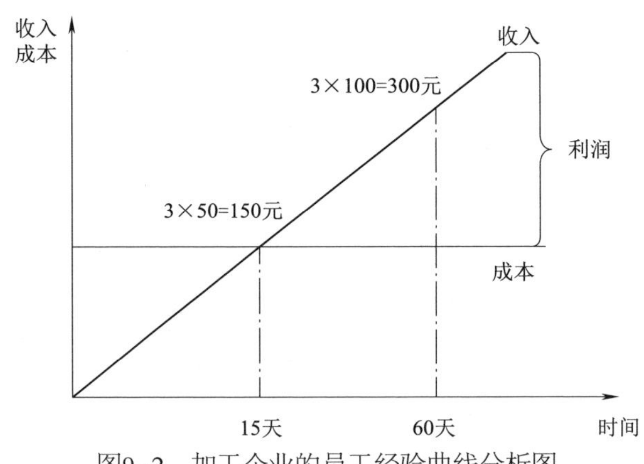

图9-2　加工企业的员工经验曲线分析图

经验曲线模式的获利逻辑是通过员工的经验习得，提升单位产出效率，降低单位成本，从而提升单位利润。企业应用经验曲线模式，需要做好员工的“选用育留”管理，尤其是对员工岗位胜任力与技能的训练，降低老员工的离职率，因为工作熟练的老员工才是企业的财富，是企业创造利润的“源泉”。同时，HR 要一方面保持老员工的积极性，留住核心员工；一方面要加大新员工的培训与师徒带教，使新员工迅速上手，这样企业才能可持续地获得盈利。

9.2.2　关键价值链模式

“价值链”这一概念是迈克尔·波特于 1985 年在其所著的《竞争优势》一书中首先提出的，迈克尔·波特认为，每一个企业都是在设计、生产、销售、发送和辅助其产品的过程中进行种种活动的集合体。所有这些活动可以用一个“链”来表明。企业的价值创造是通过一系列活动构成的，这些活动可分为基本活动和辅助活动两类，这些互不相同但又相互关联的生产经营活动，构成一个创造价值的动态过程，即“价值链”。

我们这里所说的“关键价值链”与波特的“价值链”有所区别。“关键价值链”指从目标建立到达成，在途径和方法上有价值的关键行为就是关键价值链，它强调“价值链”的关键环节对企业提升价值的影响。

【案例 9–1】利用关键价值链分析组织业务。

某医疗器材销售公司在全国多地有分支销售公司。近年来，公司对四川分公司的业务一直不满，销售业务年年未完成。大区经理张明受命到四川分公司视察，并希望找到问题所在。

经过一星期的了解、观察，张明发现目前四川分公司有营销人员 15 人，负责人 1 名，2019 年的销售任务是 1 500 万元，这样分到每个业务员头上的销售任务是 100 万元。根据一个通用公式，销售收入 = 客户数量 × 设备价格，计算后发现，每个人每年成功签约 50 个客户即可完成任务。而要成功找到这些客户，销售人员需要“打电话→约见→面谈→追踪→签约”这一销售链来完成销售。四川分公司去年的历史数据是：打电话（100 个）→约见 (10 个，10%) →面谈 (2 个，20%) →签约（1 个，5%），从这组数据上来看，如果一个销售员要在一年内完成 50 个客户，即需要打电话 25 000 个，减去假期，平均每天需要打 120 个左右电话，这对大部分销售员来说是有较大的工作压力的。

张明经过与分公司负责人讨论后分析销售任务年年未完成的原因有两个方面。

（1）人员不稳定，老业务员流失严重，新业务员出不了业绩。

（2）对比其他公司的销售价值链发现，四川分公司的销售环节中面谈、签约的成功率低，其他公司的面谈成功率在 30% ~ 40%，签约成功率在 20% ~ 40%。

于是张明与公司负责人商量如下改进措施，措施实施后，年度业绩提升了 30%，圆满完成了公司的年度销售任务。

（1）设立兼职招聘专员，加大销售人员的招聘与储备，建立合伙人机制，让老员工安心留下工作，共同开创事业。

（2）加强对销售人员的关键技能通关培训，尤其是提升电话邀约后面谈率、成功签约率，这两个指标均达到了甚至超越了其他分公司的水平。

（3）拓展业务渠道与客户来源，采用联盟、外包销售形式扩大业务的销售量。

由上面案例中可以看出，通过关键价值链方法可以有效地帮助我们梳理企业中影响企业价值的关键生产、营销、成本控制方法，聚焦关键环节的问题，重点解决，从而提升管理效率。关键价值链的核心价值是利用 TOC（Theory of Constraint，简称 TOC，即瓶颈管理）的原理聚焦企业目标的关键价值工作环节，发现瓶颈问题，再想方设法突破，这样既能解决企业发展的关键问题，又能让管理聚焦，抓住重点，这也是 HR 需要修炼的核心技能之一。

9.2.3 外包与共享模式

在传统工业经济时代，企业的价值创造除了劳动最基本的要素外，还要依靠厂房、土地、设备等资本要素和技术，因此拥有资本、资源者就能创造更多的利润，企业财富创造的主要手段是分工。1993 年彼得·德鲁克在《后资本社会》中预言，工业社会已经进入“后资本主义经济时代”，“知识”将成为唯一重要的资本，共创、共享、共赢成为一种新的价值创造规则。而外包与共享是后工业经济时代两种重要的经营模式。

所谓外包模式是企业根据自身的经营需要，将运营工作中的某一项或是几项包出去，由专业的组织或机构去完成。比如许多小微企业（十多个员工规模）可以不设置专门的财务管理岗位，可以外包代理记账，这样可有效减少人力成本。尤其是如今用工成本剧增，专业化分工越来越细的大环境下，外包模式可以有效减少人力投入、企业资本投入、降低成本，实现效益最大化。被外包的是企业的非核心业务，比如信息技术、人力资源、物业管理、呼叫中心以及工程和制造业务。耐克的经营模式就是这种典型的“轻资产运营方式”，耐克将产品制造和零售分销业务外包出去，自身则集中设计开发和市场推广业务，市场推广主要采用明星代言和广告的方式。“轻资产运营方式”可以有效降低企业的资本投入，特别是生产领域内大量的固定资产投入，以此提高投资回报率。

所谓共享模式是将公司（集团）范围内的共用的职能 / 功能集中起来，高质量、低成本地向各业务单位 / 部门提供标准化服务的模式。共享模式将组织内部原本分散各业务单元进行的事务性和专业服务工作从原业务单元分离出来，成立专业的部门来运作，实现组织内公共流程标准化和精益化，实现组织资源整合、效率提升，降低成本，同时实现内部服务市场化。在 VUCA 时代下，共享模式变得越来越普遍，共享模式在越来越多的企业、行业实行，比如制造行业出现了“共享制造”（平台 + 工厂模式），近几年共享经济更是蓬勃发展，截至 2018 年我国共享经济交易达 29 420 亿元。

2020 年，“共享人才”模式兴起。云海肴、青年餐厅、西贝等许多餐饮企业 2 000 余名员工加入盒马生鲜临时用工队伍，这些员工与盒马生鲜不是雇佣关系，而是“共享关系”，这种模式也是“灵活用工”的一种体现，未来许多优秀的人才可能不属于某一家企业，但可以共享，能为企业所用，还能有效降低用人成本。

9.2.4　合伙人模式

1．合伙人模式转型的必要性与特点

近年来组织模式不断转型进化，平台化、扁平化、无边界组织、去中心化、自组织、小团队作战、划小经营单元等关键词已经占领了媒体的版面，成为老板们高度关注的方向。经过众多企业的实践，合伙人模式、平台型组织越来越成熟，比如海尔的“人单合一”、华为的“全员持股”、万科的事业合伙人制等。

在企业从小变大的过程中，往往面临组织结构臃肿、官僚化、缺乏灵活、丧失应变能力等问题，小企业没有过多的层级，往往能够直接直线联系客户，深刻洞悉客户的需求、偏好，为客户创造最大的客户价值。而大企业层级过多，内部关系复杂，责权不清，常常不能直接接触客户，或者忽略客户的需求，导致对客户的疏远和脱离，最终丧失客户价值。大企业只有合理拆分企业的核心业务，组成具有竞争力的“合伙人”模式的企业，才能规避大企业病，并且能够持续发展壮大。合伙人模式有三大优点。

第一，划小组织单元，快速反应客户需求。客户就是上帝，“合伙人”模式将原来业务划分成若干个利润单元，从而更加贴近市场，对消费者需求的变化快速反应。划小组织单元后，各组织形成并联模式，让所有的生成价值的核心职能部门共同面对市场风险，要死一起死，要活一起活，改变原来传统科层制组织的串联模式，事不关己，高高挂起。比如，海尔将采购、生产、销售等不同的模块简化为“小微”，再将“小微”并联成为“小微生态圈”，华为在研发流程链条上将不同节点并联，形成超级集成产品研发团队。

第二，形成用户付薪的理念。在传统科层制组织中，老板负责给员工发薪酬，于是员工一味讨好老板，并且员工的薪酬大多是入职前谈好的。而合伙人模式由

老板付薪变为用户付薪，这样员工才会听用户的，而不是听领导的，在这样的情况下，企业不需要管理员工，因为员工会进行自我约束，变得自动自发。

第三，人才动态优化，组织激励更灵活。很多企业反映缺人才，其实问题不是“缺人才”，而是缺人才流动机制与激励机制。一般优秀企业的选人方式是用僵化的胜任素质模型来筛选，而素质模型的效度和信度都是有限的，尤其是在这样一个不确定的商业环境中，人才甄选机制应是“赛马不相马”，比如用海尔人单合一的语言来说，“谁举高单，谁的预案能预赢，谁就上。单不能变，人可以变。如果单变了，人跟不上，人也需要变。”同时，采用合伙人模式，企业的组织结构简单明了，责权利一清二楚，分工明确，各负其责，赏罚分明，则企业人员不令而行，众志成城，同舟共济，定能创造卓越的绩效。

“合伙人”模式普遍应用于各行各业的大中型企业当中。例如，在白酒行业中，郎酒将白酒业务分拆为红花郎、老字号、新郎酒、浓香产品、流通产品、郎牌特曲等若干事业部，每个事业部相当于一个利润中心；在 IT 行业中，联想也按照客户分类，将自己的产品拆分成商用机事业部、Thinkpad 事业部、Ideapad 事业部、乐 Phone 事业部等。阿里、华为、万科、永辉超市等知名企业更是将合伙人模式发挥得淋漓尽致。

2. 常见的 5 种合伙人模式

近几年合伙人模式已成为企业经营的一种重要组织模式，经过不断的实践与发展，合伙人模式越来越成熟，越来越规范。常见的合伙人模式主要有 5 种，HR 如果了解这 5 种合伙人模式，可有效协助老板完成企业人才管理模式的转变，从而有效激发企业人力资源活力，如图 9–3 所示。

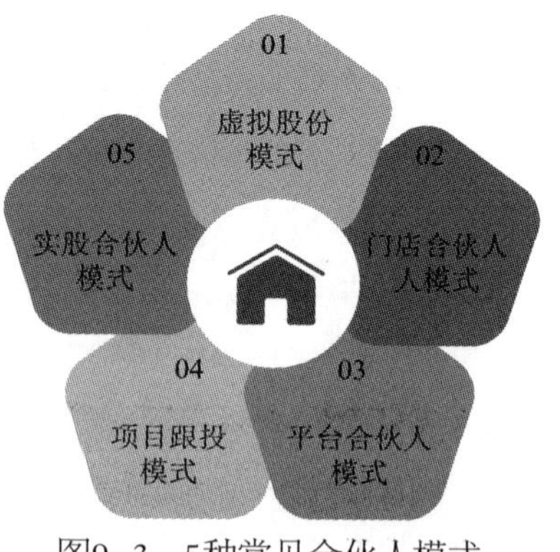

图9–3　5种常见合伙人模式

（1）虚拟股份模式。

虚拟股份实质上是享受企业的一种分红权，没有所有权、表决权，虚拟股有点像《乔家大院》里乔致庸分给伙伴马荀的实股。比如华为的员工持股、永辉超市的合伙人模式就属于虚拟股份模式，员工只有分红权，没有所有权、表决权，一般员工离职时虚拟股份即被收回。这是目前企业用得比较多的一种合伙人模式，能有效激励员工的工作自主性与存在感。

（2）门店合伙人模式。

门店合伙人模式适合于零售行业，受互联网电商的冲击，很多实体零售业举步维艰，其中零售业用工难是较为突出的难题，店长、采购、物流管理人员及企划人员等人才缺口大，缺岗率高达 30%～40%，导致门店经营业绩下滑。门店合伙人模式的推出，能够有效缓解这种局面。

在门店合伙人模式中，员工不需要改变自己的职业生涯，却有了学习做生意的机会，利用企业的品牌、店铺、资产、商品等资源，实现做老板的梦想，一些有资本、有能力的人也有了投资的机会。

（3）平台合伙人模式。

平台合伙人模式即把企业打造成平台型组织，比如海尔的创客模式、部分企业的阿米巴经营模式，在用户需求的推动下，由来自不同职能部门的内部市场链接各环节人员（包括市场、研发、企划、生产、供应链、人力及财务等）组成的，共同对用户的需求进行反应，并独立核算投入产出的自主经营团队。独立核算，自负盈亏，拥有三权，即自主用人权、自主分配权及现场决策权，用多少人、用什么样的人、什么时间用人无须层层审批，可以自己说了算；报酬应该怎么分配、分给谁、怎么分也可以自己决定。

平台合伙人模式由员工自己在市场上发现机会和创业项目，由原来的企业付薪变为用户付薪，为用户创造的价值越高，员工收获就越高。

（4）项目跟投模式。

"跟投"对应着"主投"来源于风控领域，多指风投基金作为主投资方注册之后，其他一些基金可以少量跟进，主投基金实施对被投企业的辅导，跟投基金不参与管理。

2014 年万科开始尝试事业合伙人制，把职业经理人制度升级为事业合伙人制度，而事业合伙人制在落地实操中，常常表现为项目跟投，比如万科的项目跟投制规定，除万科的董事、监事、高级管理人员以外，其他员工可自行参与到企业项目投资，投资总额不超过该项目资金峰值的 5%。万科一线公司的核心经营团队和操盘团队是必须参与跟投的，起投资金一般不少于 20 万元，员工跟投不少于 5～10 万元。

（5）实股合伙人模式。

实股合伙指在工商注册登记的股东，具有法律效应，拥有所有权、表决权和分红权。合伙或者以资金入伙或者以资产（包括有形资产和无形资产）、技术入伙。无论是资金、资产还是技术入伙，都必须在工商登记注册，才能取得股东资格，成为实股合伙人。

9.3 聚焦组织效能，做好人力资源经营与效能突破

随着外界经济环境与国家调控政策的改变与影响，我国的企业从改革开放最初的粗放式经营逐步过渡到现在的精细化经营、精益化经营阶段。同样，企业的人力资源管理者也必须从最初的行政事务管理角色发生转变，HR必须坚决地从过去“后勤角色”转型，思考如何为企业的经营结果带来更为直接的影响。其中，不仅需要由过去的人力资源管理走向人力资源经营，关注最终的财务影响；还要由关注财务影响，穿透到关注财务结果的驱动因素——人力资源效能。总之，在这个时代里，HR必须有经营人才的思路，将人力资源进行资本化，做好人力资本这门生意，并且要沿着这个思路步步为营，提升专业能力的同时，拓宽自己的经营视角与综合管理手法，快速进化。

9.3.1 不要用战术上的勤奋来掩饰战略的懒惰

很多HR喜欢做事务性的工作原因有三：一是定位不高、能力有限只能做日常人力资源事务性工作，对于企业的经营模式、业务活动、财务指标一概不懂；二是惯性使然，习惯性做事务工作能给自己带来成就感和存在感；三是大多HR只会守不会攻，认为HR只是一个“后勤服务”的角色，而没有意识到人力资源管理者的使命只有一个，那就是“推动经营”。过去的工业经济时代，人从来不是最主要的生产要素，而是附着在技术、资金、土地、社会等生产要素上发挥作用的。当下互联网时代是人力资源作为重器的时代，人是所有资源运行的中心，盘活了人，就盘活了企业所有的资源，所以说，人力资源管理的影响力越来越大。

1．人力资源的战略地图构建

构建人力资源战略地图是高段位HR的撒手锏，人力资源战略地图犹如一面指南针，指引人力资源管理部的全面工作，它是企业的战略地图在人力资源维度的有效承接，是企业的经营目标细分到人力资源管理部。根据BSC四维度

（财务、客户、内部流程、学习与成长）来全面构建企业的人力资源战略，如图 9-4 所示。

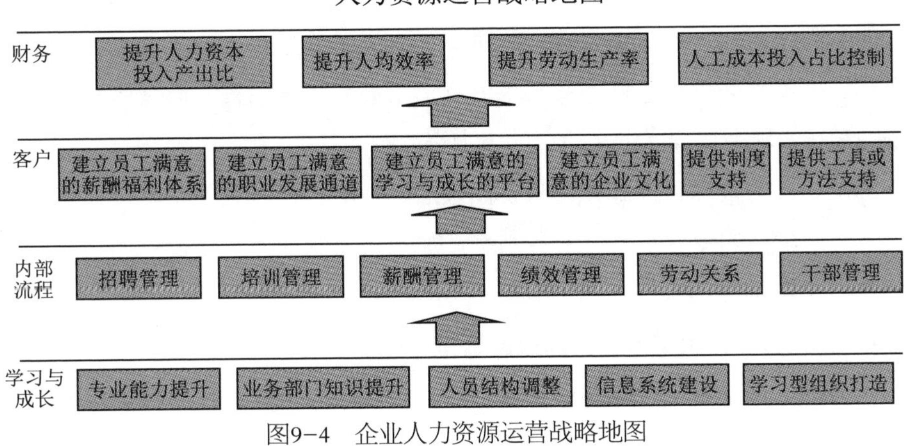

图9-4　企业人力资源运营战略地图

要构建好企业人力资源战略地图，要做好以下四个关键步骤。

第一，要明确企业人力资源管理的核心使命与价值。人力资源管理的使命是使用人力资源管理的工具和方法使人力资源的价值最大化，通过人力资源价值的发挥，来实现企业的战略目标。人力资源价值最大化的体现是人力资本投入产出比最大化，只有这样才能实现股东价值的最大化，因此人力投入产出比是人力资源管理的终极目标。

第二，思考人力资源管理如何满足客户的需求、如何为客户创造价值。人力资源管理的客户是企业的管理层、内部员工，内部客户的管理层对于人力资源管理的需求有：①人力资源管理必须作为管理层的合作伙伴，必须根据企业战略制定企业人力资源战略，构建人力资源管理体系，进行组织诊断、流程再造、实施战略性变革；②企业文化重塑和重建；进行战略性职位设计、构建战略性胜任力素质模型、寻找战略需要的候选人、培养接班人；构建战略性绩效管理体系等。在内部客户员工方面的需求分别是：帮助员工提升技能、进行职业生涯规划、实施员工心理援助、提升人力资源政策咨询服务、有效处理劳动关系。

第三，为了使股东价值最大化，满足客户需求，人力资源管理部应该建立高效的运营流程。

高效的运营流程是人力资源管理部门的核心竞争力，多元化、业务熟练、能够合格履行人力资源管理职能的工作团队是人力资源管理部服务客户的基础和保障。人力资源内部运营流程包括建立符合战略的人力资源规划；在招聘方面建立广阔的招聘渠道和人才甄选系统；同时要建立满足战略对人力资源需要的人才培训系统、绩效管理系统、薪酬激励系统及员工关系管理系统。通过这些高效运营系统的运行实现为客户提供高质量的人力资源服务。

第四，人力资源管理部如何具备高效的运作能力，只有不断地持续创新，提升人力资源管理的专业水平、业务水平，加强人力资源团队建设；加强信息基础平台的建设与直线经理人的人力资源管理水平教导。

2. 聚集目标，锁定人力资源关键运作环节

人力资源管理要上接战略，下接绩效，紧紧围绕企业运营目标，在人力资源战略地图的指引下开展各项工作。尤其是要懂得人力资源运作的模式与流程，从企业的战略目标出发，分解到企业的各个领域的关键成果，再往下要实现这些关键成果，企业需要关键流程、关键能力、关键岗位来支撑，而人力资源管理部则围绕组织关键流程、关键能力、关键岗位三模块来进行，尤其是重点关注关键岗位建设并制定出有效的人力资源策略和举措。

首先，人力资源管理者要能理解和解析企业的发展战略，能够为公司的战略选择提供建议或意见，同时，人力资源部各环节工作要紧跟企业战略发展，真正实现“推动经营”。

其次，对人力资源关键环节要有效把握，这可让人力资源管理有效聚焦目标、聚焦资源，让 HR 的工作以目标与价值创造为导向，而不是以传统的流程和任务为导向，也是 HR 向业务转型的有力突破，以及 HR 呈现价值的关键所在。

人力资源部运作流程，如图 9-5 所示。

9.3.2 人力资源经营的道、法、术、器

人力资源管理者每天都在忙两件事，一方面是具体的事，比如档案管理、绩效考核、薪酬管理、制度编写等。另一方面在忙人的事，比如团队建设、人才引进和培养、人才保留、劳动关系处理等。同时，每一个人力资源管理者既要操心

眼前的事，也要考虑未来的事。于是，基于人、事、现在、未来四个维度我们把人力资源管理者要做的事划分为四个象限，分别是全局思考、明晰目标、形成方案、能力迭代，如图 9-6 所示。

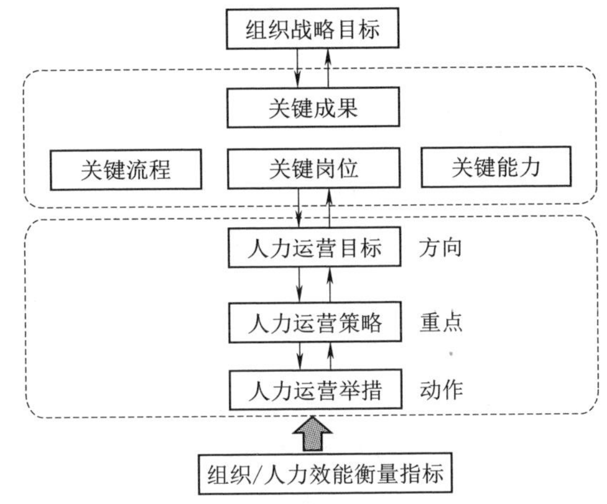

图9-5　人力资源部运作流程图

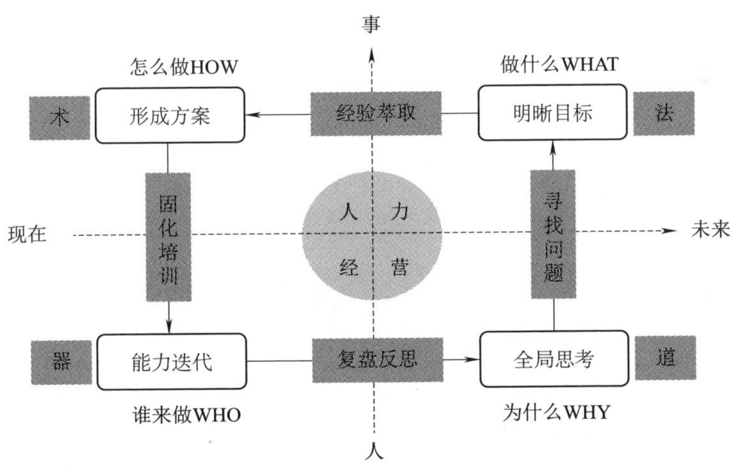

图9-6　人力资源经营的道、法、术、器

全局思考是解决“为什么”的问题，明晰目标是解决“做什么”的问题，形成方案是解决“怎么做”的问题，能力迭代是解决“谁来做”的问题。也就是全局思考是“道”，明晰目标是“法”，形成方案是“术”，能力迭代是“器”。从全局思考到清晰目标的过程就是战略定位、寻找问题的过程，从清晰目标到形成方案是经验萃取、分析问题的过程，从形成方案到能力迭代是固化培训、不断实践的过程，从能力迭代再到全局思考是复盘反思、迭代认知的过程。如此整个框架就形成人力资源经营的一个完整的闭环，人力资源管理者通过这样一个循环，使得对企业的战略、业务目标、企业管理越来越有前瞻性，也形成了企业人力经营的核心竞争力和人力资源管理者能力的积淀，促进企业人力资源经营水平和人力资源从业者的个人能力同步提升。

1. 道——全局思考

“道”指天道，就是我们所说的规律，世间万事万物皆有规律，人力资源经营也是如此，应当要掌握其规律。首先，人力资源管理者必须要全局思考，从企业经营的全局视角出发，学会与老板同频同率，了解在企业目前阶段为完成企业战略目标人力资源管理部应该做什么？如何协助其他部门完成业务目标？其次，从“人性”出发，尊重员工、激发员工，充分尊重员工才是管理的开始，把人力资源作为资本来运营；最后，作为一个人力资源管理者，既要面对人，又要面对未来，把最主要的精力放在思考企业、员工未来发展的趋势上，放在团队、人才增值上才有可能是恰当的。

要做到这一点，人力资源管理者要实现从传统的专业思维、流程思维、任务思维向价值思维、业务思维、客户思维转变，否则理念不变，人力资源专业度再高也是徒劳。

（1）价值思维。

所谓价值思维就是不再以人力资源管理部做了什么工作，完成了多少任务来衡量人力资源管理部门的价值贡献，而是以企业年度经营目标达成和为业务问题的解决创造的价值贡献来衡量人力资源管理部的价值。否则，即使人力资源部做的工作再多，如果没有价值的话也是徒劳。

与价值思维对应的就是人力资源的传统的流程思维、任务思维，传统的 HR 从业者工作时更多关注自己的专业及工作任务的完成，不太关注做事的结果对企业的影响，因此，HR 首先应完成从流程思维、任务思维到价值思维的转变。

（2）业务思维。

人力资源管理部的业务需求既来源于业务部门，同时，人力资源管理部又服务于业务部门，为业务部门的业绩达成和瓶颈问题突破提供有价值的支持和服务，就是所谓的业务思维。与业务思维对应的传统人力资源管理就是专业思维。

（3）客户思维。

客户思维就是把各个业务部门、领导层、管理层、基层员工看作是人力资源管理部的内部客户，内部客户的问题就是人力资源管理部工作的需求，而不是把自己置身于他们的需求与问题之外。人力资源管理部的工作是否有价值，就是由内部客户的满意程度来评价的。与客户思维对应的就是人力资源传统的以自我职能为核心的思维模式。

2. 法——明晰目标

一个人力资源管理者只有全局思考，不能把想法落地，还称不上是一个成功的人力资源管理者。人力资源管理部一定要在了解企业运营模式的基础上，制定清晰的人力资源战略目标，即制定人力资源战略地图，再根据关键路径分解到人力资源各个环节的工作。这个过程就是人力资源管理部如何深入了解业务？如何探寻企业老板、业务经理、基层员工的不同需求，然后根据这些不同需求深挖背后所涉及人力资源各方面的工作，最后与人力资源核心工作有机结合起来。具体来说，就是要做好“一个路径”“三个核心工作”。

“一个路径”指：战略目标解析→关键措施组织能力建设→人力资源部重点工作。“三个核心”包括 HR 的三项核心工作：战略落地、文化传承与组织能力提升，其中战略落地是确保目标落地的关键，也是 HR 的核心任务要求。一旦战略制定后，人力资源管理部要能够充分发挥自己的专业特长，高效地建立适合企业战略落地的业绩管控机制、激励机制；通过战略落地机制的有效运行，确保企业战略目标的达成。同时，人力资源管理部要根据企业战略目标提炼出达成目标的关键能力、关键岗位，从而通过人力资源的专业技术手段，确保匹配战略实施的组织关键能力的提升。

3. 术——形成方案

在明确人力资源运营战略目标与关键路径后，就要形成有效的人力资源解决方案，这就是人力资源运营的“术”。我们可以理解为：为了有效帮助解决业务问题，是通过选择招聘策略、培训策略、薪酬激励策略、绩效管理策略、员工关系策略的单一策略还是采取综合解决方式的策略更有效。针对核心业务问题，选择哪些有效的解决策略，就是人力资源运营“术”的运用。

术是把人力资源管理与业务协同、创造价值的过程，是把价值思维、客户思维、业务思维具体化。人力资源管理重在务实，具体情况具体分析，要结合企业的性质、规模、市场环境、行业特点、管理基础与组织文化特征及不同的发展战略，去制定合适的人力资源政策、制度，来开展相应的人力资源各模块工作。

4. 器——能力迭代

有了成形的解决方案之后，还需要把一件件事落实到人身上，这个时候还要通过一系列企业的运营，通过固化培训，使员工能力不断提升，并且 VUCA 时代下环境不断在变，可能过往的经验不太适合未来事件的解决之道，于是员工的能力与经验的不断提升、迭代成为一种必然，因此人力资源管理部通过各种培训方法，如外部培训、内部培训、在线学习、自学、指定高级导师教练带徒弟等多种方式可以选择，这个选择的过程就是在选择与解决问题策略相对应的“器”，器就是解决问题的具体方式、方法、渠道和工具。

同时，作为 HR 个人在整个人力资源管理过程中也是从知到行，从行再进一步提升为理论指导下一步工作的过程，需要自己不断进行复盘、反思总结，不断提升与迭代自己的专业水平和管理水平。

9.3.3 人力资源经营的四类杠杆

阿基米德说：“给我一个支点，我能撬动地球。”，运用杠杆原理让我们做事省心省力，作为 HR 也应有效抓住人力资源经营的杠杆，这样我们工作起来就会事半功倍。

根据我多年实践总结，人力经营主要有四类杠杆，如图 9-7 所示。

1. 核心杠杆——人力资源效能

陈春花教授说，管理是一种分配，只对绩效负责。无论采取何种管理形式和管理行为，只要能够产生绩效，我们认为是有效的管理形式和管理行为；反之，则称之为无效的管理，无效的管理只会带来资源的浪费。同样，人力资源管理经营着企业最灵活的资源——人，人力资源管理理应产生绩效，变为能直接或间接为企业创造利润的有效管理过程。

人力资源经营最大的杠杆或支点是人力资源效能（简称人效），就是人力资源这门生意的投入产出比，包括的指标有：人力成本效率、人力成本净利润率、人力成本占比、全员劳动生产率、人均人力成本等。人力资源管理部通过有效分析、比较人效指标，可发现企业在经营、成本管控、人力资源管理等方面的问题，要善于定期形成总结分析报告，供高层管理者查看，以便管理层进一步调整企业的经营与管理方向，以聚焦有效资源，关注企业经营的关键指标，不断提升企业的业务经营与管理水平，如表 9-3 所示。

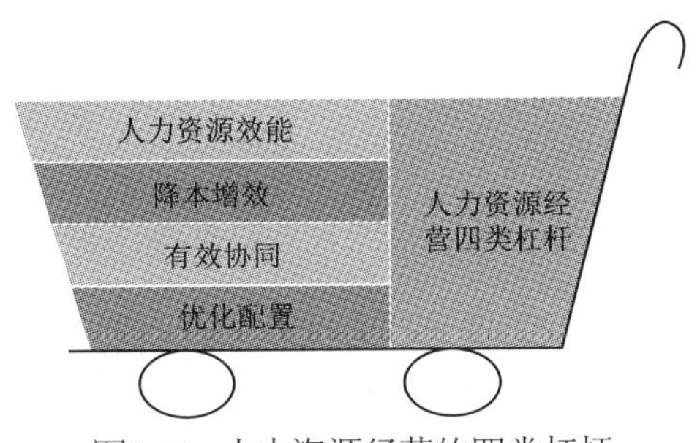

图9-7　人力资源经营的四类杠杆

表 9-3　某企业 2019 年人效统计表

项目	A 事业部			B 事业部		
	2018 年	2019 年	同比增幅	2018 年	2019 年	同比增幅
期初人数（人）	150	160	6.67%	200	260	30%
期末人数（人）	140	190	35.71%	250	300	20%
平均人数（人）	145	175	20.69%	225	280	24.4%
营业收入（万元）	7 692.31	8 235.62	7.06%	9 278.42	10 518.50	13.36%
人均营业收入（万元）	53.05	47.06	−11.29%	41.24	37.57	−8.9%
毛利（万元）	923.20	1 070.63	13.97%	1 298.97	1 354.82	4.3%
人均毛利润（万元）	6.37	6.12	−3.91%	5.77	4.84	−16.19%
利润总额（万元）	553.92	492.48	−11.09%	528.56	624.21	18.10%
人均利润总额（万元）	3.82	2.81	−26.33%	2.35	2.23	−5.10%
人工成本（万元）	784.20	925.30	17.99%	1 426.27	1 538.47	7.87%
人均人工成本（万元）	5.41	5.29	−2.23%	6.34	5.49	−13.32%
总费用（万元）	1 258.00	1 435.23	14.095	1 675.90	1 729.40	3.19%
人均费用总额（万元）	8.68	8.20	−5.47%	7.45	6.18	−17.08%

2. 管理杠杆——降本增效

HR 的最大客户——老板，关注的永远是财务指标、业务指标，一方面要求提升企业的销售额、利润额，一方面要求降低成本，尤其是如今企业各项成本居高不下的情况下，降本增效是企业经营与管理的核心。因此，HR 要引起老板的重视，实现自己的价值，人力资源管理部门也应从成本中心转移到利润中心，从降本增效方面下功夫。

（1）降本增效的本质思考。

① 先做增效，再做降本。

真正的降本增效的高手往往是先做“增效”再做“降本”，通过人力资源增值最大化达到人力成本最小化是人力资源降本增效的最高境界。因为企业员工减少了不等于成本降低了，成本降低了不等于企业效益提升了。

举例，某企业有150名员工，这家企业每年的销售收入是1.5亿元，当年人力成本总额是2 000万元，按照投资收益的理念，可以理解为这家企业投入2 000万元的人力成本，换来1.5亿元的销售收入，也就是投入1元的人力成本，可以获得7.5元的销售收入。假如当这家企业第二年员工增加至200人，人力成本增长至3 000万元，但实现销售增长至2.5亿元，即实现了企业投入1元的人力成本，可以获得8.33元的销售收入，同时人均销售额也实现了增长，表明企业的人力资源管理效率是明显提升的。

②人力资源降本的重点一：不是看工资给了多少，而是怎么给。

企业员工的薪酬与绩效管理是一门科学，更是一门艺术。在工资发放时要充分体现结果与价值导向，让薪酬做到对内具有公平性，对外具有竞争性；在工资与奖金发放时要做到责任权到人，分、算、奖到位；给结果付钱，给努力鼓掌。同时，薪酬管理的最高境界是管理员工的期望值，而不是一味地唯金钱至上，把员工“宠”坏了。

③人力资源降本的重点二：让每位员工在每个时段工作产生最大价值。

这一点是从精益管理的方法来对企业员工进行管理，按照精益管理的思想，企业管理中人力资源的浪费是最大的浪费；按照精益管理思想，又把企业的日常活动分为三类：增值活动（直接创造价值）、不增值活动（间接创造价值）和浪费活动（不创造价值甚至产生负面影响），要做到让每位员工在每个时段工作产生最大价值，首先要管理好员工的时间，减少工作中的怠工、约束员工不做工作中无关事情；其次要聚焦增值活动，减少员工的浪费行为，让员工的工作产出最大化；最后，提升员工的工作积极性，加强员工的培训。员工的能力不足、积极性不高是人力资源最大的成本损耗。

（2）人力资源降本增效的 10 种常用方法。

根据上面的降本增效原理，在日常管理中，我们可以通过相关的人力资源规范管理、盘活人力资源效能来帮助企业降低成本，增加效益。主要可以从以下 10 个方面来实施。

①定岗定编。从源头上来控制人力成本。在定岗定编的基础上，严格控制员工人数，尽量减少闲置岗位，不能因人设岗、因事设岗；做好招聘工作，及时清理不在岗人员；同时，尽量减少核心员工离职，以减少核心岗位因员工空档而造成的损失。

②精准招聘。提升员工能岗匹配性。应对招人难，做好定向爆破，用销售的理念与手段来招聘人才；根据岗位任职资格来匹配人，而不是根据面试官的喜好来招聘人；面试关键是看匹配度，匹配度关注岗位最核心的任职资格和员工与企业的价值观匹配。

③科学培训。提升员工技能和效率。入职培训，让新员工尽快上岗位，减少等待时间；在岗培训，提升员工技能，改善员工态度，提高工作效率。晋升培训，帮助新任管理者迅速完成角色转变，减少管理效率损失。

④加大考核。实现减员增效。通过绩效管理不定期考核，将合适的人放在合适的岗位，实现人员的优胜劣汰，从而实现减员增效。同时可改变员工的工资考核制度，转变为员工由用户付薪的理念，鼓励员工向市场要效益。

⑤规范用工。减少离职与劳动纠纷损失。规范用工，不但能构建和谐的用工环境，还能减少企业的法律风险和因劳动纠纷造成的损失。

⑥动态配置。实现人力资源内部市场化。可采用内部调岗、兼职、外包、延长工作时间等方式解决临时性和阶段性的用工需求。

⑦流程优化。减少人力资源的闲置与浪费。通过优化生产与管理流程，使人力资源使用最合理，从而实现人效最大化。

⑧联盟机制。帮企业融资融智。高工资职位倡导股权或合伙制；低工资职位倡导外包制。

⑨优化环境。良好的工作环境能有效提高员工的工作效率，企业独特的组织文化能使员工融入企业中，真正成为企业的一分子。

⑩合理奖惩。对优秀员工的劳动态度和贡献赋予荣誉奖励；对犯有过失、错误、

给企业造成经济损失和败坏企业声誉的员工处罚。

3. 活力杠杆——有效协同

员工是企业最具灵活性的资源，其绩效的产出依靠三个方面：一是员工的技能水平；二是员工的态度；三是组织环境。在这三个方面中，技能是最好解决的，而员工的积极性与组织环境的改善更难，还要依靠有效激励与组织管理的有效协同。只有激励与考核才能激发员工积极性与工作动力。而管理协同可有效减少内耗与内部资源因无序管理而造成的浪费，从而创造协同效益。

（1）协同的基础——融入经营价值链。

人才资源管理本身就是企业经营的重要组成部分，发挥着重要的作用，作为 HR 不能置身于事外，让别人觉得人力资源管理部可有可无。而人力资源部融入企业经营价值链是人力资源管理部门与各部门高效协同的关键策略，如图 9–8 所示。

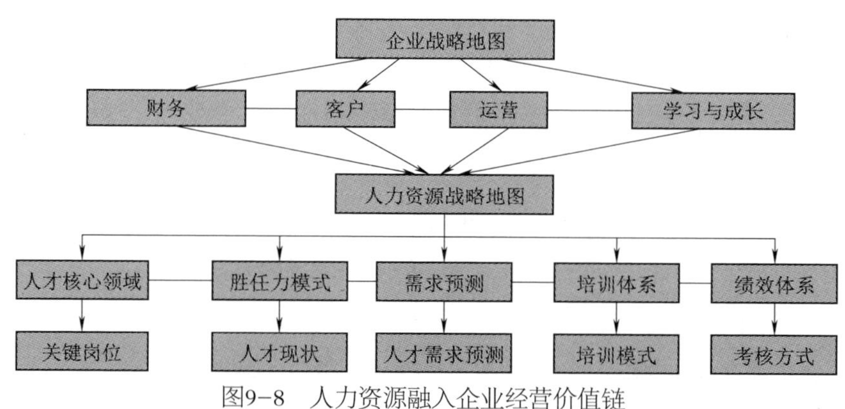

图9–8　人力资源融入企业经营价值链

首先，人力资源战略是企业战略的重要组成部分，一般来说，企业的战略包括资金战略、技术战略和人力资源战略，相对于前两项战略，人力资源战略属于长期效益，其投资回报周期更长。

其次，人力资源管理部门只有融入企业经营价值链，才能成为企业经营的重要环节，才能像其他部门一样引起老板的重视，并且能有效与企业其他部门产生互动。

（2）协同的关键——构建有效协同的文化。

从组织的角度来看，人力资源管理最核心的问题是什么？我认为是协同，如果我们不能有效按照价值创造的过程与市场的要求来开展协同的话，那么组织大了，力量就会分散，效率就会降低。能不能有效地跨部门、跨单位、跨职务的情况之下，展开有效的协同是本土企业中普遍遇到的问题。事实上，中国企业目前遇到的一个非常棘手的问题，就是在高度专业化分工之后，社会文化对协同并不支持。在人力资源管理中，如果不能解决这个问题，就没有办法真正谈到人力资源体系的建设，只有在专业化分工的基础上有效开展协同，才能真正产生效益与利润。

华为从 1987 年成立时只有 14 名员工，至今在全球拥有 18 万多名员工，其中 3 万名是外籍员工，管理这么多的员工，华为的文化管理可谓是功不可没。“团结协作、集体奋斗”是华为企业文化之魂，其自强不息、荣辱与共、胜则举杯相庆、败则拼死相救的团队协作精神，塑造出独具华为特色的“狼性”文化。2019 年华为又提出：强化生态运营，以“三个协同”（战略协同、资源协同、能力协同）打造智能时代命运共同体的口号。

（3）协同的技术——基于信息化的知识共享和协同系统。

VUCA 时代，员工的价值创造不再仅仅依靠员工的劳动时间，而更依靠员工的知识与创新，而构建基于信息化的知识共享和协同系统，能有效放大人力资源效能。一方面企业知识共享与协同平台大大提升了员工的工作效率，提升了信息沟通的透明度。

4. 优化杠杆——优化配置与流程再造

（1）人才的优化配置。

在知识经济时代，企业的生产与管理方式发生了巨变，再不会有“单打独斗”的成功案例，组织目标多元化和组织结构扁平化不只是对员工的素质提出更高的要求，同时也加深了团队协作对组织绩效的影响。构建优秀的团队从根本上来讲是优化人才组合，使团队产出最大化，这就是人员配置的杠杆作用。

人员配置的第一种情况是基于员工的能力，尽量做到人岗匹配。强调因岗选人，用人所长，避人之短，力求形成一种最佳的能力结构。企业中往往存在一方面说缺乏人才，另一方面又造成人才浪费的现象就是没有正确认识“员工能力支点”并充分发挥员工配置的“杠杆”效应。

人员配置的第二种情况是内部动态优化，统筹调配。企业中往往存在总量超员，结构性缺员的情况，这时我们要在企业内部人员建立统筹调配机制，以内部人力资源市场为平台，依据“岗位需求、程序合规、合理流动、总量控制”的原则，规范内部调动、借用等员工变动程序，合理有序配置人才。

（2）流程再造。

20 世纪 90 年代，美国管理专家迈克·哈默和詹姆斯·钱波提出了流程再造的概念，就是对企业的业务流程进行再思考、再设计，使企业的成本、质量、服务和响应速度等方面获得改善。通过流程再造的方式可以有效减少原有流程中的不必要的环节，建立真正以客户为导向的流程体系，不仅可以提升企业运营效率，而且可以精简机构，降低人力成本。

20 世纪 80 年代的福特公司在北美应付账款部门有超过 500 名员工，为了降低管理成本，公司拟推进自动化，争取将员工人数压缩至 400 人。但当时他们看到日本马自达汽车公司只有 5 名员工处理应付账款时，都非常震惊，这显然说明福特汽车在某些环节出了问题。

于是他们重新梳理了整个应付账款流程，去掉了“费用清单”环节，使得员工用于核对文件的耗时降低了三分之二以上，人员直接减至 125 名。这也就是帕累托法则（二八法则）所描述的：公司 20% 的流程占用了员工 80% 的时间。

从福特汽车的案例中可以看出，流程再造是降低企业管理、用人成本的有力利器。人力资源管理部要关注企业的生产、业务及管理流程，善于发现问题、分析问题，从流程优化与重组的角度去思考企业原有流程上的时间、人力、资源的浪费，同时，应避免因高度专业化分工而造成的部门壁垒和管理盲区。